Nach der Volkskirche

Beiträge zu Liturgie und Spiritualität

Herausgegeben vom

Liturgiewissenschaftlichen Institut der Vereinigten Evangelisch-Lutherischen Kirche Deutschlands (VELKD) bei der Theologischen Fakultät der Universität Leipzig

Band 30

Alexander Deeg | Christian Lehnert (Hrsg.)

Nach der Volkskirche

Gottesdienste feiern im konfessionslosen Raum

EVANGELISCHE VERLAGSANSTALT
Leipzig

Bibliographische Information der Deutschen Nationalbibliothek:
Die Deutsche Nationalbibliothek verzeichnet diese Publikation in der Deutschen Nationalbibliographie; detaillierte bibliographische Daten sind im Internet über http://dnb.dnb.de abrufbar.

Das Buch wurde auf alterungsbeständigem Papier gedruckt.

Gesamtgestaltung: Zacharias Bähring, Leipzig
Druck und Binden: Hubert & Co., Göttingen

ISBN 978-3-374-05144-1
www.eva-leipzig.de

Vorwort

Die kirchliche Situation in den östlichen Bundesländern stellt die gottesdienstliche Feier vor ganz neue Herausforderungen. Christen bilden hier eine Minderheit in einem gesellschaftlichen Raum, der mit dem Adjektiv »konfessionslos« in aller Offenheit und vorläufig beschrieben werden kann. Zentrale Begriffe liturgiewissenschaftlicher Reflexion geraten hier in eine Schräglage: Was bedeutet Tradition, wenn deren Weitergabe gefährdet ist oder gar abbricht? Wie kann Liturgie »wirken« ohne oder nur mit erodierten religiösen Bildungsgrundlagen? Was für eine liturgische Sprache ist gefordert? Wie können Rituale plausibel werden, wenn sie nicht mehr eingeübt sind?

Vielerorts und vor allem im ländlichen Raum stellen sich auch ganz praktische Fragen, die tiefe theologische Folgen für unser Gottesdienstverständnis haben: Wie steht es um liturgische Rollen und um Ämter, wenn kleinste Gemeinden ohne eine ordinierte Pfarrerin Liturgie feiern? Sollen kaum noch genutzte Kirchen erhalten werden? Wie ist das Engagement von Nichtchristen, die sich für *ihre* Kirche einsetzen, ohne je einen Gottesdienst zu besuchen, theologisch zu bewerten?

Unsere Vermutung ist, dass die Kirchen im Gebiet der ehemaligen DDR angesichts tiefer Säkularisierungsbrüche eine Pionierstellung innehaben in den religiösen Veränderungen in Mitteleuropa. Die Zeit konfessioneller Milieus, auf die sich Gottesdienste in ihrer Gestaltung verlässlich beziehen konnten, ist vorbei. Christliche Gemeinden sind wieder Nischenbewohner geworden. Wie in der Antike gären im Abseits, in Hauskirchen und Gemeinderäumen und in hoher kultureller Pluralität die weltverwandelnden Kräfte der Liturgie.

In Leipzig, einer Stadt, deren überwiegende Mehrheit der Bevölkerung keiner Kirche angehört, wurden zwei Kirchen neu gebaut. Die katholische Propsteikirche St. Trinitatis ist der größte katholische Kirchenneubau im Osten Deutschlands seit 1989. Die Aula/Universitätskirche St. Pauli ist ein Zwitterwesen zwischen Aula und Sakralraum. Viel diskutiert wurde die Glaswand, die für manche den Bereich der Aula von dem Chorraum der Kirche als Sakralraum abtrennt und so das heute schwierige Verhältnis zwischen Religion und einer sich als säkular verstehenden Universität symptomatisch abbildet. Ausgehend von diesen Kirchen und ihrer Gestalt gehen die Essays in diesem Band, der das 20. Fachgespräch des Liturgiewissenschaftlichen Institutes der VELKD in Leipzig vom 8. bis 10. Februar 2016 dokumentiert, der vielschichtigen Frage nach, wie die veränderten Kontexte religiösen Bewusstseins auf das liturgische Selbstverständnis der Kirchen zurückwirken.

Natürlich ist mit diesen Beiträgen nur ein erster, vorsichtiger Schritt getan und viele neue Fragen eröffnen sich, unbeschrittene Denkwege und Aufgaben. Reflexion fällt schwer, wo wir selbst Teil einer rasanten Bewegung sind, die uns mit sich fortnimmt. So versteht sich dieses Buch als Sensor in einer verwickelten Situation, die in den nächsten Jahren alle liturgiewissenschaftliche Aufmerksamkeit verlangen wird.

Leipzig, im März 2017
Christian Lehnert

Inhaltsverzeichnis

Sind wir »säkular« – und wie sind wir es geworden?

Neue Beiträge zum Problem der Säkularisierung

Daniel Weidner

Dass Religion heute wieder intellektuell wichtig geworden ist, bedarf keines Nachweises: Im öffentlichen wie im wissenschaftlichen Diskurs der letzten Jahrzehnte sind Religionsfragen aktuell, so dass man sogar wieder von einem ›religious turn‹ spricht, einer weiteren von jenen Wendungen, die den Diskurs der Theorie und der Kulturwissenschaften bestimmen. Weniger selbstverständlich ist, dass damit auch ein Konzept wieder zentral wird, das schon fast vergessen schien: die ›Säkularisierung‹, deren Resultat die moderne Welt sein soll. Denn selbst wenn man heute eine ›Wiederkehr‹ der Religion konstatiert, impliziert das ja, dass Religion einmal verschwunden war, meist sogar darüber hinaus, dass sich die Religion in der einen oder anderen Weise in dieser Wiederkehr verändert hat, denn jede Wiederkehr ist eine Entstellung. Worin diese Entstellung oder jenes Verschwinden bestand oder besteht, wurde früher mit dem Ausdruck ›Säkularisierung‹ beschrieben, der eine eigenartige Geschichte hat. Gebildet um 1900, prominent geworden in den ideenpolitischen Debatten der Zwischenkriegszeit, dann in den sechziger und siebziger Jahren heftig diskutiert, schien der Begriff für einige Jahrzehnte verabschiedet worden zu sein: Er sei zu unscharf, zu ambig und auch zu tendenziös oder gar, mit einer Formulierung Hans Blumenbergs, eine Kategorie historischen Unrechts. Bis schließlich zeitgleich mit der Wiederkehr der Religionen heute wieder wie selbstverständlich von ›Säkularisierung‹ die Rede ist – als habe es jene Kritik niemals gegeben. Gerade in dieser stillen Wiederkehr, in der Selbstverständlichkeit des Begriffsgebrauchs, scheint freilich ein Problem zu liegen: Jeder wird zustimmen, dass die Moderne eine Epoche der ›Säkularisierung‹ sei, aber jeder wird etwas anders darunter verstehen.

Diese Unschärfe wird dadurch gesteigert, dass ganz verschiedene Diskursstränge der ›Säkularisierung‹ im Spiel sind: Es gibt soziologische und religionswissenschaftliche Diskurse, historische und kulturhistorische Untersuchungen sowie schließlich auch philosophische Debatten, welche je anders von Säkularisierung sprechen. Darüber hinaus zeichnete sich in den letzten fünfzehn Jahren ein deutlicher Unterschied zwischen der europäischen und der nordamerikanischen Diskussion ab, der auch die verschiedenen – und scheinbar paradox verschränkten – Situationen der Religion widerspiegelt: Während in den USA der Staat gegenüber der Religion traditionell neutral ist, die individuelle Frömmigkeit in den letzten Jahrzehnten aber stetig zugenommen hat, gibt es in Europa häufig staatlich geförderte Religionen bei abnehmender individueller Frömmigkeit. Die neue Aktualität der Religion hat nun auch dazu geführt, dass die amerikanische und die europäische Debatte sich wechselseitig wahrnehmen und ihre jeweilige Form der Säkularisierung nicht mehr selbstverständlich als den einzigen oder paradigmatischen Weg in die Moderne voraussetzen – und gerade diese Öffnung könnte vielleicht eine weitere Öffnung nach sich ziehen, die über den Westen hinaus auch andere Religionen und andere Kulturen in den Blick nimmt. Ein großer Teil der hier vorgestellten Bücher sind denn auch Übersetzungen und implizit oder explizit auch Auseinandersetzungen mit der jeweils anderen ›Ausnahme‹ – und man kann hoffen, dass das in der Zukunft dazu führen wird, die Debatte über Säkularisierung aus den jeweiligen Verengungen zu befreien.

I. On the ground: Die Entwicklung der Frömmigkeit

Die einfachste Frage, die sich angesichts der gegenwärtigen Debatte stellen mag, scheint zu sein, ob es denn ›wirklich‹ eine Rückkehr des Religiösen gibt. Ist die Frömmigkeit in den letzten Jahrzehnten stärker geworden? Ist eine Zunahme von Religiosität in der Gesellschaft zu beobachten? So einfach die Fragen scheinen, so schwer sind sie zu beantworten, wie das Buch »Die Rückkehr des Religiösen?« des Münsteraner Soziologen Detlev Pollack zeigt, das sich mit dem Wandel der Religion in Europa beschäftigt. Denn was Religion ›wirklich‹ ist, ist so umstritten, dass eine Theorie der Religion überhaupt erst deutlich macht, was religiös sein kann und wie es gemessen werden kann: Praktiken, Einstellungen, Sozialformen? Das ist umso komplexer, als die Theorien, die hierauf eine Antwort geben, ihrerseits die Kategorie der Säkularisierung und ihre Derivate voraussetzen. Das ist etwa bei Thomas Luckmanns Konzept der »unsichtbaren Religion« (darunter fällt alles Letztverbindliche) der Fall, aber auch bei der von Pollack bevorzugten luhmannianischen Antwort – Religion ist Bewältigung von Kontingenz unter Rückgriff auf die Unterscheidung von Immanenz und Transzendenz –, denn beide beruhen auf der Voraussetzung moderner Kontingenz. Pollack weiß um diese Schwierigkeiten und beginnt daher mit einer Diskussion dreier Modelle des religiösen Wandels: der alten These der Säkularisierung als Bedeutungsverlust, der These der Individualisierung und Pluralisierung des Religiösen und schließlich des neuerlich gerade mit Blick auf amerikanische Verhältnisse entwickelten Modells des religiösen Marktes, nach welchem gerade die Konkurrenz religiöser Angebote letztlich die Intensität religiösen Lebens belebt. Aber Pollack will es nicht bei einer reinen Theoriedebatte belassen, sondern die Daten sprechen lassen: Anhand einer Fülle von existierenden Erhebungen zu religiöser Praxis und zu religiösen Einstellungen in verschiedenen europäischen Ländern diskutiert er, welche der Theorien die religiöse Situation Europas am besten beschreibe.

Man muss kein besonderer Anhänger von Umfragen sein – à la »Glauben sie an Gott? Wenn ja, mehr oder weniger als vor einem Jahr?« –, um unter den zahlreichen Aufstellungen und Korrelationen Interessantes zu finden: etwa dass 1992 weniger Befragte als 1967 an Jesu Krankenheilungen glaubten, dagegen mehr an ein Leben nach dem Tode. Was die theoretischen Modelle angeht, hat für Pollack jedenfalls die alte Theorie der Säkularisierung immer noch das »relative Recht«, denn die belebenden Wirkungen religiöser Konkurrenz seien in Europa so gut wie gar nicht zu beobachten, und auch die Pluralisierung und die Zuwendung zu neuen, idiosynkratischen Religionen falle recht gering aus und werde letztlich vom Trend der abnehmenden Bedeutung des Religiösen dominiert – das zeige sich etwa in Osteuropa, wo die kurze Welle der Kirchlichkeit wieder abebbe, und zwar umso mehr, je moderner die jeweiligen Länder seien. Das ist freilich insofern weniger bemerkenswert, als sich Pollack nicht nur deutlich an der Modernisierung als Leitkategorie orientiert (der im religiösen Feld eben weitgehend die Säkularisierung entspricht), sondern weil er auch von vornherein und konsequent Religion von den Einzelnen her fasst und die kulturellen Deutungsmuster demgegenüber als sekundär ausschließt. Dadurch kann Pollack zwar ganz überzeugend Indices bilden über die Nähe von Staat und Kirche – aber dann nicht erklären, wieso sowohl im laizistischen Frankreich als auch im traditionell staatskirchlichen Skandinavien der Grad an Säkularisierung so hoch ist – das, würde man wohl intuitiv sagen, sei wohl eine Frage der ›Kultur‹. Die Begrenzung auf die individuellen Einstellungen mag seine methodische

Berechtigung haben, es spiegelt aber letztlich das Problem wider, das symptomatisch für den soziologischen Religionsbegriff zu sein scheint: dass dieser schwankt einerseits zwischen einer Repräsentation der Gesellschaft als solcher (im Sinne einer Durkheim'schen Zivilreligion) und andererseits der allerprivatesten Einstellung, welche ja durch die Befragungstechniken der isolierten Subjekte immer wieder betont wird. Dass man Religion auch anders konzipieren kann, zeigt der bei Pollack kurz diskutierte Ansatz der französischen Soziologin Danièle Hervieu-Léger: Sie fasst ›Religion‹ gerade als die Tradition, die die Weitergabe von (individuellen) religiösen Vorstellungen sichert; Religion ist also weder der Glaube der Einzelnen noch auch der unterstellte Zusammenhalt des großen Ganzen, sondern eine Kette des Gedächtnisses.

2. Politische Religion

Einer der Indikatoren für die Rückkehr der Religionen ist ihre wachsende Bedeutung in der Öffentlichkeit. Die klassischen Säkularisierungstheorien hatten ja – das betonen gerade ihre Verteidiger – nicht notwendig das Verschwinden der Religion vorhergesagt, aber ihre Privatisierung und Individualisierung. Aber stimmt diese Diagnose? In Amerika wird schon länger eine Debatte über Religion in Politik und Öffentlichkeit geführt, die nach Deutschland zu bringen das explizite Ziel der von der Berliner Humboldt-Universität organisierten »Berliner Reden zur Religionspolitik« war, von der nun einige Bände publiziert vorliegen. Paul Nolte, Zeithistoriker aus Berlin, setzt sich in »Religion und Bürgergesellschaft« gerade mit diesem Öffentlich-Werden der Religion in Deutschland auseinander. Auch wenn das öffentliche Interesse an Religion nicht auf eine genuine Frömmigkeit zurückgehe – manches an ihm, so einige Seitenhiebe des Autors, sei wohl eher Ausdruck einer neuen Bürgerlichkeit –, sei es doch nicht nur Reaktion auf äußerliche Anlässe wie die Migrationsgesellschaft und das Erstarken des Islams. Es antworte vielmehr auf das Ende der klassischen Moderne und die gebrochenen Hoffnungen auf stetig wachsenden Wohlstand. Die Religion beerbe gewissermaßen den Staat, weil sie nicht nur wohlfahrtsstaatliche Funktionen erfüllt, sondern entscheidend an der Herstellung des overlapping consensus beteiligt sei, auf den moderne Gesellschaften immer noch angewiesen sind. Weil dieser Konsens sich in der Spätmoderne und unter europäischen Bedingungen nicht mehr durch eine Zivilreligion (oder gar eine Staatsreligion) hervorbringen lasse, sondern eher durch das Nebeneinander unterschiedlicher Religionsgemeinschaften, habe der Staat ein Interesse daran, diese Pluralität aktiv zu fördern.

Dieselbe Frage mit anderer systematischer und historischer Tiefenschärfe erörtert auch Karsten Fischer in »Die Zukunft einer Provokation«. Historisch, weil er auf die Begründung des modernen liberalen Staates durch die Unterscheidung von Politik und Religion zurückgeht, systematisch, weil er die politische Theorie inklusive der Politischen Theologie Carl Schmitts und deren Fortschreibung durch den Schmitt-Schüler Ernst Wolfgang Böckenförde mit im Blick hat. Dieser hatte nicht nur die klassische Beschreibung der Genese des modernen Staates als Resultat von »Säkularisation« gegeben, etwa in der Zurückdrängung des Gottesgnadentums, sondern auch das Paradox formuliert, dass der moderne Staat immer noch gewisse normative Grundlagen voraussetze, die der Religion entstammten und die er gerade deshalb nicht garantieren könne. Dieses Paradox, so Fischer, übersetze sich in der Moderne gerade nicht in die Totalisierung des Politischen und der Entscheidung – das wäre die These Carl Schmitts und der neuerlich zahlreichen Schmittianer –, sondern in das spannungsreiche Verhältnis von Politik und Recht, mit anderen Worten: in ein Dreiecksverhältnis, in dem das Recht seine eigene ›Transzendenz‹ gegenüber politischen Entscheidungen herausbilde, während ihm selbst die Moral bzw. Religion transzendent bleibe. Damit lebt das politisch-theologische Problem der Neuzeit in den Paradoxien des Rechts- und Verfassungsstaates fort – und nebenbei wird ein weiteres Mal deutlich, wie viel fruchtbarer die Beobachtung von Paradoxien gegenüber der Beobachtung von Identitäten sein kann, gerade im Fall des latent substantialistischen Begriffs der Säkularisierung. In diesem Zusammenhang lässt sich dann auch sinnvoll – und vergleichend! – über fundamentalistische Religionspolitik und ihre höchst erfolgreichen Kommunikationsstrategien sprechen und noch einmal betonen, dass im liberalen Staat Religion und Politik einander immer fremd gegenüberstehen und gerade nicht verschmolzen werden können, wie das manche Vertreter eines postsäkularen Ethos glauben. Ob und inwiefern freilich eine solche Fremdheit auch mit einer gewissen Notwendigkeit zu einer gegenseitigen Verkennung von säkularem und religiösem Diskurs führt, wird in dieser klugen Studie nicht erörtert.

3. Europa und die Säkularisierung

Von dieser konstitutiven Verkennung handelt eine dritte der religionspolitischen Reden, das kleine Buch von José Casanova »Europas Angst vor der Religion«. Der Autor hatte bereits 1994 in »Public Religion« die These von der Privatisierung der Religion in Frage gestellt hatte und damit die neuere sozialwissenschaftliche Debatte zur Säkularisierung wesentlich angestoßen. Auch in seinem neuen Beitrag findet sich die geläufige Kritik an der Kategorie und der Versuch, sie präziser zu fassen. Interessanter ist aber der Dreh, den Casanova dem Problem mit der These gibt, »dass das Problem des Verhältnisses von Religion und Demokratie kein intrinsisches Problem der Religion ist, sondern eher ein Problem der verbreiteten, säkularistischen Annahmen über Religion, Demokratie und ihre Beziehungen zueinander«. Denn die europäische Demokratie neige nicht nur dazu, die gegenwärtige Religion zum Undenkbaren zu machen, sie vergesse auch ihre eigene Vorgeschichte und mache ›die Religion‹ zu einer Sache der Anderen, insbesondere des Islam. Mit nur ein wenig historischem Bewusstsein, so zeichnet Casanova prägnant nach, würde man in den heute dem Islam gemachten Vorwürfen dieselben Argumente wiedererkennen, die vor gar nicht langer Zeit dem Katholizismus gemacht wurden: Er würden die Menschenrechte nicht anerkennen, die Frauen unterdrücken und der Moderne feindlich gegenüberstehen. Wer hätte noch vor sechzig Jahren gedacht, dass ausgerechnet die Päpste heute als »Hohepriester einer globalen Zivilreligion« auftreten würden? Die Europäer tendierten dazu, die eigene Herkunft zu vergessen, und damit auch die Religion, wie man auch am permanenten Herunterspielen der christlichen Impulse in der Gründungsphase der Europäischen Union sehen könne: »Die Unfähigkeit, das Christentum offen als eine der konstitutiven Komponenten der kulturellen und politischen Identität Europas anzuerkennen, könnte auch bedeuten, dass die Europäer die historische Gelegenheit verpassen, eine dritte wichtige Aussöhnung den bereits erreichten beiden, nämlich die zwischen Protestanten und Katholiken und die zwischen kriegerischen europäischen Nationalstaaten, hinzuzufügen, indem den alten Kämpfen um Aufklärung, Religion und Säkularismus ein Ende gemacht wird.«

An solchen Überlegungen ist nicht nur der Bezug auf die mehr oder weniger immer mitverhandelte Frage nach dem Islam politisch, sondern auch der Hinweis auf die wechselseitigen Projektionen, die gerade das europäische Reden von der Religion oft noch gefangen halten. Es handelt sich wohl um konstitutive Verkennungen, um einen systematischen blinden Fleck, der auch durch neue Religionsvergleiche und weitere Studien nicht einfach behoben werden kann, sondern konzeptueller Arbeit bedarf. Sie muss sich nicht zuletzt an der Paradoxie abarbeiten, auf die auch Talal Asad prominent hingewiesen hat – die Übersetzung seiner immer wieder erwähnten Texte und überhaupt der postkolonialen Debatte über die Religion ist überfällig! –, dass nämlich das ›Säkulare‹ seiner Herkunft nach eine uneingestandene theologische Kategorie sei, während ›die Religion‹ eine Konstruktion der wesentlichen Moderne sei.

4. RELIGION DENKEN

In der europäischen Philosophie gibt es in den letzten Jahrzehnten eine Reihe von Versuchen, ›Religion‹ nicht mehr als das ›Andere‹ der europäischen Moderne zu denken bzw. diese Andersheit zu verstehen: Jean-Luc Nancy, Giorgio Agamben, Gianni Vattimo und Jean-Luc Marion, und hinter ihnen Jacques Derrida und Emmanuel Lévinas haben versucht, Religion nicht als Ideologie oder gar als Krönung der Metaphysik zu denken, also nicht mehr als ›Ontotheologie‹, wie es Heidegger und mit ihm noch der frühe Derrida formulierte, sondern als etwas anderes und Offenes, etwas, das überhaupt erst sichtbar wird, wenn man die Metaphysik und ihre Kategorien – etwa Ewigkeit oder Transzendenz – hinter sich lässt. Es bedarf einer *Dekonstruktion des Christentums*, so der Titel einer Untersuchung von Jean-Luc Nancy, wobei der Genitiv im doppelten Sinne zu verstehen ist: Zum einen gilt es, das Christentum – es geht in diesen Debatten meist explizit um das Christentum, manchmal um ›die jüdisch-christliche Tradition‹, noch seltener um ›den Monotheismus‹ – aus überkommenen Kategorien und Dichotomien zu lösen, etwa aus der Gegenüberstellung von Athen und Jerusalem. Zum anderen ist, so behauptet Nancy, die dekonstruktive Bewegung selber in gewisser Weise christlich, sie entstamme aus einer christlichen Tradition und gehe auf eine christliche Geste zurück, die eben gerade darin besteht, die Oppositionen von Heidnischem und Jüdischem, Göttlichem und Menschlichem, Heiligem und Profanem zu unterlaufen. Dabei zeigt sich dann – und das freizulegen, ist sicherlich die Fruchtbarkeit der gesamten erwähnten Denkrichtung –, wie fremd und auch wie verstörend ›die Religion‹ ist, wenn wir auf den Anspruch verzichten, sie immer schon verstanden zu haben, und sie als echtes Problem wahrnehmen.

Nancys Ausführungen sind dabei insgesamt zu komplex, um hier detailliert analysiert werden zu können, gleiches gilt für die anderen oben erwähnten Autoren. Das Grundargument der Dekonstruktion des Christentums erinnert allerdings – vor allem wenn der Genitiv als subjectivus verstanden wird – auffällig an den Diskurs der Säkularisierung: Es ist das Argument, dass die Moderne oder in diesem Fall gar die Postmoderne aus einer christlichen Wurzel entstanden ist. Sehr viel deutlicher als Nancy behauptet das Gianni Vattimo, dessen Auseinandersetzung mit René Girard jetzt in einem Band, »Christentum und Relativismus« dokumentiert ist, der Texte von beiden und vor allem Gespräche enthält. Mit Girard – und letztlich mit Hegel – sieht Vattimo das Christentum als Ende der Religion: Indem es die Opfer aufhebt, hebt es auch die heilige Gewalt auf, aus denen sich die Religion speiste. Die Kritik der Opfer ist damit auch eine Kritik der Metaphysik und gleiche damit der Denkbewegung Heideggers. Das Christentum, so eine andere Formulierung, sei selbst Nihilismus und nehme damit unsere Welt des 21. Jahrhunderts schon vorweg. Allerdings zeigt sich in den Gesprächen mit Girard eine gewisse Spannung, weil dieser sich nicht so recht Vattimos optimistischer Sicht auf ein postmetaphysisches Zeitalter und die Abschaffung aller Opfer anschließen will. Die Überwindung der Gewalt durch das Christentum sei, so Girard, immer riskant, weil die Abschaffung der Opfer die gesellschaftliche Gewalt auch ortlos und unfassbar machen könne und uns damit vielleicht eine umso schlimmere Zukunft bevorstehe. Allerdings bleibt das im Gespräch und das heißt auch: in der Schwebe. Das Gesprächsformat hat sicherlich den Vorteil, dass die Texte nicht wirklich esoterisch sind – vorsichtig gesagt. Gerade Vattimos Äußerungen sind im Verhältnis zu dem, worüber sie sprechen – also vor allem Nietzsche, Heidegger – ausgesprochen kolloquial und lose formuliert. So wird etwa innerhalb von wenigen Seiten gesagt, Heidegger »gehöre zur Geschichte der Offenbarung«, seine Philosophie sei als »mehr oder weniger bewusste Umschrift der jüdisch-christlichen Offenbarung« auslegbar, und es gebe eine »enge Verwandtschaft von Heideggers Philosophie und der Bibel« – ohne dass klar wäre, ob diese drei Formulierungen dasselbe meinen sollen, geschweige denn, was sie meinen. Man kann sich des Eindrucks schwer erwehren, dass hier nur noch Gemeinplätze ausgetauscht werden, wenn etwa ein weiteres Mal Nietzsche als großer Theologe oder der Tod Gottes als christliche Figur entdeckt werden. Überhaupt die Theologie: Wo Girard immer wieder betont, er argumentiere als Anthropologe, ist bei Vattimo erheblich schwieriger auszumachen, ob es sich um theologisierte Philosopheme oder philosophische Theologie handelt. Nun muss (und vielleicht: kann) man zwischen beiden Diskursen keine scharfe Grenze ziehen. Aber es wäre doch hilfreich für die Schärfung der Gedanken, wenn sich auch die philosophische Debatte auf einen starken theologischen Diskurs beziehen oder wenigstens von ihm wissen würde. Vattimo redet viel von Heidegger – aber niemals von der dialektischen Theologie etwa Rudolf Bultmanns oder Karl Barths, die ja ebenfalls versuchte, Religion unter Absehung von ›metaphysischen‹ Kategorien zu denken, nicht zuletzt auch angeregt durch Heidegger. Sie scheint heute in der philosophischen Renaissance der Religionen vergessen und ist doch untergründig immer präsent, denn noch die Faszination für das ›ganz Andere‹ der Religion und den religiösen ›Anderen‹ ist nicht zuletzt auf sie zurückzuführen. Und ein anspruchsvoller philosophischer Diskurs über die Religion oder gar das Christentum müsste sich gerade deshalb mit ihr auseinandersetzen, weil sie höchst skeptisch gegenüber der philosophischen Rede über die Religion war. Eine solche Auseinandersetzung wäre auch mit anderer aktueller Theologie fällig, etwa mit der theologischen Metakritik der Postmoderne, wie sie die in Deutschland noch kaum rezipierte »Radical Orthodoxy« entworfen hat. Denn das Verstörungspotential, das Religion offensichtlich heute hat, entfaltet sich erst dort wirklich, wo auch die Selbstverständlichkeit einer philosophischen Rede über ›Glauben‹, ›Passion‹ und ›Offenbarung‹ radikal in Zweifel gezogen wird.

5. Eine Summe?

Charles Taylors Buch »Ein säkulares Zeitalter« hat wahrlich ein anderes Format als die schlanken Essays der religionspolitischen Reden und noch als das wahrhaft gelehrte Buch von Pollack. Es ist dicker als alle anderen hier besprochenen Bücher zusammen, und es fühlt sich auch so an. Denn Taylor stellt das Problem der Säkularisierung nicht nur in den Zusammenhang der Frage nach dem Selbstverständnis der Moderne, sondern tut das auch in einer so breiten und wahrhaft erschöpfenden Weise, dass der Leser nicht so genau weiß, was er damit machen soll. Dabei ist der Zusammenhang und Grundansatz des Buches gut und interessant. Taylor unterscheidet klug zwischen verschiedenen Bedeutungen, in denen man von ›Säkularisierung‹ sprechen kann: zwischen dem Rückgang der individuellen Frömmigkeit, der Trennung der Institutionen und der breiten Frage der Denkmöglichkeit des Religiösen. Das kann höchst erhellend sein und auch anschaulich, etwa wenn die Theorien der Säkularisierung mit einem Haus verglichen werden, bei dem das Erdgeschoss für den momentanen Zustand der Religion, der Keller für dessen Ursachen und der erste Stock für die allgemeinen Gesetze und die von ihnen hervorgebrachte Zukunft stehen – um zu konstatieren, dass man sich zwar über das Erdgeschoss noch einig werden könne, aber von Keller und erstem Stock habe jede Theorie ein anderes Bild. Zentral ist ebenfalls, dass Taylor immer wieder betont, dass die konventionellen Theorien der Säkularisierung auf der (unausgesprochenen) Annahme beruhen, die Religion müsse letztlich untergehen – und das sei nicht nur empirisch nicht der Fall, sondern vergesse auch, dass letztlich gerade über dieser Annahme noch alle diese Theorien an die Religion gebunden seien. Noch der Atheist behandele die Religion als Bezugspunkt: »Unsere westlichen Gesellschaften werden in historischer Hinsicht für immer christlich geprägt bleiben.« Was diese Gegenwart der Vergangenheit bedeutet, wird in dem Buch entfaltet.

Taylors Leitfrage ist dann die des Philosophen: die nach den »Bedingungen der Gläubigkeit«, die sich doch offensichtlich verändert haben. »Wie ist es gekommen, dass wir von einem Zustand, in dem die Menschen der christlichen Welt naiv im Rahmen einer theistischen Deutung lebten, zu einem Zustand übergegangen sind, in dem wir uns alle zwischen zwei Haltungen hin- und herbewegen, in dem die Deutung eines jeden als Deutung in Erscheinung tritt und in dem die Irreligiosität für viele zur wichtigsten vorgegebenen Option geworden ist?« Diese Frage ist so einfach wie einleuchtend und sie lässt sich in zwei Richtungen entfalten, in eine historische Untersuchung und in eine Analyse, was es denn für die Gegenwart bedeutet, in einem solchen Zustand zu leben. Beide Argumentationen richten sich gegen Vereinfachungen, die Taylor treffend als »Subtraktionserzählung« bezeichnet. Nach ihr war die Religion nur ein Firnis des falschen Bewusstseins, nach dessen Abtragung nun endlich die menschliche Wirklichkeit als solche sichtbar werde. Und beide Argumentationen hängen zusammen, denn es könne sein, dass wir unseren Ort in der Gegenwart falsch bestimmen, weil wir den Weg dahin falsch beschrieben haben. Gerade weil die Geschichte komplexer ist und nicht eine reine Emanzipationsgeschichte, müssen wir besser und anders verstehen, was eigentlich die säkulare Wirklichkeit ist, in der wir leben, und wie es dazu kam. Dabei fließen gewissermaßen zwei Traditionen zusammen: Eine Genealogie der Moderne, wie sie Max Weber und Ernst Troeltsch entwickelten, und ein Versuch, der Religion innerhalb der Gegenwart ein Recht jenseits dogmatischer Theologie oder dogmatischem Positivismus einzuräumen – das war das Unternehmen von William James. Wie Weber versucht Taylor, eine lange Geschichte zu beschreiben, in der sich die Moderne aus der Religion heraus entwickelt hat, wie James geht es auch ihm um eine Erfahrung der ›Erfüllung‹, die auch in der modernen Welt noch möglich sei.

Gerade der Vergleich mit James und Weber zeigt aber auch, dass jene Projekte einhundert Jahre später nicht mehr zu wiederholen sind. Das gilt besonders für die historische Darstellung. Taylor geht es erstens darum, die Erfolgsgeschichte der Säkularisierung zu relativieren bzw. als Erfolgsgeschichte erst sichtbar zu machen: als Gründungserzählung der entstehenden liberalen Gesellschaft, die sich durch Unterscheidung von ihrer Vergangenheit legitimiert. Wie immer entspreche diese Legende nicht der sozialen und kulturellen Wirklichkeit. Denn zweitens betont Taylor (was er REFORM nennt und schon typographisch von der Reformation absetzt) die schon im Spätmittelalter einsetzende Bewegung der Intensivierung der Frömmigkeit, die bis ins frühe zwanzigste Jahrhundert eine wichtige Kraft sozialer Veränderung und entscheidend an der Durchsetzung der modernen Gesellschaft beteiligt ist, und zwar auch dann noch, wenn sie nicht mehr als Religion erscheint. Taylor greift hier die viel diskutierte These von der Konfessionalisierung als Triebkraft der Modernisierung auf, deren Vorform die Weber-These ist: Religion wird in der Moderne eine Triebkraft der Modernisierung. Allerdings ist das nicht das letzte Wort, denn drittens unterscheidet Taylor dieses »Zeitalter der Mobilisierung« von einer weiteren Phase, dem »Zeitalter der Authentizität«, in welchem die Konsumgesellschaft sich weiter individualisiert und die Praktiken und Ethiken religiöser Herkunft ihre Bedeutung verlieren.

Das ist durchaus interessant, und man erfährt eine Menge etwa über die Geschichte des Deismus, über die Entwicklung der Frömmigkeit in Großbritannien, über die Ursachen der Individualisierung (Fernsehen, Individualverkehr etc.) – doch der Eindruck des Beliebigen ist nie fern. Zunehmend fragt man sich, ob so Geschichte noch erzählbar ist, zumal von einem Einzelnen, der doch immer nur manches gelesen hat. Es fehlt die Verdichtung der Weber'schen Texte, es fehlt fast jegliche Disposition, die durch beständige Wiederholung des bereits Gesagten ersetzt wird. Und der lange Atem erschöpft nicht nur, sondern ärgert auch, wenn er nicht hält, was er verspricht. Hat man die ersten 700 Seiten der Geschichte durchgelesen im Ausblick auf ein als systematisch angekündigtes Kapitel, so stößt man hier zunächst auf eine narrative Zusammenfassung des Vorigen von etwa dreißig Seiten, nach deren Ende – die nächste Geschichte beginnt. Dass dabei immer wieder Begriffe irgendwo eingeführt werden, die man erst viel später braucht, dass noch auf den letzten Seiten zwei neue Abkürzungen eingeführt werden, macht die Lektüre nicht gerade einfacher. Allenfalls könnte man den Schlusssatz, man brauche »sowohl die TA als auch die RGE, um die Religion der Gegenwart zu erklären«, als Ironisierung eines pseudoexakten philosophischen Stils ansehen. Allgemein dominiert aber nicht die Ironie, sondern die Behaglichkeit, die sich hier zu nahezu unendlichem Geplauder auswächst, zu einem Universalessay.

Besser passt der essayistische Zugriff zum anderen Teil von Taylors Projekt, zur Reflexion über die Religiosität der Gegenwart, die immer wieder in den historischen Teil eingestreut wird und dann das Schwergewicht des letzten Viertels des Buches ausmacht. Auch hier ist das Panorama breit: Es geht um die Frage der persönlichen Spiritualität und der religiösen Erfahrung, so etwa im Schlusskapitel, welches das Phänomen der »Bekehrung« behandelt, das ja schon für James zentral war. Aber in Taylors Argumentation ist dieses Persönliche auch immer wieder in den sozialen, kulturellen und philosophischen Kontext gesetzt, wenn etwa das Problem der »Grenzen des Humanismus« diskutiert wird: Kann der Mensch seine Bedingtheit transzendieren – oder tut er das nicht immer schon? Ist die dogmatische Beschränkung auf die Immanenz nicht ganz irreführend? Können wir mit dem Bösen oder mit der Frage nach der Gewalt in einer ganz säkularen Welt umgehen, und was bedeutet das für diese Säkularität? Wie ist Solidarität möglich und wie können wir anderen helfen, ohne der Hybris oder dem Ressentiment zu verfallen? Wie kann überhaupt vermieden werden, dass sich edle Ziele selbst zunichtemachen? Das sind zentrale Fragen, und sie ähneln in vielem den Fragen, um die auch Vattimo und Nancy kreisten. Taylor argumentiert dabei grundsätzlich abgewogener, weniger esoterisch, offener – auch um den Preis, dass dabei das Verstörungspotential, das die Religion doch auch hat, ein wenig verschwindet. Wie die Erfahrung der Erfüllung – warum nicht: Entleerung, Entweltlichung? – kommt die Religion hier überhaupt freundlich und vertraut daher, und die Antworten, die Taylor auf die erwähnten Fragen gibt, sind dann auch als solche wenig originell: Es ist die christliche Ethik der Versöhnung mit sich und anderen. Aber diese Antwort ist vielleicht gar nicht so entscheidend, jedenfalls geht es Taylor nicht darum, sie als einzig richtige Antwort zu behaupten – er besteht lediglich darauf, dass man sie nicht von vornherein ausschließen solle und dass sie sich nicht von vornherein erledigt habe. Denn auch wenn die Religion heute verschwinden würde, jene Probleme würden doch keinesfalls verschwinden, und auch in diesem Sinne werden wir für Taylor immer christlich gewesen sein. Dass diese Fragen nun weit in alle möglichen Diskurse ausstrahlen können, ist ohne Zweifel ein Verdienst des Buches. Dass es sich der einen prägnanten Antwort versagt, ebenso.

6. Säkularisierung als Aufgabe

Die erwähnten Bücher zeigen, dass die Idee der Säkularisierung zentral bleibt für das Selbstverständnis der Moderne, auch und gerade nach dem religious turn. Sie bleibt aber auch vieldeutig, denn letztendlich wird nicht nur das Wort ›Säkularisierung‹ verschieden benutzt – bei Vattimo etwa steht es für die gesamte christliche Geschichte, Taylor beschreibt dagegen nur die letzte Phase seiner Geschichte als ›Säkularisierung‹. Sondern es wird auch völlig verschieden gedacht, was ihm entspricht, was, im Sinne von Taylors Stockwerken, im Keller und im Obergeschoss stattfindet. Aber vielleicht ist das Interessante an der Idee der ›Säkularisierung‹ gerade, dass sie – um im Bild zu bleiben – die drei Stockwerke zusammendenkt: Vergangenheit, Gegenwart, Zukunft; Soziales, Kulturelles, Theoretisches etc. Letztlich ist es wohl gerade die so oft kritisierte Unschärfe des Konzepts ›Säkularisierung‹, die es gleichermaßen unbefriedigend wie unentbehrlich macht. Denn anders als die Alternativbegriffe, die »Säkularisierung« ersetzen sollten – Modernisierung, Dechristianisierung, Individualisierung – umschließt gerade die Idee der Säkularisierung ganz verschiedene Gegenstandsfelder und Diskurse und hält so ein Problem offen, das sich der disziplinären Einengung gerade entzieht.

So bleibt auch die Debatte einigermaßen unübersichtlich. Trotzdem scheint sich schon wieder so etwas wie ein Konsens abzuzeichnen: Alle vorgestellten Autoren kritisieren die ›zu einfache‹ Vorstellung von Säkularisierung als eines unilinearen, notwendigen, stetigen Prozesses. Aber diese Kritik ist selbst ›zu einfach‹, die Einigkeit ist nur oberflächlich und verdeckt viel tiefere Verwerfungen hinsichtlich der Frage, wie der Prozess denn beschrieben werden soll, welche Rolle dabei die verschiedenen (philosophischen, soziologischen, historischen) Diskurse haben sollen und welche Positionen den verschiedenen Kulturen und Religionen darin zugewiesen werden. Über Säkularisierung zu sprechen, heißt manchmal, über die Vergangenheit des Christentums zu philosophieren, und manchmal, dem Islam zukünftige politische Aufgaben vorzuschreiben. Beides geht manchmal ein wenig leichtfertig, aber beides geht auch oft nicht auf, wie ja etwa Fischer und Casanova zeigen. Wenn es heute darum geht, das lange Ungedachte der Religion wieder zu verstehen, dann sind die Probleme der Säkularisierung ein wichtiges Feld, auf dem sich dieses Nachdenken auch in Zukunft vollziehen kann. Nicht, um eine neue Meistererzählung zu finden, aber auch nicht, um sich in der Polemik gegen die Meistererzählung zu verbinden, sondern um ein neues Wissen davon zu gewinnen, was Religion war und ist und inwiefern und wie wir säkular geworden sind.

LITERATUR

José Casanova, Europas Angst vor der Religion, Berlin 2009.

Carsten Fischer, Die Zukunft einer Provokation. Religion im liberalen Staat, Berlin 2009.

René Girard/Gianni Vattimo, Christentum und Relativismus, aus dem Italienischen von Christine Boesten-Stengel, Freiburg 2008.

Jean-Luc Nancy, Dekonstruktion des Christentums, aus dem Französischen von Esther von der Osten, Zürich/Berlin 2008.

Paul Nolte, Religion und Bürgergesellschaft. Brauchen wir einen religionsfreundlichen Staat?, Berlin 2009.

Detlev Pollack, Rückkehr des Religiösen? Studien zum religiösen Wandel in Europa II, Tübingen 2009.

Charles Taylor, Ein säkulares Zeitalter, aus dem Englischen von Joachim Schulte, Frankfurt a. M. 2009.

Raum des Unbekannten

Gottesdienst, Konfession und Konfessionslosigkeit

Michael Meyer-Blanck

1. Bekanntes und Unbekanntes

Auf den ersten Blick ist die Liturgie der Raum des Bekannten. Man nimmt – abgesehen von Ausnahmen, die diese Regel bestätigen – an der Liturgie mit einiger Erwartungssicherheit teil. Das gilt für die Form wie für den Inhalt. Wirkliche Überraschungen sind selten. Liturgie ist – nicht nur, aber auf jeden Fall auch – Ritual, welches primär durch Wiederholung und Regression geprägt ist. Das gilt sogar auch für die Unterbrechung des Rituals, die Predigt: Im Gottesdienst möchten die meisten Besucher noch einmal das hören, was ihnen bekannt ist, und zwar so, dass das Bekannte ein wenig, möglichst wenig, verfremdet wird, damit es zugleich als beheimatend und impulsgebend oder sogar als begeisternd erlebt werden kann. Die Liturgie soll zwar nicht einfach wiederholen, sondern sie soll wieder holen, erneut das hervorholen, was leben lässt – aber »wieder« bleibt eben doch »wieder«. Insgesamt ist Gottesdienst mehr Expression und Affirmation denn Innovation. Das trifft im Prinzip auf die meisten Festlichkeiten zu. Feier und Fest dienen der Performanz des Bekannten.[1]

Auf viele Gottesdienstbesucher, aber auch auf viele Besucher von Kirchen außerhalb der Liturgie, trifft nun aber dies nicht zu. Für sie ist die Kirche grundsätzlich der Raum des Unbekannten. Örtlichkeit und Ausstattung, Sprache und Gedanken, erst recht aber die Handlungsformen und die kirchlichen Ordnungen wie Agende, Gesangbuch und Perikopen sind ihnen nicht vertraut. Ein wesentlicher Impetus der pädagogischen Praxis der Kirche besteht in dem Bemühen, das Unbekannte bekannter zu machen. Die Lieder aus der Kernliederliste für das Gesangbuch, die Feste des Kirchenjahres, die Formen von Gebet und Sakrament sollen

---

1 Das gilt trotz der vor einigen Jahrzehnten bemühten Unterscheidung zwischen »Feier« und »Fest«. Damals meinte man, dem »Fest« eher progressive Konnotationen und der »Feier« eher regressive Zuschreibungen zuordnen zu können.

Kindern und Jugendlichen, aber nicht nur ihnen, liturgiedidaktisch nahegebracht werden.

Denkt man einen Moment genauer darüber nach, dann wird sofort klar, dass das soeben Beschriebene wichtig, aber religionspädagogisch nicht ausreichend ist. Denn Religion ist mehr als Information, und religiöses Lernen ist mehr als eine solche Realienkunde. Das Unbekannte bekannt machen verlangt weitaus mehr. Zu erschließen ist nicht nur der Zugang zu den kirchlichen Formen und Inhalten, sondern zunächst einmal eine Ahnung von demjenigen, was Glaube und Religion für den Einzelnen sein und bedeuten können. Die Religionspädagogik hat darum in den letzten Jahrzehnten – nach der Konzentration auf das Wahre und Gute – besonders das Schöne entdeckt, die Wahrnehmung, die ästhetische Dimension des religiösen Lernens. Das ästhetische Lernen erbringt Wichtiges über das dogmatische und ethische Lernen hinaus.[2]

Das Bekannte aus der Perspektive des Ganzen sehen und ein Gefühl bekommen für das, was der Mensch nicht machen kann und was ihn dennoch umfassend betrifft – das ist die Erfahrung von Religion. Glaube und Religion – dabei handelt es sich um eine besondere Form der Selbst- und Weltwahrnehmung. Das Gefühl des Seins vor allem Denken, Entscheiden und Handeln, diese selbst erlebte, aber nicht selbst erschaffene Freiheit umschreiben wir mit der Hilfskategorie »Religion«. Diese Erfahrung, die Empfindung des In-der-Welt-Seins, wird dann näher in den Worten Jesu und der Kirche gedeutet. Zunächst erlebt aber wird sie in der Natur und in der Kunst.

In diesem Zusammenhang bekommt der Ausdruck »Raum des Unbekannten« im Titel einen anderen, nicht-metaphorischen und damit verheißungsvollen Klang. Der Weg zur Liturgie führt nicht primär über das Wissen, sondern wesentlich über das Empfinden und persönliche Erleben, über jene spezifische Wahrnehmung des eigenen Wahrnehmens. Ästhetisch gesehen ist ein Kirchenraum der »Raum des Unbekannten« nicht primär im störenden und verunsichernden, sondern im pädagogisch

[2] Zum ethischen, dogmatischen und ästhetischen Paradigma des Unterrichts s. ausführlicher Michael Meyer-Blanck, Das Gute, das Wahre, das Schöne. Religionsunterricht ist kein Privileg, sondern ein Recht der Lernenden, in: Zeitzeichen 8 (2007), Heft 7, 30–32, sowie ders., Kunst aus religionspädagogischer Perspektive, in: Theo-Web. Zeitschrift für Religionspädagogik 8 (2009), Heft 2, 33–44, und ders., Religion zeigen im heiligen Raum. Kirchenraumpädagogik und Liturgiedidaktik, in: Die Christenlehre 56 (2003), Heft 2, 4–7.

fördernden Sinne. Der unbekannte Raum kann gerade die unbekannte Religion erschließen helfen. Das Umgebende des Körpers, verbunden mit der Unerreichbarkeit des Umschließenden, vermittelt zugleich Geborgenheit und eine das Ich verändernde Entgrenzung, also jenes Empfinden, wie man es z. B. im Deutschen Idealismus als das »Erhabene« bezeichnet hat. Die Transzendenzerfahrung in Kirchenräumen und im Wald ist von daher auch nicht so gegensätzlich, wie sie von Pastoren und regelmäßigen Gottesdienstbesuchern bisweilen dargestellt wird. Charles Beaudelaires Wort »Die Natur ist ein Tempel« kommt nicht von ungefähr. Das den Körper Umgebende, das uns Bergende und zugleich Relativierende ist ein leibliches Gleichnis für Transzendenz, für das Unbekannte im Bekannten, für das Entgrenzende an den Grenzen und durch die Grenzen unseres Körpers.

Die bisherige Argumentation konnte so verstanden werden, als ob es nur die Kirchenfremden seien, denen Religion, Gottesdienst und Kirchenraum zu erschließen seien. Demnach hätten die mit der Kirche Vertrauten das ihnen Bekannte den anderen so zu erläutern und zu vermitteln, dass der Raum des Unbekannten zum Raum des Bekannten werden kann. Denken wir aber an die Struktur der religiösen und liturgischen Erfahrung, dann ist das damit vorausgesetzte Modell in gefährlicher Weise falsch, weil es den Glauben als ein habituelles Werk misszuverstehen droht. Konfessionslosen stößt eine solche Haltung besonders negativ auf:

»Wir sind sozialistisch aufgewachsen, ja also, ich hab die ... ich sehe mir gerne Kirchen an von innen, aber ich hab' einmal eine Predigt gehört, die fand ich unmöglich ... 'ne Weihnachtspredigt ... da hat er irgend ... naja ... nee ... das war nichts für mich ... das war nur Lästerei über die Nicht-Gläubigen«, sagt eine befragte 50-Jährige auf dem Weihnachtsmarkt in Halle im Jahre 2012.[3] Was ärgert diese Frau? Niemand lässt sich gerne eine defiziente Erfahrungsstruktur bescheinigen. Zudem wäre die klare Trennung zwischen Gläubigen und Nicht-Gläubigen prinzipiell – wegen der Struktur des Glaubens als eines Nicht-Habens – unangemessen. Die interviewte Frau scheint diesen performativen Selbstwiderspruch in der von ihr gehörten religiösen Rede gespürt zu haben. Die Rede von der Unbestimmtheit des Lebens kann nicht im Modus der Schwarzweißmalerei erfolgen.

---

3 Michael Domsgen, Mission impossible? Religiöse Kommunikation in Ostdeutschland, in: ders./Dirk Evers (Hrsg.), Herausforderung Konfessionslosigkeit. Theologie im säkularen Kontext, Leipzig 2014, 233–243: 237.

Religiöse Erfahrungen lassen sich ja nur als etwas gewiss Machendes beschreiben, das als solches dem Zugriff entzogen bleibt, in der klassischen Terminologie: Das glaubende Vertrauen, die *fiducia*, ist eine von der Beziehung her zu beschreibende *certitudo* – und keine *securitas carnalis*, die sich aus der Gewohnheit und der eigenen Selbstgewissheit speist. Das Unbekannte am Religiösen betrifft also nicht nur die Konfessionslosen, sondern den glaubenden Menschen überhaupt. Glauben heißt, jeweils neu mit dem Anfang anfangen.[4]

Nur so ist der biblischen Bestimmung der Offenbarung entsprochen: Das sich Zeigende zeigt sich im Sich-Zeigen als das dem Menschen Entzogene. Der Name Gottes im Alten Testament ist sowohl der Ausdruck seiner Lebendigkeit als auch seiner unaussprechlichen Andersheit (Ex 3,14). Der Tempel ist der Ort und zugleich der Nicht-Ort der Gottespräsenz (1 Kön 8,27) – sollte Gott wirklich auf Erden wohnen? Der Auferstandene ist zugleich der Unberührbare, wie das Maria von Magdala erfährt (Joh 21,17) und was Paulus nach der umstürzenden Vision in Blindheit und Fasten lernen muss (Apg 9,9).

Offenbarung, religiöse Erfahrung ist nicht Information, nicht die Mitteilung von etwas von da an Bekanntem. Religiöse Erfahrung ist vielmehr die Einführung in den Zweifel am Bekannten oder in den Raum des Unbekannten. Gott, Glaube und Religion sind immer wieder neu schlechthin unbekannt, wenn es sich denn tatsächlich darum handelt – und nicht um bloße Gewohnheiten.

Das ist nicht spitzfindig, sondern deswegen so wichtig, damit die liturgische Erfahrung nicht banalisiert wird. Nur in schlechten missionarischen Kampagnen unterscheidet man die *beati possidentes* im Glauben von den Konfessionslosen, die als defizitär angenommen werden, die man auf den Stand der wahrhaft Gläubigen zu bringen habe. Der Glaube ist eben kein Besitz – man kann ihn mit Paulus nur haben, als hätte man ihn nicht (1 Kor 7,29ff.).

Daraus ergibt sich meine leitende These: *Der Gottesdienst ist immer (auch) der Raum des Unbekannten und Unbestimmten.* Anderenfalls droht er zur pseudofrommen Routine oder zur Beeinflussung der Unwissenden durch die angeblich Wissenden zu werden. Es ist vielmehr das Gegenteil zutreffend: Von den Unwissenden kann gelernt werden, welche Fragen gestellt werden können, damit man nicht im Raum des Bekannten erstarrt, sondern neu anfangen lernt.

4 Karl Barth, Einführung in die evangelische Theologie, Zürich 1962, 181f.

Gewiss gibt es verschiedene Arten und verschiedene Grade an Unbekanntheit. Der Liturgiker weiß mehr vom Gottesdienst als der Konfirmand. Aber er weiß nichts vom Gottesdienst, wenn er nicht weiß, dass er das Wesentliche immer wieder nicht weiß. Das Bekannt- und Vertrautwerden mit Religion und Liturgie darf nicht nur die Einweisung in etwas Geheimnisvolles, aber einigen durchaus Geläufiges sein. Gewiss gehört die Information liturgiedidaktisch dazu. Erschließungen und Übungen, etwa mit Jugendlichen im Konfirmandenunterricht, sind uneingeschränkt wichtig. Aber das ist eben nicht alles. Die wahre Mystagogie führt in ein Mysterium, das sich den Mysten ebenso entzieht wie dem Mystagogen.

Wer die Liturgie *prinzipiell* als Raum des Unbekannten ernst nimmt, erwartet nicht nur für die anderen etwas Neues, sondern auch für sich selbst. Nicht nur die Konfessionslosen können von der Kirche lernen, sondern auch umgekehrt die Kirche von den Konfessionslosen. Ihre Annäherungen, offenen Fragen und Unsicherheiten, aber auch die überraschten Entdeckungen können das Unbekannte am allzu Bekannten erschließen. Insofern ist die Metapher »Raum des Unbekannten« eine zugleich *liturgiedidaktische* und *fundamentalliturgische* Kategorie.

Das ist im Folgenden zu bedenken, wenn wir uns mit der rituellen und der rhetorischen Dimension des Gottesdienstes beschäftigen. In beiden Zusammenhängen geht es um das schlechthin Unbekannte. Das gilt für diejenigen, die beim Mitfeiern von Gottesdiensten routiniert sind, und für diejenigen, die man mit 1 Kor 14,24f. als die »Ungläubigen« oder die »Unkundigen« bezeichnen kann. Für alle trifft das von Paulus Beschriebene zu: Das Ziel der Liturgie ist es, die eigene Person, das eigene Herz in den Zustand der Selbsterkenntnis und des Erkanntseins (1 Kor 13,12) vor Gott zu stellen. Bei Paulus heißt es, der Unkundige könne so an der Liturgie teilnehmen, dass er sich selbst durchschauen kann; und das, »was in seinem Herzen verborgen ist, würde offenbar« (1 Kor 14,25a). Offenbarung ist zugleich Selbstoffenbarung und Offenbarung des schlechthin Unbekannten.

2. Der Ritus – Sprache des Unbekannten und Unbestimmten

In theologischer wie in kulturwissenschaftlicher Betrachtungsweise lässt sich das Ritual und damit auch der christliche Ritus als der Ort des Unbekannten oder, mit einem etwas anderen Akzent, als der Ort des

Unbestimmten beschreiben. Der Ausdruck »unbestimmt« betont noch stärker, dass etwas *prinzipiell* dem Menschen nicht Zuhandenes angesprochen ist, das nicht nur *einigen* unbekannt ist. Das religiöse Ritual ist der Ort des Unbestimmten auf Zeit. Das Übergangsritual versetzt auf die Schwelle, in einen Zwischenraum, in ein unbekanntes und auf Dauer unzugängliches Gebiet, so Arnold van Gennep und Victor Turner.[5] Darum kann man sich auch nicht auf Dauer dort aufhalten. Schwellen gilt es zu überschreiten, Zwischenräume sind zu überwinden. Keiner kann dauerhaft im Niemandsland leben. Das gilt ganz allgemein.

Die Rede vom Unbekannten und Unbestimmten hat den Vorteil, dass sie eine Brücke zum Phänomen der Konfessionslosigkeit darstellen kann. Religion in Ostdeutschland ist von dem Hallenser Praktischen Theologen Michael Domsgen im Anschluss an die Soziologin Monika Wohlrab-Sahr als »Unbestimmtheit« beschrieben worden. Dieser Begriff erlaubt es, Konfessionslosigkeit von ihrer pluralen Phänomengestalt her zu beschreiben – und nicht einfach als religiös defizitär.[6] In Ostdeutschland sind 74% der Bevölkerung konfessionslos. Man kann von »forcierter Säkularität« sprechen, wobei es Forcierungen *von innen* und *gesellschaftliche* Forcierungen gibt.[7] Dennoch lassen sich bei den ostdeutschen Konfessionslosen mit dem Leipziger Religionssoziologen Gerd Pickel vier oder gar sieben Typen unterscheiden – von den »volldistanzierten« und »nichtgläubigen« über die »herkunftschristlichen«, »individualistischen« und »traditionalistischen« bis hin zu den »gläubigen« Konfessionslosen.[8] Es scheint durchaus *auch* so etwas zu geben wie eine »agnostische Spiritualität« (Monika Wohlrab-Sahr) – ohne dass man dabei aber von einem heimlichen religiösen Apriori der Konfessionslosen sprechen sollte. Aber gerade unter Jugendlichen gibt es eine größere Offenheit – einer Hallenser laufenden Dissertation zufolge sprachen sogar 18 von 23 interviewten Jugendlichen von Gebetspraktiken oder Gebetsäquivalenten.[9]

---

5 Michael Meyer-Blanck, Gottesdienstlehre, Tübingen 2011, 40–51 (§ 4).

6 Michael Domsgen, Konfessionslosigkeit. Annäherungen über einen Leitbegriff in Ermangelung eines besseren, in: ders./Dirk Evers (Hrsg.), Herausforderung Konfessionslosigkeit. Theologie im säkularen Kontext, Leipzig 2014, 11–27: 15; vgl. dazu auch Hans-Martin Barth, Konfessionslos glücklich. Auf dem Weg zu einem religionstranszendenten Christentum, Gütersloh 2013.

7 Michael Domsgen, a. a. O. (Anm. 3), 233.

8 Nach Michael Domsgen, a. a. O. (Anm. 6), 22.

9 Michael Domsgen, a. a. O. (Anm. 3), 236. Inzwischen ist die Arbeit zur Jugendfeier erschienen: Emilia Handke, Religiöse Jugendfeiern »zwischen Kirche und anderer

Um wieder auf die Liturgie zu sprechen zu kommen: Liturgie lässt sich in vielfacher Weise theologisch, soziologisch und psychologisch beschreiben; im Zusammenhang des Nachdenkens über Konfessionslosigkeit aber lässt sie sich am besten als eine performative Umgangsweise mit dem Unbekannten und Unbestimmten erfassen. Damit ist man im Zentrum der institutionell verantworteten wie der individualisierten Religion. Unbestimmtheit ist ein zentrales Kennzeichen von Religion und damit auch von Ritual und Liturgie.[10] Die Religion dient dazu, das nicht Bestimmbare zugleich darzustellen und als prinzipiell nicht bestimmbar festzuhalten. Das Unaussprechliche soll unaussprechlich bleiben, aber so, dass man ihm Ausdruck verleiht und nicht einfach davon schweigt. Wovon man nicht reden kann, davon soll man Darstellungen wagen. Das Unbekannte soll in Zeichen dargestellt und zugleich als nicht darstellbar dargestellt werden, um der Verfügungslogik des *homo faber* entzogen zu werden. Gerade so, in dieser paradoxen Weise, soll dem Menschen als einem geistigen Wesen, das nicht aufgeht in der Relation von Mittel und Zweck, gedient werden. Liturgische Zeichen sind Zeichen des nicht Vorzeigbaren, die gezeigt werden, um eine Sprache des Erhabenen zu ermöglichen und um zugleich eine Ahnung von der prinzipiellen Unbestimmtheit der *conditio humana* zu ermöglichen.

Ritual und Liturgie habe also ein mehrfaches Gesicht. Sie bieten eine Darstellungsmöglichkeit für das Transzendente an, stellen dieses aber zugleich als nicht darstellbar dar. Sie überführen das Unbestimmte in Bestimmtes und verflüssigen zugleich das allzu Bekannte in Unbekanntes. Damit wehren Rituale dem religiösen Schweigen – sie wagen es, etwas darzustellen. Zugleich aber wehren Rituale der religiösen Doktrin und Satzwahrheit. Rituell ist die religiöse Gewissheit flüchtig wie der Akkord, der im Kirchenschiff verklingt. Damit stehen liturgisch Gewöhnte und liturgisch Fremde grundsätzlich vor derselben Herausforderung. Allenfalls kann man sagen, dass die liturgisch Gewöhnten eher mit der beschriebenen Paradoxie vertraut sind, so dass sie die Darstellung nicht

---

Welt«. Eine historische, systematische und empirische Studie über kirchlich (mit) verantwortete Alternativen zur Jugendweihe, Leipzig 2016 (APrTh 65).

10 Michael Meyer-Blanck, Rituale – Schwellen zwischen Sinn und Religion, in: Miriam Rose/Michael Wermke (Hrsg.), Konfessionslosigkeit heute. Zwischen Religiosität und Säkularität, Leipzig 2014, 307–320, sowie ders., Konfessionslosigkeit und die konfessorische Dimension des Religionsunterrichts. Systematische Perspektiven, in: ZPT 66 (2014), 215–223.

mit einer Tatsachenwahrheit verwechseln. Sollten sie aber dazu neigen, dann hat ihnen das Ritual erneut die verheißungsvolle Verunsicherung zu erschließen, aus der sich die religiöse Erfahrung erschließt. *Das Ritual hat damit eine expressive, eine transformierende und eine Deutungen generierende Funktion für die Unbestimmtheit des Menschseins.*[11] Was geschieht im Ritual mit der Unbestimmtheit des Menschen? Ich möchte diese Frage beantworten, indem ich die Kategorie der Unbestimmtheit in drei liturgischen Aspekten begrifflich und mit Beispielen erläutere.

2.1 Die Liturgie hat eine expressive Funktion für das Unbestimmte. Sie stellt Zeichen für die menschliche Unbestimmtheit zur Verfügung. Wenn die biologischen, psychologischen und soziologischen Bestimmungen klar sind, dann fangen die Fragen erst an: Was ist der Mensch als ein geistiges Wesen?

»Was ist der Mensch, dass Du seiner gedenkest, und des Menschen Kind, dass du dich seiner annimmst?«, heißt es in Psalm 8,5 (liturgisch ist Ps 8 auch nach der neuen Perikopenordnung vorgesehen am Neujahrstag, einem z. Zt. eher verloren zu gehen drohenden Kasus). Wie dem auch sei: Die Haltung des Staunens und des Fragens könnte konfessionslose Gäste der Liturgie und die an sie Gewöhnten, die bisweilen allzu sehr Routinierten, zusammenführen. Denn der Glaube, die spezifisch religiöse Form der Erfahrung, steht immer neu auf dem Spiel. Was den Glauben angeht, so weiß die Bibel, gibt es keinen Startvorteil – man denke nur an das Gleichnis von Pharisäer und Zöllner (Lk 18,9–14, 11. nach Trin.); biblisch muss man mit dem Neutestamentler Gerd Theißen vom »Positionswechselmotiv«[12] sprechen, demzufolge sich die Verhältnisse zwischen Großen und Kleinen, Ersten und Letzten (Mt 20,16) und zwischen Verstehenden und nicht Verstehenden umkehren können (Jes 6,10).

Man kann hinzufügen, dass die liturgische Haltung des Fragens vor dem Antworten die Liturgie auch interreligiös verwendungsfähig macht. Darauf hatte die Liturgische Konferenz in der Schrift »Mit andern feiern« bereits 2006 hingewiesen.[13] Im Fragen und Nicht-Wissen und in

---

11 Michael Meyer-Blanck, Rituale – Schwellen, a. a. O. (Anm. 10), 312–319.

12 Gerd Theißen, Zur Bibel motivieren. Aufgaben, Inhalte und Methoden einer offenen Bibeldidaktik, Gütersloh 2003, 161f.

13 Mit Anderen feiern – Gemeinsam Gottes Nähe suchen. Eine Orientierungshilfe der Liturgischen Konferenz für christliche Gemeinden zur Gestaltung von religiösen Feiern mit Menschen, die keiner christlichen Kirche angehören, Gütersloh 2006.

der Suche nach einer Ausdrucksmöglichkeit sind die meisten religiösen Menschen verbunden – mit Ausnahme derjenigen, die unter der Religion eine Unterwerfung fordernde und durchzusetzende Lehre und Verhaltensnorm verstehen. Fragen nach dem Wesen des Menschen, nach dem Lohn des Guten und der Folge des Schlechten aber verbinden alle Menschen guten Willens.

Meditative Musik und Texte aus der Gegenwartsliteratur, kombiniert mit Psalmversen oder Passagen aus Römer 7, oder einfach Phasen qualifizierten Schweigens, sind geeignet, das Sein des Menschen als ein unbestimmtes und unbekanntes vor Augen zu stellen. Aber auch die Betrachtung von Bildern aus der Zeit des Expressionismus eröffnet diese Haltung des offenen Nachdenkens über das Menschsein. Es dürfte so etwas wie eine große Ökumene des Fragens geben.

2.2 Die Liturgie hat eine transformierende Funktion für das Unbestimmte.

Liturgische Zeichen überführen die religiöse Unbestimmtheit des Menschen in eine zeitweise, performativ realisierte Bestimmtheit, so dass man von der transformierenden Funktion der Liturgie sprechen kann.

Diese Funktion macht das Beheimatende, das Tröstende und das im positiven Sinne Regressive der Liturgie aus – und zugleich das Befremdliche für Menschen, die sich selbst als nicht religiös bezeichnen. Bezeichnenderweise ist dieses transformierende Moment besonders bei den Kasualien stark, jenen immer wieder als besonders volkskirchlich offen thematisierten Gottesdiensten. Diese sind viel weniger Darstellung eines gemeinsamen religiösen Nachdenkens, wie man das am ehesten für den protestantischen Predigtgottesdienst am Sonntagvormittag sagen kann; Kasualien unterscheiden klar ein »davor« und ein »danach« – entweder man ist getauft, konfirmiert oder getraut – oder man ist es nicht. Verbunden damit ist auch eine klare Unterscheidung des Menschseins *coram Deo* und *coram mundo*. Der Konfirmierte ist performativ als ein *Gesegneter*, als im Einflussbereich *Gottes* befindlicher Mensch bestimmt.

Und es gehört zum Erstaunlichen, dass gerade die kirchliche Segensfeier mit diesen Bestimmungen von konfessionslosen Jugendlichen und ihren Familien angenommen wird, wenn sie denn entsprechend angeboten und nahegebracht wird, wie dies etwa in der evangelischen Schule in Haldensleben in Sachsen-Anhalt der Fall ist. Ein Mädchen aus Haldensleben spricht deutlich von der Überführung von Unbestimmtheit in Bestimmtheit:

»[...] auch wenn wir nicht dran glauben, aber wir glauben ja trotzdem irgendwie, dass wir sagen, dass da irgendwas ist, man weiß trotzdem, dass da noch irgendjemand ist, der einen hält«.[14]

Der Kasualgottesdienst ist darum auch keineswegs so niederschwellig, wie das in der Diskussion oft erscheint. Denn bei diesem kann man nicht in der Zuschauerperspektive verbleiben. Man wird in Bestimmtheit überführt. Das gilt nicht nur für die Gesegneten selbst, sondern auch für die Familien und Freunde. Man wohnt einem Ritual bei, das die vertrauten Menschen von Gott her und auf Gott hin bestimmt. Beim Sonntagsgottesdienst oder bei einer offenen Andacht in einer Citykirche kann man dagegen den Status des Beobachters einnehmen, gewissermaßen hinter dem Pfeiler in einer der letzten Reihen.

Dennoch ist in allen Formen von Liturgie ein mehr oder weniger transformierender Aspekt zentral. Es wird gebetet und damit die Annahme in Geltung gesetzt, Gott könne das Leben der versammelten Gemeinschaft und des Einzelnen bestimmen. Gewiss gibt es diese Annahme nur, insofern sie gemeinsam feiernd rekonstruiert wird – bei einer nur gespielten Feier ist das nicht der Fall (man denke an die Gralsfeier am Schluss vom ersten Akt in Wagners »Parsifal«).[15] Aber da immer einige Menschen in dieser Annahme zu einer liturgischen Feier kommen, wird diese zur performativen Realität. Die Unbestimmtheit des Menschen wird überführt in eine Bestimmtheit der Relationalität mit Gott. Einfacher gesagt: Liturgie wird von der Haltung des Gebets bestimmt, auch wenn längst nicht alles in der Liturgie dieser Sprachform zuzuordnen ist. Dennoch ist die Liturgie primär Gebet, Einsetzung in ein von Gott bestimmtes Verhältnis. Für den Menschen, speziell aber für den spätmodernen, sich selbst optimierenden Menschen, gibt es keine grundsätzlicher transformierende Vorstellung als diese.

Die Schlussfolgerung ist klar: Die Liturgie darf diese Funktion nicht verstecken oder verundeutlichen, weil sie damit das eigentlich Interessante aufgeben würde – man denke an das zitierte Mädchen aus Haldens-

---

[14] Michael Meyer-Blanck, Konfirmation light? Über das schwierige Verhältnis Religiöser Jugendfeiern zur Konfirmation, in: Michael Domsgen/Emilia Handke (Hrsg.), Lebensübergänge begleiten. Was sich von religiösen Jugendfeiern lernen lässt, Leipzig 2016, 113–121: 115.

[15] Dazu s. Michael Meyer-Blanck, Musik als »Tempel« des Kulturprotestantismus. Richard Wagners »Bühnenweihfestspiel« Parsifal und seine Rezeption, in: Peter Bubmann/Birgit Weyel (Hrsg.), Praktische Theologie und Musik, Gütersloh 2012 (VWGTh 34), 108–125.

leben. Konfessionslose sind weder als prinzipiell Ungläubige zu denunzieren noch als Menschen, die ihre Einstellung niemals ändern wollen. Für die Liturgie gilt die schöne Grundregel: Jeder kann kommen, wie er ist, wenn er nicht so bleiben will, wie er ist. Transformationen sind nicht ausgeschlossen, und es besteht das Risiko, dass man sich verändern könnte. Das gilt auch für die konfessionell Gebundenen und routinierten Christenmenschen.

2.3 Gottesdienste können dazu dienen, die notwendige Bestimmtheit der Religion, wie sie in bestimmten Lehren und Praktiken einer bestimmten Konfession gegeben sind, erneut in eine produktive Form von Unbestimmtheit zu überführen, so dass man von der Deutungen generierenden Funktion der Liturgie sprechen kann.

Die liturgisch gesetzte Gottesrelation verändert auch das Bestimmte in den religiösen Lehren. Das jeden Sonntag Bekannte muss erneut unbekannt werden. Anderenfalls wird das schlechthin Neue des Glaubens an das Evangelium zu einer doktrinalen Gewohnheit, also genau zu dem, was der kirchlichen Lehre – bisweilen leider zu Recht – immer wieder unterstellt wird. Die konfessionslosen Besucher unserer Gottesdienste erweisen uns liturgischen Routiniers den Dienst, genauer zu hinterfragen, was wir denn wirklich für zentral wichtig halten. Welche Rolle spielt das Kreuz? Wie wichtig ist das »für uns«? Zu wem beten wir? Warum brauchen wir die Trinitätsvorstellung – oder reicht auch ein allgemeiner Gottesglaube? Hier ist vor allem die Homiletik als integraler Bestandteil der Liturgie gefragt. Sie hat die Aufgabe, die schwierigen Fragen zu formulieren und damit das allzu Bestimmte des rituellen Bekennens in das Unbekannte zu überführen. Wenn es gelingt, dass die Konfessionslosen ihre grundlegenden Zweifel am Bekenntnis in Sprache fassen, dann hat die Predigt ihre große Chance des Durchdenkens der Fragen, mit denen man immer wieder neu anzufangen hat.[16] Dann wird die Liturgie zum Raum für jenen Unbekannten, der uns selbst entgegenkommt.

---

[16] Dazu s. besonders Lutz Friedrichs, Konfessionslosigkeit als homiletische Herausforderung, in: PTh 100 (2011), 426–437, sowie Michael Meyer-Blanck, Begegnung mit dem Unbekannten: »Kultuspredigt« oder »Missionspredigt«? Erinnerungen aus der Geschichte der Homiletik, in: Ursula Roth u. a. (Hrsg.), Unbekannt. Predigen im Kontext von Agnostizismus und Atheismus, München 2014, 133–146.

Ich schließe dazu mit einem meiner liebsten Zitate aus der Theologiegeschichte, mit den letzten Worten aus Albert Schweitzers Leben-Jesu-Forschung:

»Als ein Unbekannter und Namenloser kommt er zu uns, wie er am Gestade des Sees an jene Männer herantrat. Er sagt dasselbe Wort: Du aber folge mir nach! und stellt uns vor die Aufgaben, die er in unserer Zeit lösen muss. Er gebietet. Und denjenigen, welche ihm gehorchen, Weisen und Unweisen, wird er sich offenbaren in dem, was sie in seiner Gemeinschaft wirken, kämpfen und leiden dürfen, und als ein unaussprechliches Geheimnis werden sie erleben, wer er ist ...«[17]

[17] Albert Schweitzer, Von Reimarus zu Wrede. Eine Geschichte der Leben-Jesu-Forschung, Tübingen 1906, 401.

Die Leipziger Propsteikirche St. Trinitatis als Heterotopie

Gregor Giele

Kirchen als Bauwerke stehen unter dem Anspruch, so genannte »Andersorte« (Heterotopien) zu sein, an denen Menschen mit einer ganz eigenen Botschaft in Berührung kommen können. Sie wollen und sollen dem Menschen angesichts des aktuell Üblichen ergänzend oder alternativ eine Dimension eröffnen, die das Vordergründige und ins Auge Springende weit übersteigt. Kirchenbauten sollen sich deshalb architektonisch von ihrer Umgebung und in ihrer Raumatmosphäre auch vom jeweils herrschenden Zeitgeist unterscheiden. Diesem Auftrag sakraler Bauten folgt auch die katholische Propsteikirche St. Trinitatis in Leipzig. Sie ist nicht nur Zweckbau, orientiert an den Bedürfnissen der Gemeinde und ihrer gottesdienstlichen Praxis. Das Bauwerk insgesamt, vor allem aber der Kirchenraum, will Botschaften vermitteln.

Die erste dieser allein durch den Raum und seine Konzeption ausgesprochenen Botschaften begegnet den Besuchenden sofort beim Betreten der Kirche, denn der Innenraum überrascht mit einer nicht erwarteten Schlichtheit. Es gibt keine Bilder oder Heiligendarstellungen, die das Auge verlocken, unruhig von einem Objekt zum nächsten zu wechseln. Stattdessen vermittelt der Raum in seiner architektonischen Ausgewogenheit, in der Harmonie der Proportionen und durch die Konzentration allein auf die liturgischen Orte – Altar, Ambo, Taufstein und Altarkreuz – eine große Ruhe und lädt ein, selbst zur Stille zu finden. Diese Wirkung ist beabsichtigt: Mitten in einer wunderbar lebendigen, pulsierenden und zahlreiche Aktivitäten bietenden Innenstadt gibt es jetzt einen Raum, der zur Kontemplation einlädt, der durchatmen lässt und der Menschen ermöglicht, sich einer Wirklichkeit zu öffnen, die in und vor allem hinter aller Geschäftigkeit und Betriebsamkeit existiert. Dabei versteht sich der Kirchenraum nicht als ein Gegenentwurf zum innerstädtischen Leben Leipzigs, sondern als bislang noch fehlende Ergänzung: Solch ein Ruhepol fehlte Leipzigs City bisher.

Unterstützt wird diese angenehm-alternative Atmosphäre durch zwei architektonische Gestaltungselemente, die die Besucher mehrheitlich nur unbewusst wahrnehmen werden, die aber dennoch eine wohltuende Wirkung entfalten. Zum einen sorgt das große Oberlicht über der Altarwand dafür, dass der Besucher die Kirche an der dunkelsten Stelle betritt und der Raum sich ins Licht öffnet. Da die Grundfläche der Kirche zum anderen ein Trapez bildet, wird dieses Öffnen ins Licht zusätzlich durch die Erfahrung unterstützt, dass der Raum sich weitet. Damit vermittelt der Kirchenraum zwei geistliche Grunderfahrungen in der Begegnung mit Gott, die schon die biblische Botschaft an vielen Stellen beschreibt: Gottesbegegnung führt aus dem Dunkel ins Licht, aus der Enge in die Weite.

Neben diesem allgemeinen Raumeindruck formuliert auch die Anordnung der Kirchenbänke eine Botschaft. Die Gemeinde versammelt sich im Halbkreis um einen Altarraum, der auf die Erhöhung durch Altarstufen verzichtet. Dadurch wird etwas erlebbar gemacht, was in den liturgischen Texten der gottesdienstlichen Feiern häufig als Anordnung der versammelten Gemeinde benannt, aber selten umgesetzt wird. Wenn es in den Gebeten heißt, dass die Gottesdienstbeteiligten sich »um das Wort Gottes« oder »um den Tisch des Herrn« versammelt haben, so wird dies in der Propsteikirche konkret erlebbar. Die Gemeinde steht nicht im Gegenüber zu Gott, sondern versammelt sich um ihre Mitte – symbolisiert durch den zentral stehenden Altar als unumstrittenes Zentrum des Raumes. Der Halbkreis wurde dabei dem geschlossenen Kreis vorgezogen, um die Offenheit für das Erleben des Geheimnisses Gottes in den liturgischen Feiern zum Ausdruck zu bringen.

Neben diesem starken theologischen Akzent wird durch die Halbkreisanordnung der Bänke auch noch eine andere Gemeinschaftserfahrung ermöglicht, die ergänzend zur Gottbegegnung hinzutreten soll. Durch die Realisierung eines offenen »Circumstantes«-Modells kommen für die Versammelten nicht nur die zentralen liturgischen Orte, Altar und Ambo, in den Blick, sondern immer auch eine Anzahl von anderen Gottesdienstteilnehmenden. Neben der persönlichen Begegnung des einzelnen Menschen mit Gott ist Gottesdienst immer auch Versammlung der Gemeinschaft der Glaubenden.

Zusätzlich ergänzt und verstärkt wird die intensive Gottesdienstatmosphäre durch den stufenlosen Altarraum: Die Gemeinde versammelt sich um das Geschehen im Altarraum auf Augenhöhe. Das ist nicht nur eine Botschaft, die an die Atmosphäre des Abendmahlssaales erinnert, sie erhöht auch die Beteiligungsintensität der versammelten Gemeinde, die nicht mehr, Zuschauern gleich, auf eine bühnenartig erhöhte Altarinsel schaut, sondern intensiver in das Geschehen eingebunden wird.

Das »offene Circumstantes« ist es auch, das den Ambo (das Lesepult zur Verkündigung der biblischen Botschaft) auf die Durchmesserlinie des Halbkreises und damit hinter den Altar rücken lässt. Dieser zunächst ungewohnt erscheinende Ort ist aber notwendig, denn der Ambo ist ein Ort der Kommunikation, der möglichst alle erreichen soll – mit Worten, aber auch mit den Augen. »Wenn du mit jemanden sprichst, dann schau ihn auch an«, diese alte und kluge Regel des menschlichen Miteinanders gilt selbstverständlich auch für die Verkündigung des Wortes Gottes, das nicht vom Menschen abgewandt, sondern immer nur ihm und seiner Wirklichkeit zugewandt verkündet werden kann. Deshalb benötigt der Ambo in der Propsteikirche einen Ort, der es dem Verkündenden möglich macht, mit allen Anwesenden in Blickkontakt zu treten und zu bleiben.

Mit den bereits erwähnten Altar und Ambo lenkt sich der Blick auf die Gestaltung der so genannten »liturgischen Orte« in der Kirche, die allesamt vom Künstler Jorge Pardo mit einem eigens für die neue Kirche entworfenen Ornament gestaltet sind. Der Künstler greift damit eine alte religiöse Tradition auf, die in Europa allerdings ein wenig in den Hintergrund getreten ist. Viele Religionen benutzen für ihre Gotteshäuser oder Kultstätten das Ornament, weil dieses Gestaltungselement in seiner Grundidee wunderbar mit dem korrespondiert, was Religionen feiern und verkünden. Jedes Ornament besteht in der Regel aus einem kleinen Einzelelement, das durch Wiederholung eine Art Muster entstehen lässt. Beim in der Propsteikirche verwendeten Ornament wird dieses Element nach links und rechts, nach oben und unten aneinandergereiht, ein Vorgang, der sich beliebig bis ins Unendliche und Ewige fortsetzen ließe und nur durch die vorgegebenen Maße der einzelnen Körper begrenzt wird. Genau in diesem Ansatz liegt die Parallelität zu den Religionen, denn diese feiern auch den Ewigen, den Unendlichen, »Gott« genannt, in der Begrenztheit menschlicher Worte und Zeichen. Jorge Pardo hat sich für den Rückgriff auf diese alte Tradition entschieden und alle liturgischen Orte mit seinem Ornament gestaltet. Erst bei genauerem Hinschauen fällt dann aber auf, dass es zwar an Altar, Ambo, Taufstein, Altarkreuz, Tabernakel und Beichtraumtüren überall das gleiche Ornament ist, das aber von Ort zu Ort ein wenig differiert: Mal ist es kleinteilig senkrecht, mal senkrecht gestreckt, mal großteiliger, mal um 90 Grad gedreht usw. Dadurch bringt der Künstler neben der Zusammengehörigkeit aller liturgischen Orte im gemeinsamen Dienst für den Gottesdienst auch deren Eigenständigkeit, ihren Eigenwert, zum Ausdruck.

Unter den liturgischen Orten verdient sicher die Gestaltung des Tabernakels eine besondere Aufmerksamkeit. Beschrieben wird dieser Ort als »Aufbewahrungs- und Verehrungsort für die heilige Eucharistie« – und genau dies hat Jorge Pardo in einer überraschenden, traditionell-katholische Sehgewohnheiten durchbrechenden Art und Weise umgesetzt. Die Tabernakelkonstruktion in der Propsteikirche ist ein Schrank mit einem Vitrinenteil, in dem der eigentliche Tabernakel steht. Der Schrank steht dabei als heutiges Synonym für die »Aufbewahrung«, die Vitrine als Metapher für die »Verehrung«. Damit begegnet dem Besuchenden der Kirche eine zeitgemäße Gestaltung der beschriebenen Funktion dieses liturgischen Ortes.

Abschließend sei von einer weiteren Botschaft die Rede, die durch den Kirchenraum verkündet wird. Den Architekten ist mit der Lichtkonzeption eine Lösung gelungen, die symbolhafter im christlichen Sinne kaum sein könnte. Der gesamte Raum wird beleuchtet durch ein nicht sichtbares und durch einen acht Meter hohen Lichtschacht verdecktes Oberlicht über der Altarwand. Wer die Kirche betritt, kommt damit nicht nur in einen lichtdurchfluteten Raum, sondern erlebt, dass er oder sie vom »aufstrahlenden Licht aus der Höhe erleuchtet wird« (Lk 1,78). Diese Lichtsymbolik verwenden die Evangelisten Lukas und noch stärker Johannes für die Beschreibung des Weihnachtsgeheimnisses. Deshalb hat sich der Künstler Falk Haberkorn, der das Kirchenfenster gestaltet hat, dafür entschlossen, korrespondierend mit der Lichtsymbolik über der Altarwand auf die Innenseite des Kirchenfensters einen Auszug aus dem Weihnachtsevangelium des Johannes, Joh 1,1–5, zu schreiben, bei dem es im Vers fünf heißt: »Und das Licht leuchtet in der Finsternis und die Finsternis hat es nicht erfasst.«

Auf der Rückseite der Kirche haben die Architekten Ansgar und Benedikt Schulz ein großes Kreuz ausgeschnitten und als Fenster gestaltet. Damit erhalten die Besuchenden der Kirche zusätzlich Licht vom Kreuz, eine österliche Botschaft, die in ihrer Tragweite und Tiefe kaum noch zu überbieten ist. Fasst man die Lichtsymbolik auf der Altarseite und des Kreuzes auf der Rückseite der Kirche zusammen, dann feiert die Gemeinde in der Propsteikirche ihre Gottesdienste zwischen Weihnachten und Ostern, zwischen Geburt und Tod und Auferstehung.

In ihrem Gesamtkonzept, wie auch in vielen ihrer Details, versucht die neue Propsteikirche St. Trinitatis Leipzig, dem grundsätzlichen Auftrag sakraler Bauten, »Andersorte« zu sein, gerecht zu werden. Da es für die Umsetzung dieses Anspruches keine allgemeingültigen und allezeit geltenden Regeln gibt, stellt auch der Propsteineubau eher einen Beitrag zu einer Suchbewegung dar, als eine endgültige Antwort. Immer noch auf der Suche zu sein ist diesbezüglich aber nicht als Manko zu verstehen, sondern als eine Entsprechung der Erfahrung jedes Menschen, der als Glaubender sich von Gott gerufen weiß.

Die Leipziger Universitätskirche

Kirche als Aula – Aula als Kirche

Peter Zimmerling

Als Leipziger Neubürger wurde ich spätestens mit der Übernahme des Amtes des Zweiten und später des Ersten Universitätspredigers existentiell in die Auseinandersetzungen um den Wiederaufbau und die Gestaltung der neuen Universitätskirche St. Pauli hineingezogen. Zwar hatte ich schon als Zehnjähriger während der Besuche bei meiner Großmutter mitbekommen, wie hinter vorgehaltener Hand mit unserer Ost-Verwandtschaft über die Sprengung der alten Paulinerkirche gesprochen wurde. Das war jedoch mehrere Jahrzehnte her, und vor allem hatte sich die Situation im Gefolge der Friedlichen Revolution vollkommen verändert. Der Freistaat Sachsen als Bauträger hatte sich nach jahrelangen heftigen Auseinandersetzungen mit der Universität Leipzig darauf geeinigt, auf einen originalgetreuen Wiederaufbau der alten Universitätskirche zu verzichten, dafür aber einen Neubau zu errichten, der mit seiner äußeren und inneren Gestalt an die gesprengte Kirche erinnern sollte. Er sollte Heimstätte sowohl des Universitätsgottesdienstes als auch der Aula werden. Damit konnten jedoch die unterschiedlichen Auffassungen in Universität und Stadt nicht endgültig befriedet werden, sondern flammten bei Einzelproblemen immer wieder auf: etwa bei der Frage der Namensgebung des neuen Gebäudes, der Gestaltung der Säulen im Inneren, dem Einbringen einer Glaswand zwischen Schiff und Chorraum und zuletzt besonders heftig bei der Frage nach der Aufstellung der aus der alten Kirche unmittelbar vor der Sprengung geretteten barocken Kanzel von Valentin Schwarzenberger aus dem Jahr 1738.[1] Das Sächsische Finanzministerium sah sich daraufhin verpflichtet, eine Experten-Kommission einzuberufen, die der Universität eine Empfehlung im Hinblick auf die Wiederaufstellung der Kanzel geben sollte. In der Pressemitteilung der Universität Leipzig hieß es nach Abschluss der Beratungen: »Das Gremi-

---

1 Vgl. dazu im Einzelnen z. B. Martin Helmstedt/Ulrich Stötzner (Hrsg.), Vernichtet, vergraben, neu erstanden. Die Universitätskirche St. Pauli zu Leipzig, Leipzig 2015.

um sprach sich mit sieben zu vier Stimmen mehrheitlich dafür aus, das wertvolle Stück perspektivisch in der Aula des Paulinums aufzustellen. Voraussetzung dafür sei jedoch ein positives Ergebnis des Monitorings im Paulinum – Aula/Universitätskirche St. Pauli, das die raumklimatischen Bedingungen und ihre Auswirkungen auf die Kanzel nach der Eröffnung des Gebäudes untersucht. Rektorin Prof. Dr. Beate Schücking dankte den Experten für ihre Arbeit. Deren Einschätzung sei ein wichtiger Baustein in der Entscheidungsfindung. Am Schluss werde ein Votum des Senats der Universität stehen.«[2]

Wie mir ein Reporter der Leipziger Volkszeitung versicherte, gebe es in Leipzig nur zwei Projekte, die die Emotionen der Bürgerinnen und Bürger derart hochkochen ließen: der Bau des S-Bahn-Tunnels unter der Altstadt und der Universitätskirche.

1. Tradition mit Zukunft[3]

Die – in Deutschland einmalige – ungebrochene Tradition des Leipziger Universitätsgottesdienstes durch drei Jahrhunderte hindurch legt nahe, dass es in der neuen Aula/Universitätskirche St. Pauli zunächst darum geht, Bestehendes fortzuführen und weiterzuentwickeln. Erst als zweites wird zu fragen sein, welche Veränderungen nötig sind, damit der Universitätsgottesdienst in Zukunft seinen Platz auch räumlich wieder mitten in der Universität einnehmen kann. Verblüffenderweise blieb bei allen Verwandlungen und Veränderungen Entscheidendes durch alle Zeitläufe hindurch gleich.

Dafür drei Beispiele: Bereits während der Vorgeschichte der Universitätskirche spielte die *Predigt* eine dominierende Rolle. Der Dominikanerorden, Erbauer und ursprünglicher Inhaber der Kirche, war *der* Predigtorden des Mittelalters und hat neben dem Franziskanerorden berühmte Prediger hervorgebracht.[4] Martin Luther war ursprünglich selbst Mitglied eines Bettelordens, der Augustinereremiten. Mit der reformatorischen Hochschätzung der Predigt knüpfte er an die Tradition an, von

[2] Pressemitteilung 026/2015 vom 3.2.2015.

[3] Vgl. dazu im Einzelnen die betreffenden Abschnitte in: Geschichte der Universität Leipzig 1409–2009, Ausgabe in fünf Bänden, Leipzig 2009.

[4] Gabriel M. Löhr OP, Die Dominikaner an der Leipziger Universität, hrsg. vom Institut Pastoralhomiletik, Leipzig 1934 (Nachdruck Stuttgart 2009), bes. 9–86.

der er herkam, um sie zugleich zu korrigieren und weiterzuführen. Die seit der Reformation in der Universitätskirche gehaltenen Predigten zeigen, dass zwar in den Jahrhunderten danach die Veränderungen und Umbrüche nicht aufgehört haben. Genauso machen sie jedoch deutlich, dass die Gemeinsamkeiten weit größer waren als die Unterschiede. Die gleiche Kontinuität lässt sich im Hinblick auf die liturgische Gestaltung des *Gottesdienstes* beobachten. Wie wenig Luther einen radikalen Bruch mit dem Vorhergehenden intendierte, zeigt sein Vorschlag in der »Deutschen Messe« von 1526 – der liturgischen Hauptschrift des Reformators –, den Gottesdienst keineswegs völlig auf das Deutsche umzustellen. Luther war der Meinung, dass er im akademischen Milieu weiterhin auf Lateinisch, ja sogar auf Griechisch und Hebräisch und zusätzlich in modernen Sprachen gefeiert werden sollte. Vielleicht am deutlichsten lässt sich das reformatorische Streben nach Kontinuität an der selbstverständlichen Weiternutzung der alten *Paulinerkirche* als neue evangelische Universitätskirche erkennen.

Es gab nur einen radikalen Schnitt in der Geschichte des Universitätsgottesdienstes: die Sprengung der alten Universitätskirche St. Pauli 1968. Dabei ging es um weit mehr als die Vernichtung eines Kirchengebäudes. Es sollte auch nicht bloß eine sechs Jahrhunderte währende Tradition von Universitätsprediger, Universitätskirche und Universitätsgottesdienst ein für allemal beendet werden. Es war geplant, die Theologische Fakultät von der Universität zu verbannen. Mit der Sprengung wurde die für das Abendland konstitutive Verbindung zwischen Glaube und Vernunft, Theologie und Wissenschaft und Kirche und Gesellschaft aufgekündigt. Rückblickend erkennen wir dankbar, dass der Versuch des SED-Regimes gescheitert ist. Die Sprengung mit ihren Folgen sollte eine Episode bleiben.

Die letzte Universitätspredigt, die der damalige Erste Universitätsprediger Heinz Wagner[5] unmittelbar vor der Zerstörung in der alten Universitätskirche St. Pauli an Himmelfahrt 1968 hielt, reflektiert den von der SED intendierten Traditions-, Kultur- und Glaubensbruch. Auch heute noch kann die Predigt Wagners nicht ohne innere Bewegung gelesen werden. Dem letzten Universitätsprediger an der alten Universitätskirche St. Pauli gelingt auf bewundernswerte Weise, die unmittelbar bevorstehende Vernichtung der Kirche ungeschönt beim Namen zu nennen –

---

5 Heinz Wagner, Zeugenschaft. Glaubenserfahrungen in meinem Leben, Leipzig 1992, bes. 131–133.

zu tiefsten DDR-Zeiten allein schon ein tapferes Unterfangen – und gleichzeitig auf einer Hoffnung zu beharren, die in diesem Augenblick wahrhaft höher ist als alle Vernunft. Die Predigt hinterlässt beim Leser den Eindruck, dass mit der Zerstörung der Kirche nicht das letzte Wort gesprochen ist. Dass dieses Wort vielmehr allein einem Höheren zusteht. Wagner sollte Recht behalten. »Auch diese Predigt muss einen Schluß haben. Ich verzichte auf eigene Worte und nehme dankbar den brüderlichen Zuruf auf, den ein Ausleger unserer Himmelfahrtsgeschichte an das Ende seiner Betrachtung rückt: ›Aber der Prediger lasse sich sagen, dass die Resignation nicht imstande ist, die Kraft des Geistes zu brechen, die der scheidende Jesus verheißen hat. Dies gilt für den Prediger, für sein Predigtwort und für die Gemeinde.‹«[6]

Die beiden auf der Baustelle der neuen Aula/Universitätskirche St. Pauli 2009 – genau 40 Jahre später – bzw. 2010 gehaltenen Predigten der damaligen Ersten und Zweiten Universitätsprediger Rüdiger Lux und Peter Zimmerling zeigen je auf ihre Weise, dass mit der sog. Friedlichen Revolution, die wesentlich von Leipzig ihren Ausgang nahm, sich die Situation gegenüber der DDR wiederum radikal verändert hat.[7] Mit der erneuten gottesdienstlichen Nutzung des Neubaus ist auch rechtlich die Kontinuität zum früheren Universitätsgottesdienst gesichert worden. Gleichzeitig schickte sich der Universitätsgottesdienst an, in die Mitte von Universität und Stadt zurückzukehren – wie es nicht nur das Grundgesetz der Bundesrepublik Deutschland mit seiner privilegierten Partnerschaft von Staat und Kirche vorsieht, sondern auch der Sächsische Staatskirchenvertrag.[8]

---

6 Abgedruckt in: Peter Zimmerling (Hrsg.), Universitätskirche St. Pauli. Vergangenheit, Gegenwart, Zukunft. Das Buch erscheint als Festschrift zur Einweihung der neuen Universitätskirche in der EVA, Leipzig voraussichtlich 2017.

7 Die Predigten wurden zum ersten Mal abgedruckt in: Rüdiger Lux/Peter Zimmerling (Hrsg.), Ich muss rumoren. 600 Jahre Universität Leipzig. Predigten und Ansprachen, Leipzig/Berlin 2010, 54–61; Rüdiger Lux, Schild Abrahams. Schrecken Isaaks. Leipziger Universitätspredigten, Leipzig 2013, 169–175.

8 Vgl. dazu Peter Zimmerling, Privilegierte Partnerschaft zwischen Staat und Kirche: Auslauf- oder Zukunftsmodell?, in: Staat und Kirche. »Theologische Tage« zum 600jährigen Bestehen der Universität Leipzig. Dokumentation der Tagung vom 26. bis 29. Oktober 2009, Leipziger Universitätsreden, Neue Folge 111, hrsg. von der Rektorin der Universität Leipzig, Leipzig 2011, 91–99.

2. Kirche als Erinnerungsraum

Der Freistaat als Bauträger von Aula/Universitätskirche St. Pauli hat bewusst einen Neubau errichtet, der die Erinnerung an die gesprengte Paulinerkirche wach halten soll.[9] Dem dient nicht nur die äußere Baugestaltung, die jeden Betrachter sofort an eine Kirche denken lässt, sondern aufgrund der Nachahmung des gotischen Kreuzrippengewölbes, der Säulen, der Westempore mit der großen Orgel, der sog. Schwalbennestorgel im Chorraum und der Ausstattung mit geretteten Kunstwerken aus der alten Universitätskirche auch der Innenraum.

In doppelter Weise dem Erinnerungsauftrag verpflichtet sind die Epitaphien, die den Chorraum entscheidend prägen. Sie hatten bereits in der alten Kirche die Funktion, an verdienstvolle Mitglieder des Lehrkörpers und Bürger der Stadt zu erinnern. Durch die besondere Form ihrer Restauration kommt nun noch das Gedenken an die mit der Sprengung verbundene Kulturbarbarei des SED-Staates hinzu. Die Restauration der einzelnen Epitaphien ist ja nicht in Form der einfachen Wiederherstellung, sondern in Form der deutlich sichtbaren Ergänzung des Beschädigten oder Verlorengegangenen erfolgt.[10] Außerdem ist im Chorraum der ursprüngliche Paulineraltar aufgestellt worden und soll nach dem Willen von Universitätsgottesdienst und evangelisch-lutherischer Landeskirche die aus der alten Kirche geborgene barocke Kanzel im Hauptraum an zentraler Stelle ihren Platz finden.[11]

Die besondere Anmutung des Gesamtraumes hat Konsequenzen für den Universitätsgottesdienst. Spätestens die Semiotik lehrte die Liturgik: Räume predigen mit – zumal wenn sie wie dieser Raum bewusst als »sprechende Räume« der Erinnerung gestaltet sind. Der Universitätsgottesdienst steht vor der Aufgabe, durch bewusste Aufnahme der Sprache des Kirchenraumes »aus Tradition Grenzen zu überschreiten«[12]

---

9 Vgl. z. B. Franz Häuser, Restauration oder Modernisierung. Der bauhistorische Weg zum Campus für eine 600-jährige Universität, in: Zum Gedenken an die Sprengung der Universitätskirche St. Pauli am 30. Mai 1968, hrsg. vom Rektor der Universität Leipzig, Leipzig 2008, 15.

10 Rudolf Hiller von Gaertringen (Hrsg.), Restauro. Epitaphien aus der Universitätskirche St. Pauli. Arbeitsstand und Perspektiven, Leipzig 2013.

11 Das Finanzministerium des Freistaats Sachsen hat im August 2013 eine Expertenkommission einberufen, die dem Rektorat der Universität Leipzig eine Empfehlung im Hinblick auf die Aufstellung der Kanzel geben sollte.

12 So das Motto der Universität Leipzig zu ihrem 600. Jubiläum im Jahr 2009.

und seinen Weg in die Zukunft zu finden. Ohne die bewusste Aufnahme der Sprache des Erinnerungsraumes und speziell der Epitaphien wird diese übermächtig bleiben und den Blick in der Vergangenheit festhalten. Einen ersten Versuch, die Tradition zu überschreiten, haben Universität und Universitätsgottesdienst mit den neuen Prinzipalstücken gemacht. Sie sind zusammen mit den Antependien in moderner Gestaltung angefertigt.

3. Simultaneum – Chancen und Probleme

Im Ausschreibungstext für den Neubau von Aula/Universitätskirche St. Pauli heißt es, dass dieser »das geistig-geistliche Zentrum« der Universität werden soll. Eine Konsequenz dieser Forderung war, dass der Neubau als Simultaneum konzipiert worden ist.[13] Dabei unterscheidet sich das Leipziger Simultaneum von dem, was man klassischerweise darunter versteht: eine Kirche bzw. ein gottesdienstlicher Raum, der von unterschiedlichen Konfessionen gemeinsam genutzt wird. Aula/Universitätskirche St. Pauli werden zwar auch gemeinsam gebraucht werden, aber – und hier liegt der Unterschied – nicht von zwei unterschiedlichen christlichen Konfessionen, sondern von Universität (bzw. verschiedenen Gastinstitutionen), Universitätsmusik und Universitätsgottesdienst. Schon der Vorgängerbau stellte ein solches Simultaneum dar – mit deutlicher Betonung des sakralen Raumcharakters und der sakralen Nutzung. Mit dem Umbau des Augusteums am Ende des 19. Jh. hatte die Universität auch einen repräsentativen Festsaal erhalten, so dass die Kirche etwa für Promotionsfeiern nicht mehr gebraucht wurde. Demgegenüber hatte seit der Weihung der Dominikanerkirche zur evangelischen Universitätskirche durch Martin Luther von 1545 bis 1710 die weltliche Nutzung im Vordergrund gestanden, da es in diesem Zeitraum noch keine regelmäßigen Universitätsgottesdienste gab. Der Neubau soll, so der Wille einer Reihe von Universitätsangehörigen, einen stärker säkularen als sakralen Charakter haben, auch was die geplanten Nutzungsszenarien angeht. Ich plädiere zusammen mit der Universitätsgemeinde und vielen Leipziger

[13] Ausgehend von Niklas Luhmanns Systemtheorie plädierte Matthias Petzoldt gegen eine gemeinsame Nutzung: ders., Differenzen über Religion in ausdifferenzierten Gesellschaften, in: Reinhard Hempelmann (Hrsg.), Religionsdifferenzen und Religionsdialoge. Festschrift 50 Jahre EZW (EZW-Texte 210), Berlin 2010, 25–43.

Bürgerinnen und Bürgern dafür, dass der Gesamtraum von Aula/Universitätskirche St. Pauli in Zukunft gleichberechtigt, sowohl sakral als auch säkular, eben als echtes Simultaneum, genutzt wird.

Gerade der Charakter als Simultaneum bietet für den Universitätsgottesdienst neue Möglichkeiten. Die Gottesdienste werden in Zukunft in einer als Kirche genutzten Aula bzw. in einer als Aula genutzten Kirche gefeiert werden. Schon der besondere Charakter des Raumes – nicht ausschließlich Kirche zu sein – eröffnet dem Universitätsgottesdienst die Chance, eine Brückenfunktion zu erfüllen: zwischen Glaube und Vernunft, zwischen Religion und Wissenschaft, zwischen Kirche und Gesellschaft, zwischen Atheismus/Agnostizismus und Christentum. Was kann der Universitätsgottesdienst zum Öffentlichkeitsauftrag von Theologie und Kirche in der spätmodernen Gesellschaft und speziell an einer weltanschaulich neutralen Universität beitragen? Kirche und Universität sind beide wahrheitssuchende Gemeinschaften. Darüber hinaus hält die Theologie stellvertretend für die anderen Wissenschaften im Bewusstsein, dass Menschsein und damit auch alle wissenschaftlichen Bemühungen ein Wagnis ins Offene darstellen.[14] Der Universitätsgottesdienst hat die Aufgabe, Wissenschaft, Technik und Gesellschaft, also den Menschen, vor Selbstabschließung und Immunisierung gegenüber Kritik zu bewahren.

Universitätsgottesdienst und Universitätsgemeinde haben auch eine hermeneutische Funktion. Angesichts der Rückkehr der Religion in die Öffentlichkeit fordert der Altmeister der deutschen Philosophie Jürgen Habermas von den religiös Musikalischen genauso wie von den religiös Unmusikalischen, aufeinander zuzugehen.[15] Den religiös Musikalischen

---

[14] Gott als »Gegenstand« der Theologie impliziert die Kritik an jeder Form von Wissenschaft, die durch ihr rationales Systemdenken nur einen Ausschnitt der Wirklichkeit zu erfassen vermag, jedoch in totalitärer Weise vorgibt, das Ganze der Wirklichkeit zu kennen (vgl. dazu im Einzelnen Paul Schütz, Freiheit, Hoffnung, Prophetie. Von der Gegenwärtigkeit des Zukünftigen, Gesammelte Werke Bd. 3, Moers 1986, 661–671).

[15] Jürgen Habermas, Glauben und Wissen, Frankfurt a. M. 2001, bes. 20–23; vgl. dazu Martin Petzoldt, Universitätsgottesdienst an der Universität Leipzig: Christlich-spirituelle Chancen inmitten eines universitären Wissenschaftsbetriebs, in: Rüdiger Lux u. a. (Hrsg.), Vernichtet, vertrieben – aber nicht ausgelöscht. Gedenken an die Sprengung der Universitätskirche St. Pauli zu Leipzig nach 40 Jahren, Berlin/Leipzig 2008, bes. 73–85; Rüdiger Lux, »Die Wissenschaft befreit uns von Gott ...« Über die Beseitigung eines ideologischen Störfaktors, in: a. a. O., 37–49: 45–49.

schreibt der Philosoph ins Stammbuch, ihren Glauben so zu artikulieren, dass auch religiös Unmusikalische das Gesagte nachvollziehen können. Und die religiös Unmusikalischen – zu denen Habermas sich selber zählt – haben die Aufgabe, in den Dialog wenigstens probehalber die Bereitschaft mitzubringen, dass an Religion und Glauben etwas Wahres dran sein könnte. Aufgabe des Universitätsgottesdienstes und seiner Predigerinnen und Prediger wird es sein, sich an dieser zweiseitigen Aufgabe zu beteiligen. Dabei reicht die Aufgabe noch weiter, als Habermas vorschlägt, um wirklich zweiseitig zu sein. Der Universitätsgottesdienst darf ruhig die säkulare Gesellschaft herausfordern, sich auf die ihm eigene Sprache einzulassen. Was die Raumausstattung betrifft, tut er das bereits: Die Prinzipalstücke sprechen die Sprache eines sakralen Raums. Sie ist trotz der Glaswand im Hauptteil des Aula-Kirchen-Raumes nicht zu überhören.

Neben den besonderen Chancen birgt der Charakter von Aula und Universitätskirche als Simultaneum auch Konfliktpotentiale. Das zeigt schon eine jahrhundertelange Geschichte von als Simultaneen genutzten Kirchengebäuden. Hinzu kommt erschwerend, dass inhaltlich sehr unterschiedliche Handlungen im Gesamtraum stattfinden werden: gottesdienstliche, sakrale Handlungen auf der einen und solche säkularer, profaner Natur auf der anderen Seite. Ein gedeihliches Miteinander in Aula/Universitätskirche St. Pauli wird nur möglich sein, wenn alle Nutzer lernen, respektvoll miteinander umzugehen und sich in freiwilliger Selbstzurücknahme zu üben. Eine wichtige Voraussetzung dafür wird sein: Alle Veranstaltungen sollten mit der Würde eines Kirchenraumes zu vereinbaren sein. Ein prominentes Beispiel für eine zu enge Auslegung dieser Würde stammt aus dem 18. Jahrhundert: Am 25. Juni 1740 hielt der Philosoph Johann Christoph Gottsched eine »Lob- und Gedächtnisrede auf die Erfindung der Buchdruckerkunst«, die er des zu erwartenden Andrangs wegen gerne vom philosophischen Hörsaal in die Paulinerkirche verlegt hätte, aber seine Gegner wussten das erfolgreich zu verhindern. In der »Fortgesetzten Nachricht von des Verfassers eignen Schriften, bis zum 1745sten Jahre« berichtet er darüber: »Es hieß immer: die Kirche wäre nur für Reden, die dem Hofe zu Ehren gehalten würden; und die Buchdrucker wären von der Wichtigkeit nicht, dass man dieselbige ihrem Feste, einräumen sollte. / Kurz, man ward in den philosophischen Hörsaal verwiesen [...].«[16]

---

16 Das genannte Selbstzeugnis ist dem zweiten, »Praktischen Theil« der 7. Auflage von Gottscheds »Ersten Gründen der gesammten Weltweisheit« (1762) vorangestellt –

4. Agnostisches Umfeld mit weniger als 14 % Kirchenmitgliedern: das Angebot öffentlicher Seelsorge

Exzeptionell in Deutschland ist am Leipziger Universitätsgottesdienst nicht nur die mehr als dreihundertjährige ununterbrochene Tradition der Gottesdienste an allen Sonn- und Feiertagen. Exzeptionell ist auch die religiöse Situation Leipzigs, in der der Universitätsgottesdienst stattfindet. Er kehrt angesichts von 86 % Nichtkirchenmitgliedern unter der Gesamtbevölkerung Leipzigs in das Zentrum von Stadt und Universität zurück. Auch wenn dieser Prozentsatz bei den Universitätsangehörigen etwas niedriger ausfallen dürfte, bleibt die Herausforderung eines überwiegend atheistischen oder zumindest agnostischen Umfeldes. Die stark emotional und kontrovers geführte Auseinandersetzung um die Wiederaufstellung der Kanzel ist ein unübersehbares Indiz für das damit gegebene Spannungsfeld. In der städtischen Umgebung des Universitätsgottesdienstes – bei einem Großteil der Leipziger Bürgerinnen und Bürger – gilt der Atheismus als natürlich, die fehlende Zugehörigkeit zu einer christlichen Kirche als normal und der Szientismus als einzig wissenschaftlich begründete Weltanschauung.[17] Ansatzweise scheint Bewegung in die Gemütslage der ostdeutschen Gesellschaft zu kommen. Die Leipziger Kultursoziologin Monika Wohlrab-Sahr geht aufgrund empirischer Untersuchungen davon aus, dass es einen zunehmenden Prozentsatz unter der nachwachsenden Generation gibt, der von einer agnostischen Spiritualität im Experimentierstadium geprägt ist.[18]

---

ein leider unpaginierter Text; die Begebenheit wird aufgegriffen in dem jüngsten Sammelband: Johann Christoph Gottsched (1700–1766). Philosophie, Poetik und Wissenschaft, hrsg. v. Eric Achermann, Berlin 2014, 27f. (Für den Hinweis danke ich Clemens Schwaiger, Benediktbeuern).

[17] Vgl. Peter Zimmerling, An der Grenze des kirchlichen Christentums: Die Religion der Konfessionslosen in Ostdeutschland – Konfessionslosigkeit als Konfession?, in: Friedrich Schweitzer (Hrsg.), Kommunikation über Grenzen. Kongressband des XIII. Europäischen Kongresses für Theologie 21.–25. September 2008 in Wien (Veröffentlichungen der Wissenschaftlichen Gesellschaft für Theologie 33), Gütersloh 2009, 747–760.

[18] Uta Karstein u. a., Säkularisierung als Konflikt? Zur subjektiven Plausibilität des ostdeutschen Säkularisierungsprozesses, in: Berliner Journal für Soziologie 16 (2006), 441–461; Monika Wohlrab-Sahr u. a., »Ich würd' mir das offenlassen«. Agnostische

Es war für mich bewegend, als Prediger beim ersten Universitätsgottesdienst auf der Baustelle von Aula/Universitätskirche St. Pauli am Zweiten Advent 2009 persönlich zu erfahren, wie viele Leipziger Bürgerinnen und Bürger intensive persönliche Erinnerungen mit der alten Universitätskirche verbinden, die anlässlich des Gottesdienstes auf elementare Weise wach gerufen wurden. Im Anschluss an den Gottesdienst bildete sich im hinteren Teil des Raumes spontan eine lange Schlange von Menschen, die mir von ihren Erfahrungen in der Kirche erzählen wollten. Ich hörte eineinhalb Stunden zu, ohne dass ich die Gelegenheit hatte, den Talar auszuziehen. Um nur zwei Zeugnisse anzuführen: Ein Ehepaar berichtete, dass sie sich bei den Proben des Universitätschors in der alten Universitätskirche kennen und lieben gelernt hätten. Ein Mann erzählte, dass er für seine Photographien von der Sprengung der Kirche ein halbes Jahr in Stasi-Untersuchungshaft gesessen habe. Viele Menschen aus Leipzig verbinden mit der alten Universitätskirche gleichermaßen große Freude und großes Leid.

Ein zweites Beispiel: Im Vorfeld des Baustellengottesdienstes meinte ein Kollege aus einer anderen Fakultät zu mir im persönlichen Gespräch, ich solle doch beim Predigen bedenken, dass es viele Menschen gebe, die gerne glauben würden, es aber nicht könnten.

Ein letztes Beispiel: Vor einiger Zeit hatte ich mich einer gesundheitlichen Untersuchung zu unterziehen. Mein Arzt fand schnell heraus, dass ich Universitätsprediger bin. Darauf trat für ihn der eigentliche Grund meines Kommens in den Hintergrund. Stattdessen erzählte er mir von den Gefühlen, die sich bei der Sprengung der alten Universitätskirche 1968 seiner bemächtigt hätten. Er sei zusammen mit vielen anderen auf die Straße getreten und habe die Sprengung mitangeschaut. Obwohl er Mitglied der SED gewesen sei, seien ihm in diesem Moment Zweifel an der Richtigkeit des sozialistischen Weges gekommen. Im weiteren Verlauf unseres Gesprächs erzählte er mir, dass seine Mutter, eine fromme Frau, aus der Kirche ausgetreten sei, um ihm nicht die Karriere zu verbauen. Nach der Friedlichen Revolution habe er sowohl die Erneuerung der Glasfenster der Kirche seines Heimatortes gestiftet als auch die Restaurierungskosten für ein Epitaph der neuen Universitätskirche übernommen.

Mit der Sprengung war die Seele einer Vielzahl von Leipziger Bürgern mit ganz unterschiedlichem weltanschaulichen Hintergrund verletzt

---

Spiritualität als Annäherung an die »große Transzendenz« eines Lebens nach dem Tode, in: Zeitschrift für Religionssoziologie 13 (2005), 153–173.

worden. Heinz Wagner schrieb im Rückblick: »Der Protest der Bevölkerung ebbte nicht ab. Das Unerwartete trat ein. Christen und Nichtchristen waren sich an dieser Stelle eins: Es war ein Verbrechen. Es gab Opfer der oppositionellen Meinungsbildung auf beiden Seiten. An dieser Schandtat war der brutale Charakter des Regimes erkennbar. Die Kirche demonstrierte selbst.«[19] Es gibt nicht wenige Zeitzeugen, die meinen, dass vom Protest gegen die Sprengung der alten Universitätskirche eine Linie zu der Friedlichen Revolution im Herbst 1989 in Leipzig führt.

Welche Konsequenzen ergeben sich aus dem Gesagten für den Universitätsgottesdienst? Eine seiner Aufgaben wird es sein, öffentliche Seelsorge zu üben. Dass eine solche Seelsorge für die Gesellschaft möglich und nötig ist, lässt sich eindrucksvoll an den Friedensgebeten in der DDR im Herbst 1989 zeigen.[20] Die evangelische Kirche praktizierte damals eine Form von politischer Seelsorge. Staatlicherseits bespitzelt und benachteiligt, zeitweise auch bekämpft, bildete sie die einzige verbliebene Großinstitution, die im SED-Staat nicht gleichgeschaltet worden war. In den kirchlichen Räumen, gewissermaßen im Windschutz der Kirche, hatten sich in den Jahren vor der Wende gesellschaftliche Gruppen formieren können, die für Frieden und Abrüstung, für Umweltschutz und Reisefreiheit eintraten. In diesen Gruppen lag eine wichtige Wurzel der ostdeutschen Demokratiebewegung. Die Kirche bewährte sich im Herbst 1989 als Raum der Freiheit inmitten gesellschaftlicher Unfreiheit. Die kirchliche Kanzel war zum einzigen Ort in der Gesellschaft geworden, an dem eine freie Rede möglich war.[21] Anders als häufig im Verlauf der Kirchengeschichte stand die Kirche auf der Seite der Freiheit.

Aber im Herbst 1989 geschah mehr. In den Leipziger Friedensgebeten fanden Menschen aus allen gesellschaftlichen Gruppen, unabhängig von ihrem Glauben, einen Freiraum, in dem sie ihre Anliegen auch vor Gott artikulieren konnten. Erstaunlicherweise sprachen die biblischen Texte während der Montagsgebete in Leipzig und anderswo unmittelbar zu den in den Kirchen Versammelten, ohne dass es dazu krampfhafter Aktualisierungsversuche oder rhetorischer Kraftakte bedurft hätte. »Die Nähe zu ihnen stellte sich wie von selbst her – bei den Informations-

---

19 Wagner, a. a. O. (Anm. 5), 132.

20 Günter Hanisch u. a. (Hrsg.), Donanobispacem. Herbst '89 in Leipzig. Friedensgebete, Predigten und Fürbitten, Leipzig ²1996; Hermann Geyer, Nikolaikirche, montags um fünf. Die politischen Gottesdienste der Wendezeit in Leipzig, Darmstadt 2007.

21 Vgl. dazu Rüdiger Lux, a. a. O. (Anm. 15), 37–45.

teilen, in den Betroffenheitserklärungen, bei der Verkündigung, in den Gebeten.«[22] Im Herbst 1989 wurde das in den biblischen Texten steckende Potential der Freiheit von vielen Menschen persönlich erlebt. Während der Friedensgebete erschienen Wirklichkeit und Text unmittelbar miteinander verzahnt. Die Texte sprachen von sich aus. Die einzige Voraussetzung dafür war, dass die Prediger sich in die Wirklichkeit der Menschen hinauswagten und die biblischen Texte dorthin mitnahmen. Die alten biblischen Texte trugen wesentlich dazu bei, dass die Revolution nicht gewaltsam eskalierte, sondern ihre Menschlichkeit bewahren konnte.

5. Zur zukünftigen Gestaltung des Universitätsgottesdienstes: Konkretionen

Wie stelle ich mir die Zukunft des Universitätsgottesdienstes in der neuen Aula/Universitätskirche St. Pauli konkret vor? Der Universitätsgottesdienst selbst sollte weiterhin die Kriterien der Erwartbarkeit, Verlässlichkeit und Beheimatung erfüllen. Das bedeutet regelmäßige Gottesdienste an allen Sonn- und Feiertagen um elf Uhr[23] mit wiedererkennbarer, traditioneller sächsischer Liturgie als Basis. Das schließt ein, liturgische Stücke von Zeit zu Zeit zu variieren und modern zu interpretieren bzw. zu inszenieren. Universitätsorganist und Universitätsmusikdirektor bzw. Universitätschor bieten die Chance, unterschiedliche Musiktraditionen auf hohem Niveau in den Gottesdiensten zu pflegen: moderne Weiterentwicklungen inbegriffen.

Gleichzeitig wünsche ich mir, dass von Zeit zu Zeit Gottesdienste in anderer Gestalt gefeiert werden. Der Universitätsgottesdienst darf als liturgisches Experimentierfeld genutzt werden. Ab und zu das Experiment »riskanter Liturgien« durchzuführen, wird dem Universitätsgottesdienst guttun.[24] Dass Kantatengottesdienste, Predigtreihen, andere Predigtformen den traditionellen Gottesdienst beleben und deshalb für sie im Uni-

[22] Jürgen Ziemer, Die Bibel als Sprachhilfe. Zum Bibelgebrauch in den Kirchen während der »Wende« im Herbst 1989, in: PTh 81 (1992), 280–291: 281.

[23] Wie sie in der vom Rektorat 2014 verabschiedeten Nutzungsordnung für das Paulinum. Aula/Universitätskirche St. Pauli vorgesehen sind.

[24] Vgl. Peter Cornehl, Öffentlicher Gottesdienst? – Zwanzig Jahre nach der friedlichen Revolution, in: PTh 99 (2010), 136–155: 153. Der Begriff stammt wohl aus dem Titel einer Radiosendung im NDR von Klaus Eulenberger vom 15.2.2009.

versitätsgottesdienst Raum sein muss, ist selbstverständlich, ebenso hin und wieder die Einladung von Predigerinnen und Predigern, die keine Fachtheologen sind. All dies aber getragen von und »eingebunden in die Normalität regelmäßig wiederkehrender sonntäglicher Gottesdienste«.[25] Peter Cornehl, Ehrendoktor der Universität Leipzig, sieht einen Vorteil der Leipziger Situation darin, »dass nicht jede Woche etwas Besonderes passieren muss, sondern der vom Kirchenjahr geprägte Grundrhythmus traditionskontinuierlicher Gottesdienste das Gegenlager [zu Gottesdiensten mit Experimentalcharakter] bilden würde.«[26]

Gegenüber anderen universitären Kommunikationsformen scheint den Universitätsgottesdienst folgendes Merkmal auszuzeichnen: Der universitäre Lehrer tritt in ihm als öffentlicher *homo religiosus* auf,[27] der theologische Wissenschaftler gewährt Einblick in die eigene religiöse Praxis.

Darüber hinaus sollte der Universitätsgottesdienst wie schon heute auch in Zukunft von weiteren Veranstaltungsangeboten flankiert werden. Wichtig wird sein, Veranstaltungsformate zu entwickeln, die eine Brücke zwischen sakraler und säkularer Nutzung darstellen. Ansatzweise geschieht das bereits in den »Universitätsvespern vor dem Paulineraltar«, die bisher im Chorraum in der Thomaskirche stattgefunden haben. Zu einem in jedem Semester wechselnden Thema (z. B. »Krieg und Frieden«, »Schuld und Vergebung«, »Schule«, »vernetzt«) sprechen vornehmlich Nicht-Theologen aus der Perspektive ihres jeweiligen Faches im Sinne einer »Ansage zur Zeit«.[28] Die Kurzansprache ist eingebettet in eine vereinfachte Vesperliturgie (mit Psalm, Lied, Gebet und Segen) und wird umrahmt von qualitätvoller Orgelmusik, für die das Institut für Kirchenmusik der Hochschule für Musik und Theater »Felix Mendelssohn Bartholdy« verantwortlich ist.

Bisher findet an jedem Donnerstag um zwölf Uhr der sog. Orgel-Punkt-Zwölf vor der aus der alten Universitätskirche geretteten Jehmlich-Orgel in der Peterskirche statt. Eine geistliche Ansprache von fünf Minuten

---

25 A. a. O., 152.

26 Ebd.

27 Tanja Martin, *Der* Universitätsgottesdienst in Deutschland? Gottesdienstliche Vielfalt im kontextuellen Spannungsfeld von »Hörsaal – Kirche – Stadt & Kultur« (Tagungsbericht), in: Liturgie und Kultur 4 (2013), 28 (Hervorhebungen im Text).

28 Eine Auswahl bietet: Ansagen zur Zeit 1999–2006, Leipziger Universitätsreden, Neue Folge Heft 101, hrsg. vom Rektor der Universität Leipzig, Leipzig 2006.

Länge wird von Orgelstücken gerahmt, die Studierende der Hochschule für Musik und Theater vortragen. Der Orgel-Punkt-Zwölf könnte sich in der neuen Aula/Universitätskirche St. Pauli zu einem Ort entwickeln, an dem die Sehnsucht nach Unterbrechung und Atemholen von Studierenden, Lehrenden und anderen Mitarbeitenden mitten im Alltag des Universitätsbetriebs gestillt wird.

Zu den regelmäßigen Veranstaltungen in der neuen Universitätskirche werden auch die Gottesdienste des Homiletischen Seminars der Theologischen Fakultät gehören. Ich kann mir vorstellen, darüber hinaus auch ganz neue Veranstaltungsformate auszuprobieren: z. B. eine mystische Nacht zu Hildegard von Bingen, Nachtgebete u. ä. Schließlich eröffnet sich im Rahmen des konzipierten »Forums Paulinum« eine weitere Palette von Veranstaltungsmöglichkeiten, vor allem von Vorträgen auf der Grenze von Religion und Wissenschaft.

6. Ausblick

Jeder, der den Neubau von Aula/Universitätskirche St. Pauli zum ersten Mal von außen und innen in Augenschein nimmt, bleibt davon emotional nicht unberührt. Er wird vielmehr unwillkürlich zu einer persönlichen Stellungnahme herausgefordert. Die Leipziger Bürger haben in ihrer Mehrheit den Neubau angenommen. Das zeigt sich nicht zuletzt an der überwältigenden Reaktion auf die Möglichkeit, die fast fertige Baustelle von Aula/Universitätskirche zu ausgewählten Anlässen besichtigen zu können. Man kann die verglasten Betonsäulen mit der Möglichkeit, sie in unterschiedlichen Farben zu illuminieren, kitschig finden (das gilt natürlich auch für das in Gips nachgebaute gotische Gewölbe und viele andere Einzelheiten). Man kann diese Idee des Architekten aber auch als kongeniale, moderne Antwort auf die mittelalterliche gotische Kathedrale betrachten. Diese war, wie wir heute wissen, außen und innen bunt ausgemalt. Dazu kam das Licht, das durch die riesigen bunten Fensterflächen den Raum erfüllte – ein Symbol für Christus, das ewige Licht. Insofern stellte die mittelalterliche, gotische Kathedrale eine Symphonie aus Licht und Farben dar – ganz anders, als es ihr heutiges Erscheinungsbild suggeriert.

Wichtiger ist noch ein anderer Aspekt: Der Neubau von Aula/Universitätskirche St. Pauli ist auch – nicht anders als ein mittelalterlicher Kirchenbau – das Produkt unserer gegenwärtigen Gesellschaft und Kirche. In einer demokratisch verfassten, pluralistischen Gesellschaft und Kirche müssen auch beim Bau eines öffentlichen Gebäudes die unterschiedlichsten Interessen berücksichtigt werden. Umso mehr, wenn es sich dabei um ein Gebäude handelt, das gleichzeitig Aula und Kirche sein soll. Nur in einer vordemokratischen Zeit war es möglich, dass ein Einzelner, sei es ein Fürst oder ein Kirchenoberer, seine persönliche Auffassung beim Bau durchsetzen konnte.

Der Leipziger Universitätsgottesdienst erhält in dem besonderen Raum von Aula/Universitätskirche St. Pauli am erinnerungsträchtigen Ort eine einmalige Chance: das Evangelium von Jesus Christus mitten in einer weltanschaulich neutralen Universität so zu verkündigen, dass auch Menschen aufhorchen, die dem Christentum und der Kirche fern stehen.

Ab dem Einweihungsgottesdienst am 3.12.2017 findet in der neuen Universitätskirche an jedem Sonn- und Feiertag um 11 Uhr ein Universitätsgottesdienst statt.[29]

Universitätskirche St. Pauli mit Campus-Gesamtansicht

[29] Die voranstehenden Überlegungen finden sich in einer ausführlichen Version in meinem Artikel in der Festschrift zur Wiedereinweihung der Universitätskirche St. Pauli zu Leipzig: Vergangenheit, Gegenwart, Zukunft, hg. von Peter Zimmerling, die im November 2017 in der Evangelischen Verlagsanstalt Leipzig erscheint. Eine Reihe von Beiträgen erinnert an die 1968 gesprengte alte Universitätskirche mit ihren Gottesdiensten, ihrer Musik und ihren Kunstwerken. Der zweite Teil der Festschrift dokumentiert den Zeitraum unmittelbar vor der Sprengung bis zur Errichtung des Neubaus. Im dritten Teil stehen die Chancen des Neubaus im Fokus. Darin wird nach dem Verhältnis von Aula und Kirche gefragt, nach den Möglichkeiten für den Universitätsgottesdienst, die Kirchenmusik und den Dialog zwischen Wissenschaft und Glauben.

Kirchenbauten der Gegenwart in der Kontroverse

Eine Spurensuche zwischen theologischem Ideal und säkularer Öffentlichkeit

Stefan Böntert

1. Kirchenbauten als Magneten der Aufmerksamkeit

Noch vor zwei Generationen war es kaum eine besondere Meldung wert, wenn wieder ein neuer Kirchenraum fertiggestellt und seiner Bestimmung übergeben wurde. In den Jahren nach dem Ende des Zweiten Weltkrieges gehörten Neubauten geradezu zum normalen Alltag des kirchlichen Lebens, so wie es sich in weiten Teilen des deutschen Sprachgebietes darstellte. Die Gründe für die rege Bautätigkeit hatten zum einen mit den verheerenden Zerstörungen des Krieges zu tun, denen bekanntlich vor allem in den Ballungsräumen der Städte unzählige Kirchen zum Opfer gefallen waren. Zum anderen setzten die Verantwortlichen im allgemeinen Klima des Aufbruchs, wie es nach dem Krieg herrschte, auf die Strategie der Neugründung von Kirchengemeinden, ein Programm, das zwangsläufig die Errichtung vieler zusätzlicher Kirchengebäude nötig machte. In der Folge entstand eine hohe Zahl an neuen Kirchen und Kapellen, sodass man rückblickend von einer einzigartigen Baubewegung sprechen kann, die mancherorts bis in die 1970er Jahre andauerte.[1]

---

[1] Einen Überblick über die leitenden Konzepte im katholischen Umfeld des ausgehenden 20. Jahrhunderts bietet Albert Gerhards, Räume für eine tätige Teilnahme. Katholischer Kirchenbau aus theologisch-liturgischer Sicht, in: Wolfgang Jean Stock (Hrsg.), Europäischer Kirchenbau 1950–2000, München u. a. 2002, 16–33; Stefan Böntert, Katholischer Kirchenbau zwischen theologischem Anspruch und gesellschaftlichem Wandel. Raumkonzepte in der Liturgiereform nach dem II. Vatikanum, in: Frank Bösch/Lucian Hölscher (Hrsg.), Jenseits der Kirche. Die Öffnung religiöser Räume seit den 1950er Jahren, Göttingen 2013, 29–58. Aus architekturhistorischer Sicht vgl. Kerstin Wittmann-Englert, Zelt, Schiff, Wohnung. Kirchenbauten der Nachkriegsmoderne (Forschungen zur Nachkriegsmoderne), Lindenberg i. A. 2006.

Was über etliche Jahre weit verbreitet war, gehört heute der Vergangenheit an. Mit den einschneidenden gesellschaftlichen und kirchlichen Umwälzungen der Gegenwart scheint das Thema Kirchenbau von anderen Aufgaben verdrängt zu sein. Der Bedarf an Kirchengebäuden liegt weit unterhalb des Niveaus der letzten Jahrzehnte. In jüngster Zeit stellt sich zudem immer häufiger die Frage, wie mit Kirchen zu verfahren ist, die ihre liturgische Funktion verloren haben bzw. die aufgrund der schwindenden Kirchen- und Gottesdienstbindung nicht mehr benötigt werden. Welche Dringlichkeit das Problem der Umnutzung bzw. Abwicklung von Kirchenbauten besitzt und wie tiefgreifend die damit einhergehenden Konsequenzen sind, zeigt beispielsweise das Bistum Essen, wo nicht wenige Räume eine höchst unsichere Zukunft vor sich haben.[2]

Angesichts der veränderten Rahmenbedingungen ist es nachvollziehbar, dass heute nahezu jeder Neubau für Aufsehen sorgt. Wenn kirchliche Initiativen mit der Absicht an die Öffentlichkeit treten, einen Kirchenraum errichten zu wollen, handeln sie gegen den verbreiteten Trend und dürfen mit einer breiten Aufmerksamkeit rechnen. Überschaut man die Resonanz auf die Projekte der jüngeren Zeit, fällt schnell auf, dass dieses Thema nicht nur die innerkirchliche Öffentlichkeit interessiert. An der Seite einer kirchlichen Binnenperspektive steht ebenso die Sicht von außen, d. h. die Perspektive derer, die zwar nicht zu den primären Nutzern der Gebäude zählen, sich aber dennoch am Diskurs über die Projekte beteiligen und ihre Meinung dazu kundtun.[3] Aus der Reihe der Beispiele sticht in jüngerer Zeit die Errichtung der Kapelle der Ver-

---

[2] Vgl. Angelika Büchse u. a. (Hrsg.), Kirchen. Nutzung und Umnutzung. Kulturgeschichtliche, theologische und praktische Perspektiven, Münster 2012; Katrin Bauer, Gotteshäuser zu verkaufen. Gemeindefusionen, Kirchenschließungen und Kirchenumnutzungen, Münster u. a. 2011; Albert Gerhards/Martin Struck (Hrsg.), Umbruch – Abbruch – Aufbruch. Nutzen und Zukunft unserer Kirchengebäude (Raum – Bild – Feier. Studien zu Kirche und Kunst 6), Regensburg 2008. Ein Plädoyer für eine sorgfältige Nutzung von Kirchen vertritt Albert Gerhards, Nutzen statt umnutzen. Theologische Reflexionen und praktische Konsequenzen in Bezug auf Sakralgebäude im säkularen Umfeld, in: Religionsunterricht an höheren Schulen 52 (2009), 152–162.

[3] Vgl. Benedikt Kranemann, Innensicht und Außensicht – »Heilige Räume«, ihre Spiritualität und Nutzung heute, in: Hanns Kerner (Hrsg.), Lebensraum Kirchenraum. Das Heilige und das Profane, Leipzig 2008, 37–56; Albert Gerhards/Benedikt Kranemann, Einführung in die Liturgiewissenschaft, Darmstadt 2006, 201f.

söhnung auf dem ehemaligen Mauerstreifen in Berlin-Mitte[4] hervor, oder der so genannte Raum der Stille im Fußballstadion in Schalke, der zwar in religiöser Hinsicht bewusst nicht eindeutig sein will, aber regelmäßig von den Kirchen als Gottesdienstraum verwendet wird.[5] Von besonderem Reiz ist die 2015 eingeweihte Propsteikirche St. Trinitatis in Leipzig, weil sie das bisher bedeutendste kirchliche Neubauprojekt auf dem Gebiet des bekanntlich hochsäkularen Ostdeutschland darstellt. Diese und andere zeitgenössische Bauten stießen und stoßen überregional auf ein großes Echo, darunter nicht wenige preisgekrönte Architekturen.[6]

Allerdings sind auch die Kontroversen nicht zu übersehen, die mit einem Neubau einhergehen. Ein neuer Kirchenraum – und das gilt sowohl für eine evangelische als auch für eine katholische Kirche – signalisiert das Selbstbewusstsein einer Glaubensgemeinschaft, die sich vor den Augen der säkularen Öffentlichkeit als ein vitaler gesellschaftlicher Akteur präsentiert.[7] Angesichts des pluralen Umfeldes ist davon auszugehen, dass den Neubauten Deutungen unterliegen, die erheblich weitere Kreise umfassen als nur die Mitglieder einer (Gottesdienst-)Gemeinde.[8] Die Rezeption kann sehr unterschiedliche Wege beschreiten: Während einmal das Augenmerk auf der ästhetisch-künstlerischen Qualität ruht, geht es ein anderes Mal um die Konsequenzen für das kulturelle Leben einer Stadt, in der die neue Kirche ihren Platz hat. Wieder ein anderes Mal kann der Akzent auf dem Charakter der Bauten als religiöse Stätten

---

4 Vgl. Manfred Richter, Neubau einer Kapelle der Versöhnung im ehemaligen Mauerstreifen/Berlin, Bernauer Straße, in: Kunst und Kirche 63 (2000), 44–46.

5 Vgl. Walter Zahner, Kapelle in der Veltins-Arena Gelsenkirchen, Lindenberg 2013.

6 Aus der Fülle der Literatur seien exemplarisch zwei Überblicksveröffentlichungen herausgegriffen: Constantin Gegenhuber, Gebaute Gebete. Christliche sakrale Architektur in Österreich 1990 bis 2011, Salzburg 2011; Matthias Ludwig/Reinhard Mawick (Hrsg.), Gottes neue Häuser. Kirchenbau des 21. Jahrhunderts in Deutschland, Frankfurt am Main 2007.

7 Darin besteht die verbindende These der Beiträge in: Angelika Nollert u. a. (Hrsg.), Kirchenbauten in der Gegenwart. Architektur zwischen Sakralität und sozialer Wirklichkeit, Regensburg 2011.

8 Bereits die Architektur der in der Nachkriegszeit errichteten Kirchen verwendet die Deutungsoffenheit als ein leitendes stilistisches Konzept. Kerstin Wittmann-Englert charakterisiert diese Kirchen als »Assoziationsträger«, dies., Die assoziative Kraft der Form im Kirchenbau der Nachkriegsmoderne, in: Hans Körner/Jürgen Wiener (Hrsg.), Moderne Sakralarchitektur und ihre Ausstattung zwischen Funktion und Form, Essen 2010, 69–78: 78.

liegen, deren Formensprache vom Gottesglauben der Menschen kündet, die sie errichten und mit Leben füllen.[9]

Es ist leicht nachvollziehbar, dass bei einem solchen Geflecht an Zugängen die Betrachter oftmals nicht zuvorderst die theologischen bzw. kirchlichen Konzepte in den Mittelpunkt stellen – d. h. die Frage nach dem idealen Zusammenspiel von Ästhetik und Liturgie –, sondern ihre Einschätzung von ihren subjektiven Erwartungen und Zugängen abhängig machen. In einer pluralen Gesellschaft stellt ein neuer Kirchenbau immer mehr als nur eine Immobilie dar, in der eine in sich geschlossene Gemeinschaft von Gläubigen, getragen von ihren religiösen Überzeugungen, ihre Gottesdienste feiert. Man wird mit einer großen Bandbreite an Zugängen und Wahrnehmungen rechnen müssen, je nachdem, vor welchem Hintergrund das Urteil gefällt wird.[10]

Über den Neubau einer Kirche ist heute in ganz unterschiedlicher Weise zu sprechen, sowohl in einer eher kirchen- bzw. theologieinternen als auch in einer Außenperspektive. Beide Weisen gehören zusammen und sind aufeinander verwiesen. Darum mag es gerechtfertigt sein, die Aufmerksamkeit auf die Rezeption zeitgenössischer Kirchbauten zu richten und danach zu fragen, an welchen thematischen Linien die Debatten derzeit entlanglaufen. Welcher Stellenwert wird den Bauten zugebilligt in einer Gesellschaft, in der die Neuerrichtung einer Kirche einen großen Seltenheitswert hat? Als Fallbeispiel sei die neue Propsteikirche St. Trinitatis in Leipzig ausgewählt. Kein anderes Bauprojekt der katholischen Kirche in Deutschland hat in den letzten Jahren eine derart umfassende Beachtung gefunden, nicht zuletzt wegen der breiten Unterstützung durch die Deutsche Bischofskonferenz.

Als Quelle dienen exemplarisch ausgewählte Medienbeiträge und Leserbriefe zum Thema, die in den Zeitungen im Umfeld des Baus und der Einweihung von St. Trinitatis erschienen sind. Dieses Material ist deshalb aufschlussreich, weil es einen Überblick darüber geben kann, welche Richtungen die Rezeption der Kirche jenseits der Fachdiskurse einschlägt und in welche Deutungszusammenhänge der Neubau gestellt

---

[9] Vgl. Benedikt Kranemann, Symbole des Religiösen im Urbanen. Ein Versuch über Architektur der Religionen in säkularer Gesellschaft, in: Kirchenbauten in der Gegenwart, a. a. O. (Anm. 7), 175–180.

[10] Diese These kann sich auf empirische Erhebungen stützen, vgl. die Studie von Anna Körs, Gesellschaftliche Bedeutung von Kirchenräumen. Eine raumsoziologische Studie zur Besucherperspektive, Wiesbaden 2012.

wird. Dass hier nur eine kleine Auswahl Berücksichtigung findet, ist beabsichtigt. Den Ausführungen geht es um eine erste Sichtung, das heißt um eine behutsame Systematisierung der Diskursfelder, nicht jedoch um eine erschöpfende Aufarbeitung. Drei Aspekte kommen im Folgenden zur Sprache, die eng miteinander verbunden sind. An erster Stelle steht die Frage nach den beiden Polen von Profanität und Sakralität, die bereits in den Nachkriegsjahren immer wieder eine wichtige Rolle gespielt hat. Eine zweite gilt der Rolle des Baus in der Öffentlichkeit der Stadt. Die dritte widmet sich schließlich dem Kirchenbau im Hinblick auf die Herausforderungen einer säkularen Gesellschaft.

2. Ein Kirchenbau zwischen Sakralität und Profanität

Angesichts der fortschreitenden Transformationen des Religiösen in der Gegenwart kann es überraschen, dass Kirchengebäude nach wie vor ein großes Interesse auf sich ziehen. Indem sie mit ihrer Botschaft die Routinen des zweckrationalen Denkens durchbrechen,[11] nötigen die Bauten den Betrachtenden Respekt ab. Ebenso überraschend dürfte der Umstand sein, dass die Diskurse um zeitgenössische Kirchen auf eine Zuschreibung aus dem Bereich des Religiösen zurückgreifen, die in der Religionstheorie bereits als beiseitegelegt galt. In der Beurteilung melden sich die Kategorien von Sakralität und Profanität wieder zurück.[12]

Um den besonderen Charakter eines Kirchenraumes zu beschreiben und ihn von anderen Räumen abzugrenzen, kennen die religionsphilosophischen und theologischen Debatten seit langem die Unterscheidung von sakral und profan. Überschaut man diese Diskussionen,[13] so kann man sich des Eindrucks nur schwer erwehren, dass der Begriff des Sakralen in der Vergangenheit gelegentlich weniger als eine religiöse Be-

[11] Vgl. Gerhards, a. a. O. (Anm. 2), 159.

[12] Zu den religionsphilosophischen Ambivalenzen, die mit dem Phänomen von Säkularisierung und Resakralisierung einhergehen: vgl. die Studie von Hans-Joachim Höhn, Gewinnwarnung. Religion – nach ihrer Wiederkehr, Paderborn 2015.

[13] Vgl. Albert Gerhards, Verortung der Suche nach dem Anderen in multireligiösen und religiös indifferenten Kontexten, in: ders./Kim de Wildt (Hrsg.), Der sakrale Ort im Wandel, Studien des Bonner Zentrums für Religion und Gesellschaft 12, Würzburg 2015, 15–29: 24–27.

schreibung, denn mehr als eine Art Kampfbegriff verwendet wurde.[14] Einer der profiliertesten Vertreter einer klaren Gegenüberstellung von Sakralität und Profanität ist der frühere Münsteraner Philosoph Josef Pieper. Er sprach sich mit Nachdruck dafür aus, die Grenzen zwischen diesen beiden Sphären nicht zu verwischen, damit das »Heilige« geschützt und dem Zugriff von außen entzogen werde. Für Pieper legt die Weihe der Kirche das Fundament ihres sakralen Charakters.[15] Aus katholischer Sicht ist die Qualifizierung eines Kirchenraumes als »sakral« nicht unproblematisch, steht sie doch in einer gewissen Spannung zu den theologischen Akzenten, die die Weiheliturgie setzt. Eine Durchsicht der Gebete und Texte lässt ein Verständnis erkennen, das die im Raum gefeierte Begegnung von Gott und Mensch zum entscheidenden Kriterium für das Wesen eines Kirchenraumes erhebt. Nicht der Raum als solcher ist sakral und führt zu Gott, sondern die hier versammelte Gemeinde feiert den Heiligen schlechthin, Jesus Christus. Von daher bewirken weder der Bau, noch der Raum oder die künstlerische Ausstattung die Sakralität, sondern die personale Begegnung der Feiernden mit dem lebendigen Christus.[16] Darauf hat vor allem der Münsteraner Liturgiewissenschaftler Klemens Richter wiederholt hingewiesen.[17]

---

[14] Vgl. Thomas Sternberg, Suche nach einer neuen Sakralität? Über den Kirchenraum und seine Bedeutung, in: Dirk Ansorge u. a. (Hrsg.), Raumerfahrungen. Raum und Transzendenz. Beiträge zum Gespräch zwischen Theologie, Philosophie und Architektur Bd. 1 (Ästhetik – Theologie – Liturgik 7), Münster u. a. 1999, 62–81: 62.

[15] Vgl. Josef Pieper, Was heißt »sakral«? Klärungsversuche, Ostfildern 1988.

[16] Was in der Liturgie der Kirchweihe theologisch grundgelegt ist, findet seinen Niederschlag in Aussagen über das Verständnis des Kirchenraumes in neueren kirchlichen Dokumenten. Als Beispiel sei ein Papier aus dem Jahr 2003 herausgegriffen, in dem es heißt: »Im christlichen Verständnis ist er [der Kirchenraum; SB] ein sakraler Raum insofern, als hier heilige Handlungen vollzogen werden. Seine Sakralität gründet in der Heiligkeit der Versammlung und der durch sie vollzogenen Feier sowie in der Gegenwart Christi im eucharistischen Sakrament«, Sekretariat der deutschen Bischofskonferenz (Hrsg.), Umnutzung von Kirchen. Beurteilungskriterien und Entscheidungshilfen (Deutsche Bischofskonferenz – Arbeitshilfen 175), Bonn 2003, 11. Ein anderes Dokument ist in seiner Zuschreibung noch vorsichtiger, wenn es den Begriff »sakraler Raum« in Anführungszeichen setzt, vgl. Sekretariat der Deutschen Bischofskonferenz (Hrsg.), Leitlinien für den Bau und die Ausgestaltung von gottesdienstlichen Räumen. Handreichung der Liturgiekommission der Deutschen Bischofskonferenz (Die Deutschen Bischöfe 9), Bonn [6]2002, 11.

[17] Vgl. Klemens Richter, Heilige Räume. Eine Kritik aus theologischer Perspektive, in: ders., Feiernde Gemeinde. Die Identität der Kirche und ihr Gottesdienst – eine

Diese theologische Verortung hat jedoch nicht dazu geführt, die Zuschreibungen von sakral und profan im Hinblick auf das Wesen eines Kirchengebäudes zum Verschwinden zu bringen. Seit rund zweihundert Jahren wird Sakralität in erster Linie als eine ästhetische Kategorie verstanden und dabei mit Stimmungen und Symbolik in Verbindung gebracht.[18] Erinnert sei hier an das 19. Jahrhundert, in dem ein bestimmter Baustil als sakral galt, der durch seine Atmosphäre Erhabenheit vermittelte und die Emotionen des Betrachters anzusprechen in der Lage war. »Die Teilhabe am Sakralen wurde als das Erleben einer Raumatmosphäre angesehen«,[19] die ein historisierender Stil sichern sollte. Erlebnis und Stimmung gehören auch zu den in der ersten Hälfte des 20. Jahrhunderts immer wieder vertretenen Werten in den einschlägigen Veröffentlichungen zum Thema. Eine Kehrtwende erfolgte schließlich in den 1950er Jahren, als eine eher nüchterne Sachlichkeit in den Kirchenbau Einzug hielt und die emotionale Sicht der Sakralität in die Kritik geriet. Zu den bedeutendsten Kritikern eines herkömmlichen Verständnisses von Sakralität kann man den Architekten Rudolf Schwarz zählen. Er vertrat die Ansicht, dass sich die »Allgegenwart Gottes« auch »in der Helle unserer so genannten Sachlichkeit und so genannten Rationalität dartun« müsse.[20]

Der Bewertung einer Kirche als Sakralraum kommt deshalb ein besonderes Gewicht zu, weil sie in den Stellungnahmen zur Propsteikirche St. Trinitatis eine deutlich sichtbare Rolle spielt. Dabei sind es hauptsächlich die wirkungsästhetischen und emotionalen und nicht die im engeren Sinne theologischen Gesichtspunkte, entlang derer zentrale Linien der Deutung der Kirche verlaufen. Aus der Fülle der Beiträge und Leserbriefe seien einige Beispiele ausgewählt, die besonders anschaulich auf die Frage nach dem sakralen Charakter abheben, ohne allerdings, das sei einschränkend gesagt, diesen Begriff explizit zu nennen. Einige Kritiker gehen so weit, St. Trinitatis den Status als Kirche abzusprechen:

Aufsatzsammlung, in: Benedikt Kranemann u. a. (Hrsg.), Münster 2015, 363–379 [Erstveröffentlichung 1998].

18 Vgl. Carola Jäggi, »Heilige Räume«. Architektur und Sakralität – Geschichte einer Zuschreibung, in: Kirchenbauten in der Gegenwart, a. a. O. (Anm. 7), 23–30: 25–27.

19 Sternberg, Suche nach einer neuen Sakralität, a. a. O. (Anm. 14), 69.

20 Rudolf Schwarz, Die Eisenbetonkirche. Entgegnung und Grundlegung, in: Zentralblatt der Bauverwaltung 48 (1928), 18–20: 19. Der Hinweis auf Schwarz verdankt sich Jäggi, »Heilige Räume«, a. a. O. (Anm. 18), 26.

»Der Neubau ist ein Musterbeispiel für architektonisches Understatement und geeignet, dem Betrachter den Gedanken an ein Gotteshaus eher auszutreiben. Wäre da nicht der (zum Läuten der Glocken untaugliche) Turm, so würde man hinter der roten Porphyrverschanzung eher ein Multiplexkino als ein Haus des Gebetes vermuten. Das Kirchenschiff ist von entfesselter Leidenschaftslosigkeit. Mit seiner gleißenden Leere und Nüchternheit hat es die Atmosphäre eines Hörsaals und steht in grellem Kontrast zur überquellenden Ornamentik der neuen deutschen Moscheen.«[21]

In dieser Stellungnahme rücken die gängigen theologischen Kategorien, wie die Begegnung von Gott und Mensch oder das Ideal der versammelten Gemeinde, weitgehend in den Hintergrund. In eine ähnliche Richtung geht folgendes Zitat aus einem Leserkommentar:

»Wenn kein Kreuz drauf wäre, würde niemand an eine Kirche denken. Ähnlich innen, sehr merkwürdige fast kalte Gestaltung, beim Kreuz angefangen. Man kann nur hoffen, dass wenigstens im Hauptsaal noch nachgebessert wird. Dagegen ist jede schlichte protestantische Kirche ein wahrer Prunksaal. Wirkt alles eher wie ein Bauhauskonzertraum, als eine religiöse Stätte. Plant man hier eine andere Nutzung?«[22]

Ein anderer Beobachter vermutet in der Ästhetik der Kirche gar eine bewusst gewählte Strategie, um das spezifisch Christliche der Kirche zu verstecken:

»Für mich ist es ein Skandal. Die ganze Umgebung ist dadurch völlig verschandelt. Es sieht leider mehr nach politisch korrekter Entscheidung aus, so wie das mickrige Kreuz auf der Lagerhalle ausschaut. Hauptsache unauffällig[,] um nicht anzuecken. Traurig[,] aber wahr.«[23]

Diese Beispiele zeigen, dass die Unterscheidung von sakral und profan, wie sie lange diskutiert wurde, aber dann in der Kirchenarchitektur des

---

21 Dankwart Guratzsch, Können wir im Westen keine Kirche mehr bauen?, in: Die Welt, 5.8.2015, http://www.welt.de/kultur/kunst-und-architektur/article144828093/Koennen-wir-im-Westen-keine-Kirchen-mehr-bauen.html (6.5.2016).

22 Leserkommentar unter http://www.welt.de/kultur/kunst-und-architektur/article144828093/Koennen-wir-im-Westen-keine-Kirchen-mehr-bauen.html (6.5.2016).

23 Leserkommentar unter http://www.welt.de/kultur/kunst-und-architektur/article144828093/Koennen-wir-im-Westen-keine-Kirchen-mehr-bauen.html (6.5.2016).

ausgehenden 20. Jahrhunderts in den Hintergrund getreten ist, nach wie vor die Erwartungen und Wahrnehmungen prägt.[24] Die Debatten um das Wesen und die Qualität eines Kirchenbaus finden in einem säkularen Kontext statt, bedienen sich jedoch bekannter religionstheoretischer Einordnungen. Das Prinzip der Sakralität erlebt eine Renaissance. Wer so ansetzt, wie es in diesen Kommentarbeispielen der Fall ist, definiert das Gebäude tendenziell von einem Verständnis von Kirche und Sakralität her. Unübersehbar stehen die Beispiele in der Linie der bekannten Sakralitätsideale und der Konzentration auf Stimmungen, so wie sie zurückliegende Jahrhunderte als Maßstab anlegten. Sie kehren in gewandelter Form wieder. Die Kunstwissenschaftlerin und Archäologin Carola Jäggi fasst diese Paradoxie folgendermaßen zusammen: »So scheint es, dass ausgerechnet unsere entzauberte Welt ein Revival der Sakralität befördert, dessen Auswirkungen auf die alten Religionen und ihre Kultbauten noch nicht abzuschätzen sind.«[25]

3. Ein Kirchenbau in der Öffentlichkeit der Stadt

In den letzten Jahren sind zahlreiche Veröffentlichungen erschienen, die nach der kulturellen Bedeutung von Kirchenräumen fragen und Grundlegendes über das Verhältnis von Kirche und Gesellschaft, Glaube und

[24] Die Debatten um die Kategorie der Sakralität gehen sowohl in der Theologie als auch in der Architektur weiter, vgl. z. B. Sternberg, Suche nach einer neuen Sakralität, a. a. O. (Anm. 14); Stefan Orth, Der Geruch der Steine. Was zeichnet einen sakralen Raum aus?, in: Herder-Korrespondenz 68 (2014), 89–93; Joachim Werz, Wir ziehen vor die Tore der Stadt. Sakraltopographien im 21. Jahrhundert, in: Geist und Leben 88 (2015), 42–46; Kerstin Wittmann-Englert, Annäherungen. Zeitgenössisches Bauen zwischen sakral und profan, in: Eva-Maria Seng (Hrsg.), Der Kirchenbau zwischen Sakralisierung und Säkularisierung im 17./18. Jahrhundert und heute, Berlin u. a. 2013, 154–170; Gerhards, Verortung der Suche nach dem anderen in multireligiösen und religiös indifferenten Kontexten, a. a. O. (Anm. 13).

[25] Jäggi, »Heilige Räume«, a. a. O. (Anm. 18), 29. Die gleiche Diagnose fällt Hans-Joachim Höhn: »Während in religionstheoretischen Diskursen ein am ›Heiligen‹ oder ›Sakralen‹ orientierter Religionsbegriff überwiegend problematisiert oder verabschiedet wird, lassen sich alltagsweltlich immer wieder neue Belege für die Unabgegoltenheit dieser Kategorien erheben.« Ders., Widerfahrnis des Unbedingten. Religionsphilosophie als Phänomenologie des »Heiligen«?, in: Journal für Religionsphilosophie 3 (2014), 9–15: 9.

Öffentlichkeit sagen.[26] Verständlicherweise kommt dabei den historischen Kirchengebäuden eine besondere Bedeutung zu, stehen sie doch stellvertretend für die wechselvolle Geschichte des christlichen Glaubens und seiner Raumgestalt. Wenn der Eindruck nicht täuscht, wird jedoch weit weniger über die Einordnung der zeitgenössischen Kirchen in das konkrete Umfeld reflektiert, in dem sie sich befinden. So sehr die internen Konzepte der Fachleute aus Kunst und Theologie einen Kirchenbau prägen, so sehr ist in Rechnung zu stellen, dass das unmittelbare städtische Umfeld, in dem er steht, ebenso einen großen Einfluss auf seine Wirkung hat.[27] »Kirchen sind mehr als Architektur, mehr als Marker in der Stadtlandschaft und ordnende Fixpunkte für den Städtebau. Sie sind auch mehr als bedeutende kulturelle Zeugnisse des Christentums. Wer die Bedeutung von Kirchen in der Stadt in seiner Reichweite erfassen will, darf Kirchen nicht auf ihre Baugeschichte, auf ihre Religionsgeschichte und ihre Kunst- und Musikgeschichte reduzieren. Kirchen sind immer auch symbolische Räume. Ihre Atmosphäre schürt Erwartungen, die den Alltag durchbrechen.«[28] Wer bewusst eine zeitgenössische Kirche betrachtet, aktiviert sein inneres Archiv von Idealen, Bildern und architektonischen Merkmalen des öffentlichen und des religiösen Lebens und versucht, den Bau in dieses Archiv einzuordnen.

Für diese Zusammenhänge bietet die neue Propsteikirche St. Trinitatis wiederum reichliches Anschauungsmaterial. Bereits der erste optische Eindruck lässt erkennen, wie sehr sich die äußere Gestalt dieses Baus von seinem städtischen Umfeld abhebt. Die herausgehobene Position gegenüber dem Rathaus rückt sie wie von selbst in den Blick der Öffentlichkeit, mit allen Konsequenzen, die sich daraus für die Wahrnehmung und Beurteilung ergeben. Als Beispiele für die Verbindungslinien, die zwischen Kirche und Stadt gezogen werden, mögen wiederum einige ausgewählte Ausschnitte aus Zeitungsberichten und Leserbriefen stehen. An erster Stelle sei aus einem Beitrag zitiert, der sich durchweg positiv äußert, das architektonische Konzept würdigt und schließlich zu

---

[26] Vgl. z. B. aus der Sozialgeschichte: Wolfgang Grünberg (Hrsg.), Wie roter Bernstein. Backsteinkirchen von Kiel bis Kaliningrad. Ihre Kraft in Zeiten religiöser und politischer Umbrüche, München 2008.

[27] Vgl. Kranemann, Symbole des Religiösen im Urbanen, a. a. O. (Anm. 9), 176.

[28] Petra Bahr, Fremde Orte. Die Kirche als Heterotopos in der Stadt, in: David Plüss u. a. (Hrsg.), Im Auge des Flaneurs. Fundstücke zur religiösen Lebenskunst (Christentum und Kultur 11), Zürich 2009, 77–84: 80.

der Einschätzung kommt, die Stadt Leipzig profitiere vom Neubau der Kirche:

»Aber auch stadträumlich passt sich das neue Pfarrzentrum gut in die heterogene Umgebung ein. [...] Denn ein stattlicher Baum in der Mitte, ein Wasservorhang unter einem der Durchgänge, der sich im Wind sanft wellt, und der vom Rathaus aus hereingrüßende mächtige Bergfried der ehemaligen Pleißenburg machen das unregelmäßige Viereck zu einem Ambiente, in dem man sich unwillkürlich umdreht und die Schritte verlangsamt. Leipzigs Stadtbild ist also ausgerechnet durch einen Kirchenbau reicher geworden.«[29]

Angesichts der prominenten Position der Kirche im Herzen der Stadt kann es nicht verwundern, dass sich auch kritische Stimmen zu Wort melden und die ästhetische sowie die semantische Passung des Baus in die urbane Kultur vermissen. Inhaltlich richtet sich die Skepsis zunächst darauf, die architektonische Formgebung der Kirche als ungeeignet für die Stadt herauszustreichen:

»Diese Architektur wirkt in Beziehung zu den Nachbargebäuden, etwa dem Neuen Rathaus, geradezu lächerlich.«[30]

So lautet die Einschätzung eines Kunstwissenschaftlers. In eine ähnliche Richtung geht die Kritik eines Leserbriefschreibers in einer überregionalen Tageszeitung:

»Solche Bauwerke gehören zur zweiten Zerstörung Leipzigs. Die Quartiere, die den Bombenkrieg der Alliierten einigermaßen überlebt haben, werden durch die moderne Architektur verschandelt. Jeder normale Bauherr muss die ortsübliche Bebauung beachten. Die Kirche ist davon wohl ausgenommen.«[31]

---

29 Gottfried Knapp, Ein Schiff in der Stadt, in: Süddeutsche Zeitung, 9.7.2015, http://www.sueddeutsche.de/kultur/architektur-ein-schiff-in-der-stadt-1.2558217 (6.5.2016).

30 Auffindbar unter http://www.bild.de/regional/leipzig/architektur/kunstexperte-geht-auf-kirchenbau-los-34932208.bild.html (6.5.2016).

31 Leserkommentar unter http://www.welt.de/kultur/kunst-und-architektur/article144828093/Koennen-wir-im-Westen-keine-Kirchen-mehr-bauen.html (6.5.2016).

Die hier zitierten Auffassungen sind natürlich nur einzelne Stimmen und wiederum nicht repräsentativ, aber sie werfen ein bezeichnendes Licht darauf, wie zeitgenössische Kirchengebäude rezipiert werden können. In beiden Beispielen ist unschwer zu erkennen, dass das Gebäude zu einem beachtlichen Teil danach beurteilt wird, wie es sich zu seinem baulichen, kulturellen und sozialen Umfeld verhält. So bedeutsam die theologischen Leitbilder für den Bau sind und sein Erscheinungsbild prägen, der situative Kontext, das heißt das persönliche Bild von einer idealen Stadt und von Religiosität entscheidet wesentlich über seine Akzeptanz mit. Die Kirche steht nicht isoliert, sondern ist »ein Bezugsort, an dem sich die architektonischen und geistigen Nachbarschaften brechen.«[32]

Mit diesem Befund betreten wir allerdings kein Neuland, wie ein Blick in die Geschichte rasch zeigen kann. Dass Kirchenräume in einer größeren Landschaft zusammengebracht werden und mit dieser ein komplexes Ganzes bilden, ist ein wiederkehrendes Muster.[33] Kirchen stehen und standen, um es mit Begriffen aus der sozial- und religionswissenschaftlichen Forschung zu sagen, für die sichtbare Religion im öffentlichen Raum und prägten diesen mit. Für diese These lassen sich zahlreiche Beispiele greifen. An erster Stelle wird man an die Kathedralen des Mittelalters denken können, die über ihre liturgische Funktion hinaus mit ihrer markanten Architektur vernehmbare Signale von Macht und Einfluss aussendeten.[34] Einen großen Einfluss übten die Kirchen auf die Entwicklung der Städte aus. Nicht wenige Städte nahmen ihren Anfang mit dem Bau eines Kirchenraumes, um den herum mit der Zeit ein Ensemble von weiteren Gebäuden entstand, was dann wiederum den Anstoß zur Entwicklung größerer Siedlungen gab. An vielen Orten ist bis heute erkennbar, wie Kirchenräume als eine Art Gliederungsprinzip für die Struktur des Stadtbildes dienten. Als Beispiel sei hier nur die Stadt Münster/Westfalen genannt, wo die Gotteshäuser der Stadtentwicklung einen bis heute unübersehbaren Stempel aufgedrückt haben.[35]

---

32 Bahr, Fremde Orte, a. a. O. (Anm. 28), 81.

33 Vgl. Kranemann, Symbole des Religiösen im Urbanen, a. a. O. (Anm. 9), 176.

34 Vgl. z. B. Gerlinde Thalheim (Hrsg.), Wege zur Backsteingotik. Bauten zur Macht, Bonn 2002.

35 Vgl. Manfred Balzer, Frühe Stadtbildung in Westfalen. Die Rolle von Kirchen, in: Werner Freitag (Hrsg.), Die Pfarre in der Stadt. Siedlungskern – Bürgerkirche – urbanes Zentrum, Köln 2011, 1–62.

Fasst man diesen historischen Befund zusammen, dann wird sichtbar, unter welchen Vorzeichen auch die neuen Kirchenbauprojekte stehen. Kirchen waren und sind im urbanen Raum niemals nur Gottesdienstorte, sondern Projektionsflächen für Visionen sowie Austragungsorte von Konflikten um Gesellschaft und Politik. Ihnen kommt nicht einfach nur die Rolle einer Behausung zu, die unabhängig von ihrem sozialen oder baulichen Umfeld existiert.[36] Kirchengebäude prägen das optische Bild einer Stadt, sie bedingen aber auch das Selbstverständnis, aus und von dem eine Stadt lebt. Sie sind ein einflussreicher Speicher des kulturellen und des religiösen Gedächtnisses, aus dem eine Stadt und seine Bewohner schöpfen.[37] Sie machen den öffentlichen Raum und dessen Ausdifferenzierung in religiöse, staatliche und zivilgesellschaftliche Bereiche sichtbar. Sie haben eine kulturelle Bedeutung und dienen im Leben einer Stadt als eine Orientierung, und das neben ihrer liturgischen oder, allgemeiner gesagt, ihrer pastoralen Funktion.[38]

Die Deutsche Bischofskonferenz hat vor einiger Zeit auf diese Zusammenhänge hingewiesen und dabei pointiert herausgestrichen, welche Funktionen ein Kirchenbau für die Öffentlichkeit übernimmt und wie sehr die Rolle eines Kirchenbaus von seiner Einbettung in den Kontext der Stadt abhängt.[39] Das Dokument befasst sich in erster Linie mit der Frage der Umnutzung von Kirchen, es enthält jedoch einen Blick auf die Rolle von Kirchenräumen, der mit unserem Zusammenhang zu tun hat: Die Räume machen die Präsenz der Kirche in der Öffentlichkeit sichtbar und erinnern mitten in unserer Gegenwartskultur an Geschichte und Gegenwart des Christentums; sie sind Orte von individueller und kollek-

---

36 Vgl. Bahr, Fremde Orte, a. a. O. (Anm. 28), 79.

37 Vgl. Anna Körs, Zur gesellschaftlichen Bedeutung von Kirchenräumen in Zeiten religiöser Relativierung, in: PrTh 49 (2014), 29–37: 33; Hans-Georg Soeffner, Kulturrelikt – Reservat – Grenzzeichen. Kirchen in der offenen Gesellschaft, in: ders., Gesellschaft ohne Baldachin. Über die Labilität von Ordnungskonstruktionen, Weilerswist 2000, 124–144.

38 Bahr bezieht sich auf historische Kirchen, ihr Urteil dürfte aber auch auf zeitgenössische Kirchen zutreffen: »Kirchen sind Steinzeichen des Unsichtbaren im Sichtbaren und überschreiten deshalb immer wieder die Bedeutung, die sie für die Topographie einer Stadt haben. In den immer gleichen deutschen Innenstädten mit den auswechselbaren Ladenpassagen und Cityanlagen sind sie oft wie eine schiefe Nase im Gesicht der Stadt, durch die diese allererst einen Charakter erhält« (dies., Fremde Orte, a. a. O. [Anm. 28], 81).

39 Vgl. Kranemann, Innensicht und Außensicht, a. a. O. (Anm. 3).

tiver Identität selbst für Menschen, die sich nicht am kirchlichen Leben beteiligen oder sogar außerhalb der Kirche stehen; sie künden von einer anderen Wirklichkeit, von Gott; schließlich besitzen sie als Stätten von Kunst und Geschichte eine besondere Bedeutung.[40]

Wer einen zeitgenössischen Kirchenbau errichtet und mit Leben füllen will, wird mit diesem Zusammenhang rechnen müssen. Das Beispiel St. Trinitatis zeigt, dass »religiöse Institutionen nicht nur den internen Bedürfnissen der Religionsgemeinschaften allein genügen, sondern eine symbolische Bedeutung für die ganze Gesellschaft haben.«[41] Um den Bau sprechen zu lassen, zumal in einer säkular geprägten Stadt, bedarf es deshalb einer engen Einbindung in das kulturelle Leben dieser Stadt.

4. Ein Kirchenbau in säkularer Gesellschaft

Es wurde bereits erwähnt, dass die neue Propsteikirche in einem Umfeld errichtet ist, das wie kaum ein anderes in Deutschland als durchweg säkular gelten darf. Das Szenario von einer neuen Kirche ist in unserer Gegenwart schon ungewöhnlich genug – eine neue Kirche im Herzen einer ostdeutschen Großstadt übertrifft diese Paradoxie noch um ein Vielfaches. Was bedeutet es für eine säkularisierte Gesellschaft, wenn in ihrer Mitte ein Bau entsteht, der bezeugt, dass Menschen mit Gott leben, rituelle Vollzüge pflegen und ihrer Überzeugung auch einen baulichen Ausdruck geben? Und was bedeutet es für die Rezeption einer neuen Kirche, wenn sie in einer säkularen Gesellschaft das unsichtbare Gottesgeheimnis vor Augen stellt und damit das Muster einer für selbstverständlich gehaltenen Säkularisierung durchbricht?

In den Stellungnahmen zu St. Trinitatis begegnen immer wieder Äußerungen, die sich von der Spannung zwischen sichtbarer Glaubensäußerung und säkularem Umfeld leiten lassen. Den meisten Beobachtern dürfte die Ungleichzeitigkeit bewusst sein, in der die neue Kirche sich bewegt. Was sich als Mehrheitsgesellschaft in Leipzig präsentiert, bildet den Horizont für das eigene Urteil. Von daher ist es nur verständlich, dass sich einige Stellungnahmen auf die religiöse Situation in Ostdeutschland beziehen und daraus eine große Zurückhaltung gegenüber der neuen Kirche entwickeln. Für sie liegt das Problem nicht in der christlichen

40 Vgl. Umnutzung von Kirchen, a. a. O. (Anm. 16), 12f.

41 Gerhards, Nutzen statt umnutzen, a. a. O. (Anm. 2), 161.

Ausrichtung des Neubaus, sondern in dem, was im Umfeld als der Normalfall der Gegenwartskultur gilt. Als ein Beispiel für die daraus erwachsende Irritation kann ein Ausschnitt aus einem Leserbrief dienen, der seine Einschätzung in eine Frage kleidet:

> »Andere Frage, wozu brauchen wir überhaupt noch Kirchen? Es ist ja auch nicht gerade so, dass Deutschland zu wenige von ihnen hätte ...«[42]

Bei diesem Beispiel besteht das Problem nicht darin, dass der Baukörper von St. Trinitatis markante ästhetische Akzente setzt, es liegt auch nicht im religiösen Charakter der neuen Kirche mitten in der Stadt. Hätte dieser Beobachter das Projekt diesbezüglich ablehnen wollen, wäre seine Kritik wahrscheinlich deutlich schärfer ausgefallen. Das Problem liegt auf der Ebene der fundamentalen Ordnungsmuster des Alltagslebens, in das sich die Kirche mit ihrer Botschaft nicht einzufügen scheint. Der Bau bringt etwas zum Ausdruck, was die gängigen Erwartungen eines säkularen Umfeldes infrage stellt. Die stillschweigend vorausgesetzte Normalität vom Verschwinden des Religiösen gerät ins Wanken, deshalb wirkt der Bau irritierend, so wie es ein Zeitungsartikel im Anschluss an die Weihe der Kirche im Sommer 2015 formuliert:

> »Wer die festliche Weihe der neuen Propsteikirche St. Trinitatis in Leipzig miterlebt hat, wird sich verwundert die Augen gerieben haben. Der größte Neubau einer Kirche nach der Wiedervereinigung, noch dazu einer katholischen Kirche, noch dazu im gottlosen Osten, ausgerechnet im protestantischen Sachsen, obendrein am Martin-Luther-Ring und auch noch exakt vis-à-vis dem Rathaus – ist das nicht anachronistisch?«[43]

Die hier genannten Zitate sind wiederum nur ein kleiner Ausschnitt aus der großen Zahl der Meinungsäußerungen, dennoch lassen sie erkennen, wie in einem religiös indifferenten Umfeld ein Kirchenraum große Verlegenheit auslösen kann. Man könnte daraus den Schluss ziehen, es habe sich eine gewisse Gleichgültigkeit gegenüber dem zeitgenössischen Kirchenraum ausgebreitet. Gute Gründe sprechen jedoch dafür, dass die

---

42 Leserkommentar unter http://www.welt.de/kultur/kunst-und-architektur/article144828093/Koennen-wir-im-Westen-keine-Kirchen-mehr-bauen.html (6.5.2016).

43 Dankwart Guratzsch, Entfesselte Leidenschaftslosigkeit, in: Die Welt, 5.8.2015, http://www.welt.de/print/die_welt/kultur/article144823881/Entfesselte-Leidenschaftslosigkeit.html (6.5.2016).

Ratlosigkeit mit der Erosion vieler christlich-kirchlicher Traditionsbestände zu tun hat. Kirchengebäude sind mit Beständigkeit und Tradition verknüpft, den Gebäuden wird zugeschrieben, dass sie kulturelle Werte einer christlich geprägten Gesellschaft verkörpern. Fallen diese tragenden Säulen von Tradition und Kultur fort, verwundert es nicht, dass die Sinngebung der Kirchengebäude tendenziell diffus wird und sich eine gewisse Ratlosigkeit einstellt. Dieser Befund macht es umso dringlicher, einen zeitgenössischen Kirchenbau und seine Aussage durch geeignete Maßnahmen zu erschließen.

5. Ausblick: Orte der Zeitgenossenschaft des Glaubens

Der Durchgang durch die Debatten um einen zeitgenössischen Kirchenbau muss in vielfacher Hinsicht fragmentarisch bleiben. Das gilt zunächst für die Auswahl des Quellenmaterials, die verständlicherweise nur einen kleinen Ausschnitt berücksichtigen konnte. Für eine umfassende Systematisierung bedarf es einer breiteren Quellenbasis, die nicht zuletzt auch sozialwissenschaftlich untersucht werden müsste, so wie es etwa eine soziologische Dissertation mit dem Titel »Gesellschaftliche Bedeutung von Kirchenräumen. Eine raumsoziologische Studie zur Besucherperspektive« durchgeführt hat.[44] Übergangen wurde die Frage nach den Wechselwirkungen von St. Trinitatis mit den anderen Kirchenbauten der Stadt. Dass religiöse Bauten von ihren Betrachtern nicht starr und isoliert gesehen, sondern vielfach zueinander in Beziehung gesetzt werden, dürfte unstrittig sein. Aus der Geschichtsforschung stammt der Begriff der Sakraltopographie, eine Zuschreibung, mit der mehrere religiöse Orte als eine zusammenhängende Größe gemeint sind. Dieser Blick kann auch in unserem Zusammenhang interessante Einsichten über die Rezeption einer neuen Kirche geben. Nicht beachtet haben die Überlegungen schließlich die künstlerische Gestaltung, die für die Rezeption eine einflussreiche Rolle spielt. Auch im Hinblick auf diesen Aspekt, so darf man vermuten, ist der zeitgenössische Kirchenbau nicht auf eine einzige Deutung festgelegt, sondern bietet den Anlass für unterschiedliche Assoziationen.

---

44 Vgl. Anna Körs, Gesellschaftliche Bedeutung von Kirchenräumen. Eine raumsoziologische Studie zur Besucherperspektive, Wiesbaden 2012.

Kirchenräume sind »bedeutungsvariante Räume«.[45] Was gewinnen wir, wenn wir um die verschiedenen Rezeptionsweisen einer zeitgenössischen Kirche wissen? Welche Erkenntnisse bringt der Einblick in die verschiedenen Deutungen eines Kirchengebäudes, vor allem mit Blick auf das Problem, wie dieser Raum über sein liturgisches Standardprogramm hinaus genutzt werden kann? Folgende Antworten auf diese Frage seien abschließend zur Diskussion gestellt.

Erstens entlarvt ein Verständnis, das die unterschiedlichen Bedeutungsvarianzen und Assoziationen ernst zu nehmen weiß, jene Zugänge als zutiefst problematisch, die auf diesem Auge blind sind. Einseitige Einordnungen der Kirchengebäude übersehen das komplexe Geflecht der Deutungen und bieten damit bestenfalls einen Ausschnitt aus dem umfassenden Potential, das einem zeitgenössischen Kirchenbau innewohnt. Das Gebäude nur unter liturgischen oder pastoralen Gesichtspunkten zu sehen und dementsprechend den Schwerpunkt des Interesses auf seine unmittelbar kirchlichen Funktionen zu legen, nimmt ihm seine soziale und kulturelle Dimension. Ein Kirchenraum erschöpft sich weder in Theologie bzw. Liturgie noch in Kunst bzw. Architektur, wie es die Soziologin Anna Körs hervorhebt: »Die von den Kirchenbesuchern zugeschriebenen Bedeutungen bewegen sich in einem Bedeutungsspektrum zwischen den Polen eines architektonisch herausragenden Bauwerks, das aufgrund seiner Außeralltäglichkeit ein besonderes ästhetisches Erleben ermöglicht, und eines Gotteshauses, in dem der christliche Glaube zum Ausdruck kommt und im gottesdienstlichen Geschehen praktiziert wird. Jedoch bezeichnen beide Bedeutungszuschreibungen, die Kirche als Bauwerk auf der einen und als Gotteshaus auf der anderen Seite, eine jeweils idealtypische Ausprägung der bauwerklich-atmosphärischen bzw. religiösen Bedeutungsdimension. In der sozialen Wirklichkeit lassen sich beide einerseits intern vielfältig weiter differenzieren und schließen sich andererseits gegenseitig nicht aus. Vielmehr können ästhetisches und religiöses Erleben vielfältige Verbindungen eingehen, so dass sich die Bedeutung eines Kirchengebäudes kaum je als rein religiös bzw. rein ästhetisch fassen lässt.«[46]

Zweitens wird beim Blick auf die Zusammenhänge deutlich, welche Kreise ein neuer Kirchenbau selbst dort ziehen kann, wo die Zahl sei-

---

45 Körs, Zur gesellschaftlichen Bedeutung von Kirchenräumen in Zeiten religiöser Relativierung, a. a. O. (Anm. 37), 31.

46 Körs, Gesellschaftliche Bedeutung von Kirchenräumen, a. a. O. (Anm. 44), 412f.

ner aktiven Nutzer aller Wahrscheinlichkeit nach klein bleiben wird. Für alle, die eine Verantwortung für das Gebäude tragen, ergeben sich daraus wichtige Aufgaben. Allen voran wird es darauf ankommen, den Bau mit seinem kulturellen und sozialen Umfeld ins Gespräch zu bringen,[47] eine Aufgabe, die für eine zeitgenössische Kirche womöglich noch dringlicher ist als bei einer Kirche, die bereits auf eine lange Tradition zurückblickt und im kollektiven Bewusstsein schon feste Wurzeln geschlagen hat. Eine solche Aufgabe wird Überraschungen mit sich bringen und mit Zugängen konfrontiert sein, die zunächst sperrig erscheinen. Irritationen liegen in der Natur der Sache, stellt doch, wie erwähnt, ein neuer Kirchenbau die scheinbar selbstverständlichen Mechanismen der Säkularisierung in Frage. Um es mit einer Umschreibung von Michel Foucault zu sagen: Zeitgenössische Kirchen sind Heterotopien,[48] Andersorte, die die vordergründig geordnet erscheinende Welt mit ihren Sehnsüchten und Visionen konfrontieren. Umso größere Bedeutung wird den Nutzungskonzepten in der Praxis zukommen müssen.[49]

Drittens kann eine nuancierte Sicht, welche die semantische Deutung der Kirchenbauten auf eine breite Grundlage stellt, dazu beitragen, der Kirche in der Gegenwart ein neues Gesicht zu geben. Mit einem Neubau wird der Anspruch auf eine vernehmbare Rolle im öffentlichen Leben der Gesellschaft sichtbar. Neubauten können, ähnlich wie die oft als missionarisch bezeichneten experimentellen Gottesdienstformen jenseits des Standardprogramms,[50] zu einer ganz neuen Präsenz der Kirche

---

47 Vgl. Monika Schmelzer, Die gesellschaftliche Bedeutung des modernen Kirchenbaus, in: Der sakrale Ort im Wandel, a. a. O. (Anm. 13), 169–178.

48 Vgl. Michel Foucault, Die Heterotopien. Der utopische Körper. Zwei Radiovorträge. Zweisprachige Ausgabe. Übersetzt von Michael Bischoff. Mit einem Nachwort von Daniel Defer, Frankfurt am Main 2005.

49 Vgl. Albert Gerhards/Andreas Poschmann (Hrsg.), Liturgie und Ästhetik, Trier 2013. Von zunehmender Bedeutung ist in diesem Zusammenhang das diakonische Potential der Räume, vgl. Albert Gerhards, »Barmherzigkeit will ich, nicht Opfer« (Mt 9,13). Zur diakonischen Dimension des Kirchengebäudes, in: Benedikt Kranemann u. a. (Hrsg.), Die diakonale Dimension der Liturgie (QD 218), Freiburg/Br. 2006, 246–260; Christoph Sigrist, Kirchen Diakonie Raum. Untersuchungen zu einer diakonischen Nutzung von Kirchenräumen, Zürich 2014.

50 Die Menge der Literatur zu Feiern, die sich im weitesten Sinne als missionarisch verstehen, ist in jüngster Zeit stark angewachsen. Als Konsens gilt, dass diese Feiern die Perspektive von suchenden Menschen einnehmen und von hier aus Hilfen für das Glaubensleben geben wollen. Vgl. dazu Benedikt Kranemann, Liturgie in der Perspektive der anderen. Aufbrüche in die Zukunft des Gottesdienstes aus katholischer

in der Gesellschaft führen. Mit einem neuen Raum, zumal wenn er einen derart prominenten Platz einnimmt wie in Leipzig, können sich Christen als vitale Gesprächspartner in der pluralistischen Gesellschaft präsentieren und das Evangelium als ein tragfähiges Lebenskonzept anbieten. Neue Räume mit ihrer zeitgenössischen Formensprache bieten zahlreiche Möglichkeiten, aus der Perspektive des Glaubens in die Diskurse unserer Zeit einzutreten und Zeugnis zu geben von der Wirklichkeit Gottes und der Hoffnung, aus der Glaubende leben. So gesehen könnte das Anliegen eines differenzierten Zugangs zum Kirchenbau eine neue Form der Treue zur Wirklichkeit und Wahrheit des Glaubens werden. Der Aufmerksamkeit in der Öffentlichkeit, das zeigen die jüngeren Beispiele, darf man sich gewiss sein.

Dass heute kaum noch neue Kirchengebäude errichtet werden, mag man aufgrund der gegebenen Umstände, in denen sich die Kirche der Gegenwart befindet, bedauern. Die Zeiten, in denen der Kirchenbau florierte, sind vorbei und werden nach menschlichem Ermessen auch so schnell nicht zurückkehren. Dennoch besteht kein Anlass zur Klage, denn gerade die geringe Zahl neuer Bauten bietet hinreichenden Anlass, die Frage nach der Rolle und der Identität der Kirche und des Glaubens in nachchristlicher Zeit pointiert weiter durchzubuchstabieren. Wenn heute immer mehr Bücher und Artikel zur Geschichte, zur kulturellen Bedeutung und zur christlichen Botschaft von Kirchen erscheinen, oft aus überraschenden Perspektiven, ist dies ein beredtes Indiz dafür, dass Kirchenbauten in säkularer Zeit nach wie vor faszinieren. Wenn es der Theologie und der Liturgiewissenschaft, aber auch der Praxis gelingt, die hier diskutierten Aspekte aufzugreifen und sich in die Diskurse kompetent einzubringen, ist ein Schritt in die richtige Richtung getan.

Perspektive, in: Hanns Kerner (Hrsg.), Aufbrüche. Gottesdienst im Wandel, Leipzig/Trier 2010, 129–148.

BLUE RELIGION

In der Stadt geht Gott fremd

Matthias Krieg

Sehr geehrte Damen und Herren vom Fach,
ich danke Ihnen für die Einladung zu Ihrem *Fachgespräch*.
Hoffentlich wird mein ungewohntes Fachwerk interessant für Sie.

Meine Rede[1] hat, wie es sich gehört, drei Teile:
eine *Exposition*, die ziemlich persönlich daherkommt,
eine *Durchführung*, die nahezu reine Sachlichkeit verströmt,
eine *Reprise*, die persönlich und sachlich nach vorn schaut.

Exposition

Biographische Annäherungen
Es war 1969, irgendwo in Frankfurt, irgendwo in einem Saal: Schwere Lüster hingen von der Decke, geschliffenes Glas blitzte.

---

1 Diese Rede habe ich am 3.2.2016 in Zürich abgeschlossen und am 9.2.2016 in Leipzig gehalten. Ihr Kontext war das jährliche *Liturgische Fachgespräch*, zu dem Alexander Deeg vom *Liturgiewissenschaftlichen Institut* der VELKD mich eingeladen hatte. Die Rede hatte ein praktisch-theologisches Fachpublikum. Sie war begleitet von Powerpointfolien. Als Redner war ich auch nonverbal präsent. Eine Rede, die einer präsenten Hörerschaft vorgetragen wird, folgt anderen rhetorischen Bedingungen als ein Aufsatz, der von einer virtuellen Leserschaft gelesen wird. Um den Charakter der Rede beizubehalten, sind hier zwei Elemente der Powerpointfolien marginaliter wiedergegeben: die Reihe der Behauptungen, die als Summe der Ausführungen gelesen werden kann, und die Reihe der Bilder, die in der Rede interpretiert werden. Im Lauftext ist die zeilenweise Darstellung der mündlichen Rhetorik beibehalten. Die Rede ist hier um Anmerkungen, wie sie der Aufsatz kennt, ergänzt. Der Autor dankt Herausgeber und Verlag für das Entgegenkommen im Satz des Textes. Bilder, die nicht eigens nachgewiesen werden, stammen aus dem Internet, wo sie in der Regel werbende Funktion haben.

Vornehme Damen mit Stolen lächelten, reife Herren diskutierten.
Dabei lag doch die Revolution längst in der Luft.
Allenthalben roch es nach Schnapsmatrizen.

Ich war vierzehn und ebenso frühreif wie altklug.
Ein Junge vom Land mit Sehnsucht nach der Stadt.
Das *Kommunistische Manifest* hatte ich bereits verschlungen.
Tillichs *The Courage to be* und Sartres *Huis Clos.*
Existentialismus und Marxismus interessierten mich gleichzeitig,
Kierkegaards Krankheiten und Trotzkis Permanenzen.
Jesus war der Befreier der Kleinen, Geplagten und Vergessenen.
Mein großes Bubenherz fühlte so revolutionär wie romantisch.

Nun sitze ich in diesem Saal, der lüsterne Bürgerhimmel über mir,
vor mir eine leere Bühne, einzig ein riesiger Flügel in ihrer Mitte.
Mein Klavierlehrer hat mich mitgenommen zu einem *Liederabend.*
Schuberts *Winterreise,* das erste Konzert meines Lebens.
Fremd bin ich eingezogen ...
Hermann Prey singt. Er tut es weich und leicht.
Konrad Richter begleitet ihn. Er tut es präzis und exakt.
Wunderlicher Alter, soll ich mit dir geh'n?
Willst zu meinen Liedern deine Leier dreh'n?[2]

Und wie ich das will!
Ich schmelze, bin weggetragen, leide an Wörtern und Tönen.
Diese Musik bin ich, sie spricht mir aus der Seele.
Was nie wieder geschehen würde, nun geschieht es:
Ich stelle mich in die Reihe der Jüngerinnen und Jünger,
die linke Strickjacke zwischen bürgerlichen Stolen und Fräcken.
Bis ich vorgelassen werde ins Allerheiligste, wo sie mich fragen:
Du spielst Klavier? Ja. Singst Du auch? Ja.
Ich weise mein *Schubertalbum* vor, *Edition Peters, Band 1.*
Ein Geschenk der Nachbarin, die nichts anzufangen weiß damit.
Die Götter lächeln gnädig, klopfen mir auf die Schultern.
So kam ich zu den einzigen Autogrammen meines Lebens.

[2] Franz Schubert/Wilhelm Müller, Die Winterreise, op. 89/D 911 (1827), in: Max Friedländer (Hrsg.), Franz Schubert, Gesänge 1, Leipzig 1928, 128–129.

Fortan spielte und sang ich Schubert, Schumann, Brahms, Wolf.
Täglich, wohl nicht immer zur Freude der spendablen Nachbarin.
Später dann auch Fauré, Chausson, Poulenc, auch mit anderen.
Deutsches *Lied* und französische *Mélodie*.
Meine *erste* Liebe.

Es war am Gründonnerstag 1999, in Sankt Jakob, in Zürich: Bachs gewaltige Messe in h-moll.
Ich stand mit vier anderen für zwei Stunden auf der Empore, im Bass, unter Spannung, bei Kammerbesetzung. Auch die anderen Stimmen hatten nur vier oder fünf Leute.
Zwei Stunden lang war jeder von uns gefragt und verantwortlich.
Kein Verschwinden mehr in der *Wolke der Zeugen*.
Kein Ausfädeln an heiklen Stellen.
Keine Drückebergerei.
Voll verantwortlich war ich und zwei Stunden gut zu hören.
Wir hatten intensiv geübt, einzeln, im Quartett, als Kammerchor.
Nun kam alles auf alle zu und alles auf jeden an.

Im *Credo* steigert sich gerade die Anspannung.
Wir sind am Angelpunkt der Anlage angelangt.
Das *Crucifixus*[3] singen wir wie Hammerschläge,
immer drei schwere, versetzt mit zwei leichten.
Eine Stimme reicht der anderen den Hammer weiter.
Hier wird genagelt und gefoltert, mitgegangen und mitgehangen.
Über meinen Rücken laufen kalte Schauder.
Zwölfmal hat das *continuo* dieselbe Chromatik schon gespielt.
Den stereotypen *passus duriusculus*.
Die endlose Hinfälligkeit menschlichen Lebens.
Für jeden aus der Schar um Jesus einen passus.
Doch nun, beim dreizehnten, folgt dem c kein h, sondern ein cis.
Das mag ein Wechsel sein.
Totenstill die Kirche. Alles ist aus.
Fermate.

---

3 Johann Sebastian Bach, h-moll-Messe, BWV 232 (1749), in: Gottfried Müller (Hrsg.), Johann Sebastian Bach. Messe in h-moll, Kassel 1955, 149–152 und 153–168.

Doch plötzlich eine Eruption.
Aus der Tiefe himmlischer Jubel!
Das *Resurrexit* mit Pauken und Trompeten!
Elektrisierend, habe ich beim Proben notiert!
Unsere Stimmen werden zu leichtfüßigen Instrumenten.
Die *vox humana* mutiert zur *vox coelestis.*
Kaum bleibt mir Zeit zum Luftholen.
In Sechzehnteln flattern die Ostergirlanden.

Während das *continuo* noch zwanzig Takte lang jubelt,
laufen mir heimlich die Tränen herunter.
Welch eine Musik! Welch eine Aussage!
Welch ein umfassender Spannungsbogen!
Ich hatte mich hingegeben, nun war ich erschöpft.
Kirchenmusik, Liturgie, Messe, Bach.
Meine *zweite* Liebe.

Es war 2004 in München, irgendein Jazzclub, irgendein Trio: Jazz war eigentlich nie meine Sache.
Weil sonst nichts los war, war ich hingegangen.
Unschlüssig stand ich im Gewölbe des Jazzclubs *Unterfahrt.*
Bestaunte die gewerbliche und funktionale Architektur.
Stellte mir das Lager einer Brauerei oder eines Biervertriebs vor.
Sah schwere Kaltblüter schwere Bierwagen hinausziehen.
Ich stand auch unschlüssig, weil ich mich fehl am Platz fühlte.
Eigentlich müsste man dazugehören, um hier reinzukommen,
erklärte man mir bestimmt, um ganz generös nachzugeben,
es wären aber einige nicht erschienen, und gleich gehe es los.
Ich sollte mich halt mal hinsetzen, wo es noch frei wäre.

Das tue ich und komme zwei Meter neben dem Flügel zu sitzen.
Man kennt sich und schwatzt und lacht und nippt und trinkt.
Der Club ist voll von Habitués, Insidern, Kennern.
Da kommen endlich die drei Männer des Trios[4],
weil ich Klavier spiele, interessiert mich der Pianist.

---

[4] Es handelte sich um das Tord-Gustavsen-Trio, das Stücke aus *Changing Places* (ECM 1834) spielte.

Bevor er loslegt, scheint er seinen Flügel zu beschwören.
Das Instrument und sein Virtuose in stummem Zwiegespräch.
Stille Abmachungen über gemeinsame Regeln, denke ich.
Sehr still fängt er an, zaghaft fast, erwachend aus Träumen.
Ich bin sofort eingenommen von Lyrik und Melodie.
Überraschend kühl erinnern sie mich an Norwegens Romantik.
Volksliedhafte Traurigkeit und volkstanzmäßige Heiterkeit.
Fast ein bisschen wie aus *Holbergs Zeit*.

Doch dann zerlegt der Jazz die Lyrik und fügt sie neu zusammen.
Modulierend, crescendierend, synkopierend, accelerierend.
Plötzlich kommen mir ganz heiß Torero und Stier in den Sinn:
Geduckt hockt der Pianist vor dem schwarzen Ungetüm,
berührt es sanft, streichelt, betört, erregt es,
stichelt und bohrt, fordert es heraus mit spitziger Rhythmik,
steigert die Reize, treibt es vor sich her, attackiert,
kämpft, ringt, ficht mit dem schwarz geflügelten Vieh.
Ist selbst so erregt,
dass sein Gesäß den Schemel kaum berührt,
so verwickelt in den Kampf,
dass sein Körper mit den Händen wippt,
so besessen vom Geschehen,
dass seine Finger gespreizt schweben und zittern:
zwei Sperber, rüttelnd hoch über den Tasten,
um sich im richtigen Moment auf sie niederzustürzen.

Ich bin mir sicher, diese Musik gibt es nur jetzt, *hic et nunc*.
Nie wieder würde einer sie genau *so* wiederholen können.
Da sei sie nur im Moment des Spielens und Hörens.
Ein flüchtiges Unikat aus Geistesgegenwart.
Un ange, qui passe.

Und so war ich begeistert.
Hatte mich entführen und bezaubern lassen.
Meine romantische Seele erhielt ihre postmoderne Taufe.
Kammerjazz.
Meine *dritte* Liebe.

Es war im September 2013, im Bezirksspital Männedorf: Der Darmkrebs war operiert, verschwunden waren die dreißig bösen Zentimeter. Dann aber drängten drei schlimme Komplikationen in die Lücke: Blase und Magen arbeiteten nicht mehr, und die Operationsnarbe bekam Risse.
Une saison en Enfer begann, eine Jahreszeit außer mir. Dantes *Inferno*, in das ich verstoßen war, Kreis für Kreis.

WHEN YOU WALK THROUGH A STORM
HOLD YOUR HEAD UP HIGH,
AND DON'T BE AFRAID OF THE DARK
AT THE END OF A STORM
THERE'S A GOLDEN SKY
AND THE SWEET SILVER SONG
OF A LARK

WALK ON, THROUGH THE WIND
WALK ON, THROUGH THE RAIN
THOUGH YOUR DREAMS
BE TOSSED AND BLOWN.

WALK ON, WALK ON,
WITH HOPE IN YOUR HEART,
AND YOU'LL NEVER WALK ALONE,
YOU'LL NEVER WALK ALONE.
WALK ON, WALK ON,
WITH HOPE IN YOUR HEART,
AND YOU'LL NEVER WALK ALONE,
YOU'LL NEVER WALK ALONE.

Am Ende dieser schlimmsten Woche war ich am Ende:
vier künstliche Ausgänge und nach allen Seiten verkabelt,
tagelang fast nichts gegessen und fast nie geschlafen,
Albträume, in Schläuche und Kabel verwickelt zu sein.
Wund gelegen, flach atmend, stetig steigender Blutdruck.
Weder konnte ich ein Buch lesen noch eine Musik hören.
Beim Sprechen reichte die Kraft nur noch für drei Wörter.
Da rief ich statt nach Schmerzmitteln nach einer *Pistole.*

Dieses Wort muss Alarm ausgelöst haben.
Nach wenigen Minuten stehen mehrere Ärzte am Bett.
Was sie mir dann spritzen, will ich nicht wissen.
Jedenfalls erlebe ich den einzigen Trip meines Lebens.
Er ist traumhaft schön und bedeutet die Umkehr.
Ich bin im untersten Kreis der Hölle gewesen.
Der Trip holt mich heraus und leitet den Aufstieg ein.

Zwei Strophen begleiten mich ins Leben nach dem Krebs:
Ich lag in tiefster Todesnacht, du warest meine Sonne.
Die Sonne, die mir zugebracht Licht, Leben, Freud und Wonne.
O Sonne, die das werte Licht des Glaubens in mir zugericht',
wie schön sind deine Strahlen![5]
Die Strophe fliegt mir zu und geht nicht wieder.
Viele Male murmele ich sie mir vor,
während der kurzen Zeit in der Hölle

---

5 Paul Gerhardt, Ich steh an deiner Krippe hier (1653), in: Gesangbuchverein (Hrsg.), Gesangbuch der Evangelisch-reformierten Kirchen der deutschsprachigen Schweiz, Basel/Zürich 1998, Lied 402,3.

und der vielen Wochen des Aufstiegs aus der Unterwelt.
Krippe und Kreuz, Christnacht und Karfreitag, Leben und Tod:
Sie berühren sich in ihr wie in mir.

Die andere Strophe aber ist von ganz anderer Art:
If you walk through a storm hold your head up high
and don't be afraid of the dark.
At the end of a storm is a golden sky
and the sweet silver song of a lark.[6]
In Bordeaux waren wir, am Tag, als die Diagnose eintraf,
auf einem Plakat sahen wir sie, nur wenige Stunden später.
Mein Freund hat das Plakat photographiert,
und nun, im Krankenhaus, schickt er es auf mein Smartphone:
Walk on through the wind, walk on through the rain,
though your dreams be tossed and blown.
Walk on, walk on with hope in your heart,
and you'll never walk alone.
Keine hohe Literatur, kein tiefer Gedanke, keine große Musik.
Emotionales aus der Welt der Sinatras und der Streisands.
Pop, der mich unerwartet berührt.

Beide Strophen trugen mich hinaus aus dem Hades.
Church Hymn meets *Pop Song.*
Beide gehörten zu meiner Auferstehung.
Crossover als Wegbegleiter.
Meine *vierte* Liebe.

Wieso muss er so persönlich daherkommen, fragen Sie sich,
warum diese Zumutung seiner Biographie?
Die *theologische* Antwort: Weil
nur das Gemeinde Jesu Christi baut, was einen Sitz im Leben hat.
Die *lebensweltliche* Antwort: Weil
nur der andere versteht, der auch die eigene Lebenswelt kennt.

---

6 Richard Rodgers/Oscar Hammerstein, You'll Never Walk Alone (1945), in: Carousel (CBS 36825), New York 1945. Der hier verwendete Text aus dem Musical ist identisch mit dem im August 2013 in Bordeaux photographierten Plakat. Er findet sich vielfach auch im Internet. Die Photographie verdanke ich meinem Freund Jordan Castro, Zürich.

Die *kybernetische* Antwort: Weil
nur dort Neues wächst, wo von Anfang an
Partizipation besteht.
Die *musikalische* Antwort: Weil
nur die Kunst Expressivität ermöglicht, die
selbst auch Subjekt ist.

Meine grundlegende Behauptung:
Musik affiziert und motiviert.
Gelingt dies, ist sie eine selbständige Akteurin im Gottesdienst.
Misslingt dies, ist sie seine unselbständige Dekoration.

Ich werde am Du![7]
Der zentrale Satz Martin Bubers gilt auch hier,
er ist *das dialogische Prinzi*p auch des Gottesdienstes.
Musik, die anspricht,
ist ein Subjekt, das mich bewegt und verändert.
Für Entertainment lohnt sich *hic et nunc* das Nachdenken nicht.

Durchführung

Musik und Liturgie als Expressivität

Liebe Freundinnen und Freunde der Kirche,
Musik und Liturgie sind alte Trägerinnen religiöser Expressivität.
Vor und nach den sinnträchtigen Worten kommt die Lautmalerei:
Das *tohuwabohu,* nichts sagt es und alles bedeutet es,
kommt vor dem Wohlklang des Mythos.[8]
Zaw Lazaw und *Qaw Laqaw,* Gebrabbel von Säugling und Säufer,
kommen nach der Wohlgestalt der Prophetie.[9]
Laute sind anthropologisch ältester Ausdruck,
sind biographisch Erstes und Letztes.
Laut und Ton, Schlag und Melodie, Polyrhythmie und Polyphonie.
Schritt und Sequenz, Gestik und Mimik, Tanz und Theater.
Atavistisch und postmodern, ältest und jüngst, ewig neu.

Immer schon drückt sich der Mensch aus über Musik und Liturgie.
Sie trägt ihn, und er trägt sie,
und heliktisch tragen sie einander aus.

---

7 Martin Buber, Das dialogische Prinzip, Heidelberg 1973, 15.
8 Gen 1,2; alle Bibelstellen nach der Zürcher Bibel, Zürich 2007.
9 Jes 28,10.13.

In sieben Schritten nähere ich mich dem Phänomen,
das ich *blue religion* nenne.[10]

Die Epoche
Ich glaube nicht, dass unser Raum *konfessionslos* ist.
Eher ist er *nach*konfessionell und *nach*christlich, gar *nach*säkular.
Nach bedeutet nicht *entleert*, eher *entfremdet* oder *unterwegs*.
Kirche selbst ist ja von Anfang an ein *Nach*phänomen.
Dank ihrer Geschichte ist sie *die* Fachfrau für Nachphänomene.

Kirche beginnt am offenen Grab.[11]
Mit drei überraschten Frauen
und einem geheimnisvollen jungen Mann.
Mit einer Ruhebank, wo Jesus lag
und der Christus nicht mehr ist.
Mit einer Flucht vor dieser Leerstelle,
starr vor Angst und Entsetzen.
So wirkt, was gerade nicht mehr ist,
Abwesendes im Anwesenden.
Erinnerungen werden verschriftet und Zeugnisse gesammelt,
Kanons erstellt und Bekenntnisse sanktioniert.
In nachapostolischer Epoche entstehen Gemeinden und Bünde.

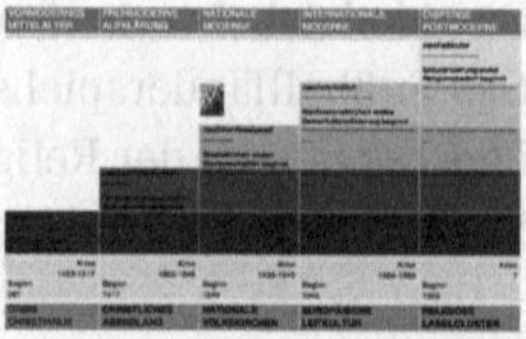

Ihr folgt die konstantinische, die auch eine nachbiblische ist,
ihr die konfessionelle, die auch eine nachkonstantinische ist,
ihr die volkskirchliche, die auch eine nachkonfessionelle ist,
ihr die säkularisierte, die auch eine nachchristliche ist,
ihr die deinstitutionalisierte, die auch eine nachsäkulare ist.

Ich glaube, dass alle Epochen im kollektiven Gedächtnis bleiben.
Zum kulturellen Kapital gehören sie und zum religiösen Potential.
Post lebt vom Ante, Nach vom Vor, Dereinst vom Einst.
Alles ist aus seiner epochalen Fassung, aber nichts geht verloren:

---

10 Zum Phänomen vgl. Hubert Knoblauch, Populäre Religion. Auf dem Weg in eine spirituelle Gesellschaft, Frankfurt a. M. 2009; ders., Die Verflüchtigung der Religion ins Religiöse, in: Thomas Luckmann, Die unsichtbare Religion, Frankfurt a. M. 1991, 7–41 (Einleitung zur Neuausgabe von *Invisible Religion*).

11 Mk 16,1–8.

Der postmoderne Bischof träumt im Stillen konstantinisch.
Die nachchristliche Kirchenleitung entscheidet institutionell.
Die nachsäkulare Regierung kämpft fürs christliche Abendland.

blue religion entsteht in diesem Fassungslosen und Unverlorenen.
Alle Fragmente des Ungleichzeitigen sind gleichzeitig verfügbar: Die Passantin der Stadt findet ihre Seele in der alten Kathedrale.

Meine erste Behauptung:
blue religion
lebt aus der Gleichzeitigkeit des Ungleichzeitigen und nutzt frei flottierende Fragmente aus allen Epochen der Kirche.

Das Modelabel verheißt ozeanische Gefühle in der *skinny jeans.*
Das Fußballländerspiel schafft sich einen liturgischen Rahmen.
blue religion ist der Religionsbedarf der dispersen Postmoderne.
Synchrone Anachronismen als Regel des Spiels.

Die Religion
Zuerst sah ich ihn in Melbourne, aufgedruckt auf einem T-Shirt,
und dachte daran, ein Bild von ihm zu finden und heute zu zeigen.
Doch dann entdeckte ich, dass der Spruch ein Zitat ist,
ein Bekenntnis, das Jimi Hendrix geäußert haben soll:
Wer nach Bildern googelt, ahnt die Breite seiner Verwendung.
Eine virtuelle Gemeinde trägt es durch die Straßen der Welt.

Ob echt oder untergeschoben, es ist noch mehr zu finden,
von Hendrix, dem nachmaligen *Blumenkind,*
ganz ohne Religion aufgewachsen in einer zerbrochenen Familie:

I believed in myself more than anything.
And, I suppose in a way, that's also believing in God.
If there is a God, and He made you,
then if you believe in yourself, you're also
believing in Him ...
That doesn't mean you've got to believe
in heaven and hell and all that stuff.
But it does mean that what you are and
what you do is your religion ...
When I get up on stage, well,
that's my whole life, that's my religion.

My music is electric church music,
if by ›church‹ you mean ›religion‹, I am electric religion.[12]

Diese Selbstbeschreibung enthält beide Seiten der Religion:
Den *humanen* Input und den *institutionellen* Output,
die *Sehnsucht* des einzelnen Menschen,
es möge ein Gott sein,
und den *Heiligen Kosmos* der Institution,
die ihren Gott für ihn aufbewahrt.

Heaven and hell and all that stuff ist institutioneller Output:
die *credenda* der Kirche, die *fides quae* ihrer Dogmatik,
theologische Richtigkeiten der lehrenden und erziehenden Kirche,
väterlicher und mütterlicher *stuff, you've got to believe.*
Nichts gegen *all that stuff*, er ist aber nicht die ganze Religion!
Vor allem ist er ohne die erste Hälfte nichts als museal:
unantastbares Familienporzellan, klerikale Vitrine, Exponat.
Gelegentlicher Stoff für klerikale Mitgliedschaftsstudien,
jene zehnjährlichen Anleitungen zum landesweiten Traurigsein,
oder Joints für verzweifelte Anhänger der Säkularisierungsthese.
Keine Frage, der Heilige Kosmos ist wertvolles Kulturgut,
aber nur für jene, die ihn verstehen, mit ihm leben, ihn lieben.

I am electric religion, das ist humaner Input:
Das *transcendere* und *credere* des Einzelnen, seine *fides qua*,[13]
Sehnsucht nach dem, was er selbst nicht ist, nicht hat, nicht kann.
Die Bühne: für Hendrix *my whole life*,
und seine Musik: *my religion*.
Seine individuelle Expressivität,
mit der er aus sich heraus- und über sich hinausgeht.
Seine Musik ist seine Kirchenmusik und sein Gottesdienst.

Elia am Horeb, Mose am Dornbusch, Jesus in Getsemani:
Gott begegnet nicht notwendig an dafür vorgesehenen Orten.
Stabilitas loci tauscht er zuweilen gegen *consuetudo peregrinandi.*

---

12 Vgl. https://en.wikiquote.org/wiki/Talk:Jimi_Hendrix (23.3.2016).

13 Vgl. Thomas Luckmann, Die anthropologische Bedingung der Religion, in: Die unsichtbare Religion (1967 als *Invisible Religion*), Frankfurt a. M. 1991, 77–86.

Manchmal ist er aushäusig und unterwegs, geht fremd, inkognito,
ist dann der Gott des Mehr oder Weniger, komparativisch, anders.

Fecisti nos ad te,
heißt es bei Augustinus 397 in seinen *Confessiones,*
et inquietum est cor nostrum, donec requiescat in te.[14]
Zwingli findet 1522, *dass die Sehnsucht nach der Seligkeit*
uns mit unserer Natur mitgegeben ist,
nicht aber mit der Natur des Fleisches oder der Leidenschaften,
sondern durch die Ebenbildlichkeit,
die uns der Werkmeister Gott eingeprägt hat.[15]
Schleiermacher führt 1799 in seiner gesamten zweiten Rede aus,
wie *Religion Sinn und Geschmack für das Unendliche* ist.[16]
Henning Luther versteht Religion 1992 *im Kern*
gerade nicht als Sinnstiftung oder Bewältigung von Kontingenz.
Sie bewahre *vielmehr die Zerrissenheit, aus der sie lebt.*
Sie sei *Einspruch gegen eine Welt,*
die ohne Tränen der Trauer ist.[17]
Unruhe des Herzens gilt Gott, nicht einer neuen Kirchenordnung.
Sehnsucht gilt der Seligkeit, nicht einem renovierten Dom.
Geschmack gilt dem Unendlichen, nicht einer Glaubenslehre.
Einspruch gilt der Zerrissenheit, nicht ihrer Bewältigung.
Electric religion.
Augustin, Zwingli, Schleiermacher, Luther:
viele wären zu nennen,
die sich für Religion im Komparativ ausgesprochen haben.

Neben Theologen vor allen anderen immer wieder die Poeten:
Higgelti Piggelti Pop!

---

14 Josef Bernhart (Hrsg.), Augustinus. Bekenntnisse und Gottesstaat, Stuttgart 1965, 63.

15 Huldrych Zwingli, Die Klarheit und Gewissheit des Wortes Gottes, in: Thomas Brunnschweiler/Samuel Lutz (Hrsg.), Huldrych Zwingli. Schriften 1, Zürich 1995, 112.

16 Ich verstehe Friedrich Schleiermacher als den modernen Vater dieser Beobachtung, die allerdings erst in der nachsäkularen Postmoderne zu ihrer vollen Sichtbarkeit gekommen ist. Vgl. Friedrich Schleiermacher, Über das Wesen der Religion, in: Niklaus Peter (Hrsg.), Friedrich Schleiermacher. Über die Religion. Studienausgabe, Zürich 2012, 34–114 (Rede 2 von 5).

17 Henning Luther, Religion als Weltabstand, in: ders., Religion und Alltag. Bausteine zu einer Praktischen Theologie des Subjekts, Stuttgart 1992, 27.

Es muss im Leben mehr als alles geben.[18]
Positiv und Superlativ aber, *das Eiapopeia vom Himmel*,
überlassen sie mit Heine *den Engeln und den Spatzen.*[19]

blue religion nenne ich die Religion der *blue hour*,
jener unbestimmten Stunde zwischen Tag und Nacht,
die Religion des blauen Montags statt des rosigen Sonntags,
die subjektive und expressive,
die postmoderne und nachsäkulare,
die deinstitutionalisierte und synkretistische,
die ephemere und passagere Religion des Inputs:
jung und wild, schräg und recycelt, hungrig und durstig,
avantgardistisch und nostalgisch, emotional und utopisch.

blue religion begegnete mir zuletzt am Samstag,
im *Inflight Magazine* der Lufthansa,
beim Artikel über die Blues-Szene in Chicago,
auf dem T-Shirt einer Schwarzen rückseitig aufgedruckt:
If you don't dig the blues,
you got a hole in your soul.

blue religion bedeutet
Religion in der Passage,
passagere Religion von Passanten,
urbanes religiöses Nomadentum:
Sara & Abraham am Broadway,
Hagar & Ismael im Hamam,
Mose & Aaron im Shopville,
Jesus & Petrus im Penthouse,
und Paulus? Paulus im Imax![20]

---

18 Maurice Sendak, Higglety Pigglety Pop! or There Must Be More to Life, Zürich 1969.

19 Heinrich Heine, Deutschland. Ein Wintermärchen, in: Hermann R. Leber (Hrsg.), Heinrich Heines Werke in einem Band, Salzburg o. J. (1970), 610–611.

20 Zur Verfremdung als einem heuristischen Mittel der Dramaturgie, Einsicht und Verstehen zu schaffen, vgl. Martin Esslin, Brecht. Das Paradox des politischen Dichters, München 1970, 164–196.

> *Meine zweite Behauptung:*
> *blue religion*
> ist Religion im Komparativ, wo
> *alles mit Religion* getan wird
> und *nichts aus Religion.*

Das Gegenüber

Fünfzig Jahre technischer Revolutionen
brachten zuerst eine Mobilisierung und
dann eine Medialisierung,
zuerst physisch und lokal, dann vor allem
virtuell und global.
Aus ihnen ging auch eine mental-habituelle Revolution hervor:
Das Grundprivileg der Götter, ihre Ubiquität, ist nun trivialisiert.
Jeder kann immerfort und überall präsent sein.
Nie zuvor erlebten Menschen derart umfassende Veränderungen.
Kirchliche Milieustudien machen sie sichtbar, hier die von Zürich:
Die horizontale Bewegung von West nach Ost ist eine Bewegung
auf der Zeit- und Werteachse von 1950 bis 2010.
Die vertikale Bewegung von Süd nach Nord ist eine Bewegung
auf der Bildungs- und Einkommensachse von wenig zu viel.[21]

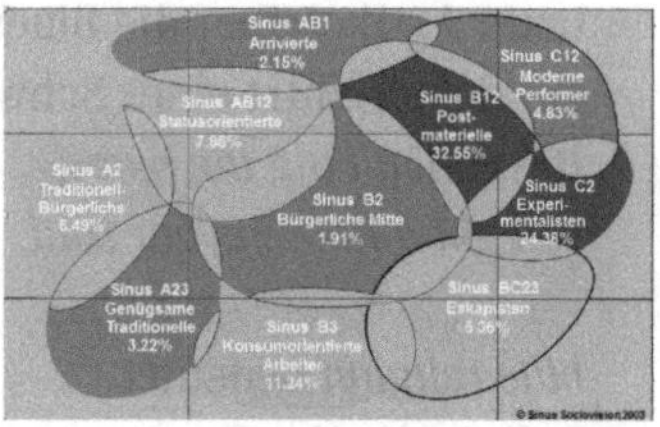

Je weiter von Südwest nach Nordost,
desto mobiler und medialer die Menschen,
desto fluider, globaler, virtueller, passagerer, punktueller, desto projektorientierter und lebensabschnittlicher.
Je weiter von Nordost nach Südwest,
desto sesshafter und traditionaler die Menschen, desto fixierter, lokaler, territorialer, verwurzelter, linearer,
desto zyklusorientierter und lebenslänglicher.

Je weiter von Süd nach Nord,
desto beteiligter, gebender, leitender,
desto mehr Eigenverantwortung und Mitwirkung,
desto unklarer der Unterschied zwischen Arbeitszeit und Freizeit.
Je weiter von Nord nach Süd,
desto vergessener, nehmender, verlierender,

[21] Roland Diethelm/Matthias Krieg/Thomas Schlag (Hrsg.), Lebenswelten. Modelle kirchlicher Zukunft, Zürich 2012. Das Zwillingswerk besteht aus der Sinusstudie, erarbeitet von Silke Borgstedt und einem Projektteam, und der Orientierungshilfe, erarbeitet von Roland Diethelm, Matthias Krieg und einem Projektteam. Die Graphik stammt aus der Orientierungshilfe, 96; vgl. die Graphiken auf den Seiten 86–107.

desto mehr Bedürftigkeit und Hilfserwartung,
desto schärfer die Schnittstelle zwischen Malochen und Fun.

Streifzüge in der Geographie der Milieulagen
offenbaren sanfte Übergänge und harte Gegenüber.
Erreichte Milieus im Westen erwarten die *nationale Volkskirche.*
Distanzierte in der Mitte allenfalls noch die *europäische Leitkultur.*
Ferne im Osten und Süden basteln längst *religiöse Labelcluster.*
Von West nach Ost nimmt die Deinstitutionalisierung zu.
Auch kirchlich erreichte traditionale Milieus haben ihre Bricolagen.

Cluster und Bricolagen spielen mit den Möglichkeiten,
die es aus allen Teilen der Geschichte und der Welt gibt,
ob Auslage, T-Shirt, Plakat oder Restaurant,
ob Streetart, Bodyart, Jeans oder Kosmetik:
Im öffentlichen Raum blühen die religiösen Allusionen
und in den Subtexten blüht die religiöse Sehnsucht.[22]
Welche?

Sehnsucht nach der alten Zeit?
Der Innenraum des Ladens simuliert eine
alte Manufaktur.
Nach persönlichen Geschichten?
An jeder Nähmaschine saß mal eine unverwechselbare Frau.
Nach sinnvoller und gewürdigter Arbeit?
Handarbeit war dies, deren Ergebnis sie und
andere auch sahen. Nach Originalität?
Wer hier kauft, soll wissen, woher das Kleidungsstück kommt.
All Saints stellt im Schaufenster nicht die Produkte aus,
sondern ehrt die vielen Produzierenden.

Sehnsucht nach den Fans?
Devotionalien machen Gleichgesinnte erkennbar.
Nach der Fankurve?
Dort kommen die Heiligen ihren Verehrern regelmäßig nah.

---

22 Zu den folgenden acht Interpretationen vgl. Wolfgang Ullrich, Habenwollen. Wie funktioniert die Konsumkultur?, Frankfurt a. M. 2009.

Nach der Fangemeinde?
Viele Clubs haben eigene Choräle und üben sie vorher ein.
Nach einer spannenden und emotionalen Kirche?
Hier kommen die *vibrations* zuerst, die *interpretations* später.
Der *FC Liverpool* gibt sich als *my religion*, das Stadion in Anfield als *my church*.

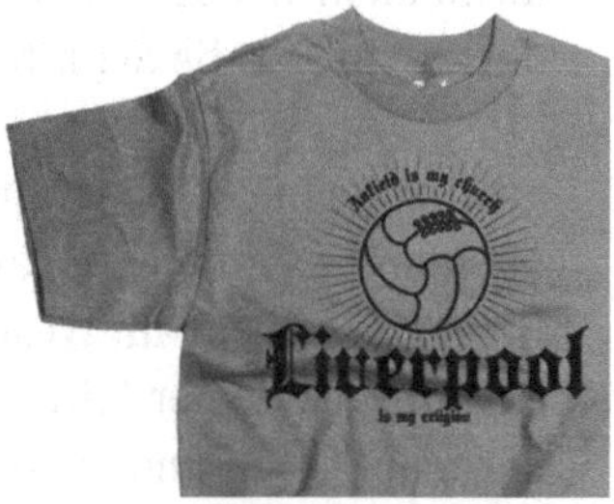

Sehnsucht nach Stil in der Religion?
Das Plakat spielt mit ehemals hochkirchlicher Ikonographie.
Nach Frauen in kirchlicher Verantwortung? Jesus und Petrus, alle außer Johannes, sind weiblich.
Nach Glaube, der Erotik integriert statt exkommuniziert?
Der einzige Mann, der Lieblingsjünger, ist hier die erotische Ikone.
Nach gut gekleideten Menschen in der Kirche?
Hier sind jene im Zentrum, die dort fast nie vorkommen.
Girbaud stellt Leonardos Abendmahl pointenreich nach und setzt darauf, dass der Passant die Travestie erkennt.

Sehnsucht nach Gemeinschaft?
In Städten überwiegen regelmäßig die Ein-Personen-Haushalte.
Nach heiligem Essen und heiliger Nahrung? Überfluss stellt die Frage, was wirklich, gesund, nachhaltig nährt.
Nach andauerndem Leben?
Ultimatives Essen und apotropäisches Speiseopfer mischen sich.
Nach Ritualen?
Basale Vorgänge wie Essen und Trinken sind mehr als trivial.
Die Londoner Kette edler Restaurants mit Kultstatus bietet eine Speisekarte mit biblisch-kirchlichen Reminiszenzen.[23]

---

[23] Die Photographie verdanke ich meinem Kollegen Thomas Schaufelberger, Zürich.

Sehnsucht nach Nischen?
Stadtentwicklung schafft auch Brachen, Nischen und Zwickel.
Nach inspirierenden Gedanken?
Im Geplapper der Sprüche die geistreiche Herausforderung.
Nach öffentlichem religiösem Diskurs?
Wider die Privatisierung und Instrumentalisierung der Religion.
Nach Revolution?
Streetart hockt im Graubereich von Legitimität und Legalität.
Banksy hintergeht religiöse, ethische, politische Klischees und malt mit doppeltem Boden und doppelter Pointe.[24]

Sehnsucht nach einem Tabuzeichen?
Tattoos ziehen an und machen zugleich unberührbar.
Nach einem eigenen Genius oder Schutzengel? Unverlierbare Mittlerfiguren begleiten einen durchs Leben.
Nach dem immergültigen und unauslöschlichen Mantra?
Heilige Wörter in heiligen Schriften heiligen das eigene Wesen.
Nach öffentlichem Bekennen?
Wer eines hat, zeigt es und riskiert, danach gefragt zu werden.
Ein geschätztes Drittel aller Tattoos hat religiöse Bezüge und bedient sich am Heiligen Kosmos vieler Religionen.

Sehnsucht nach kleidsamer Religion?
Einer Religion, mit der man sich stolz auf die Straße traut.
Nach tragbaren Glaubensaussagen?
Einem Glauben, der meinen Proportionen entspricht.
Nach echter und wahrer Religion?
Einer Religion, die kein Fake und keine Lüge ist.

24 Banksy, Streetart; in: http://edition.cnn.com/2015/12/11/europe/banksy-steve-jobs-graffiti/ (31.3.2016).

Nach einer überzeugenden Mischung aus fromm und sexy?
Einer, die lustmachend ist statt lustbremsend.
True Religion gehört zu den teuersten Jeanslabels
und betreibt im Netz eine Community samt Magazin.

Sehnsucht nach einer Aura?
Reinheit, die den Körper einhüllt wie
Maria in der Mandorla.

Nach Salbung und Ausstrahlung?
Priester, König und Prophet in eigener Verantwortung.
Nach Heiligung im Alltag?
Parfums tragen einen Nimbus durch den Tag.
Nach Sinngebung in Übergängen?
An der Schnittstelle von Nacht und Tag geschieht das Besondere.
Rituals verkauft Hygiene als tägliche rituelle Handlung,
bei der jeder Mensch sein eigener Priester ist.

blue religion mag unkultiviert daherkommen, roh und schräg, unreflektiert und emotional, vielleicht infantil und regressiv.
Sie mag nicht in wohlgesetzten Worten daherkommen, eher stammelnd und unzensiert, auch nicht immer salonfähig,
im *slang* und *dirty talk* der Hinterhöfe und Industriebrachen,
als subkultureller *trash* von *outcasts*, aber elektrisierend.
blue religion gedeiht im Zwielicht und ist sinister.
Sie mag sich umgekehrt eleganter Labels bedienen,
weltgewandt und weitgereist, gediegen und edel,
eine *performance* von *beaus, snobs* und *dandies,*
eine *wellness* von *yuppies, dinkies* und *selfies.*
Immer wird sie unübersehbar für Augen, die sehen,
und in der Musik unüberhörbar für Ohren, die hören.

> *Meine dritte Behauptung:*
> *blue religion*
> ist öffentliche Expressivität durch Allusionen und Subtexte, interpretierbar als Sehnsucht nach dem ganz Anderen.

Das Miteinander
Schleiermacher bemerkte 1799 über die Religion:
Ihr Wesen ist weder Denken noch Handeln,
sondern Anschauung und Gefühl.
Anschauen will sie das Universum,
in seinen eigenen Darstellungen und Handlungen

will sie es andächtig belauschen,
von seinen unmittelbaren Einflüssen
will sie sich in kindlicher Passivität ergreifen und erfüllen lassen.[25]
causa prima religionis ist dies, ihre raison d'être, ihr Sinn.
Glaubenslehre fürs Denken aber und *Sittenlehre* fürs Handeln,
die sind für ihn nicht mehr Religion, sondern bereits Theologie.
causa secunda religionis sind sie, Vertiefung und Überbau.
Theologie ist also die kritische Reflexion des Religiösen.
Kein Zweifel, dass wir sie brauchen, notwendig und wegweisend,
doch selbst beste Reflexion beeindruckt die erste Religion nicht.
Die causa prima bleibt, selbst wenn die causa secunda vergeht.
Ich nenne letztere *Religion als institutionellen Output.*
Religion als humaner Input aber sind *Anschauung und Gefühl.*
Ich nenne sie *Expressivität und Sehnsucht.*

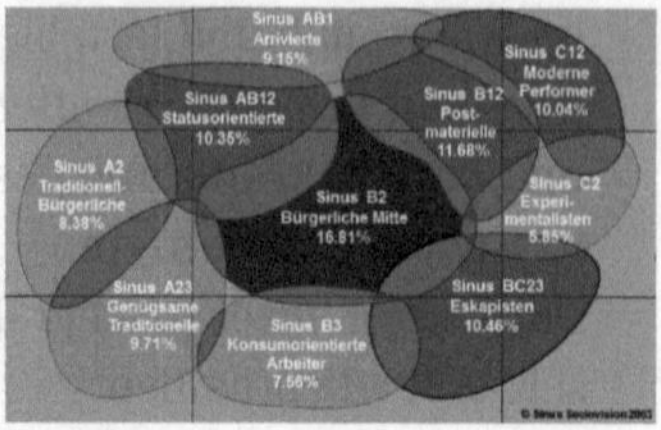

Die Sorge mancher Kirchenleitender,
lebensweltliche Arbeit zerstöre die Einheit der Kirche, ist so unbegründet wie kurzschlüssig:
Ihre Einheit wäre ja bereits zerstört, wenn sie die zwei erreichten Lebenswelten für das Ganze hielte.
Täte sie dies, so verlöre sie allerdings ihre Mission.
Umgekehrt eint der Religionsbedarf, den alle Milieus haben:
westliche mehr nach Output, östliche mehr nach Input.
Alle haben je unter sich gemeinsame Träger ihrer Expressivität.
Alle suchen *Anschauung* und haben *Gefühl.*
Musik und Liturgie lieben alle:
Laut und Ton, Schlag und Melodie, Polyrhythmie und Polyphonie.
Schritt und Sequenz, Gestik und Mimik, Tanz und Theater.

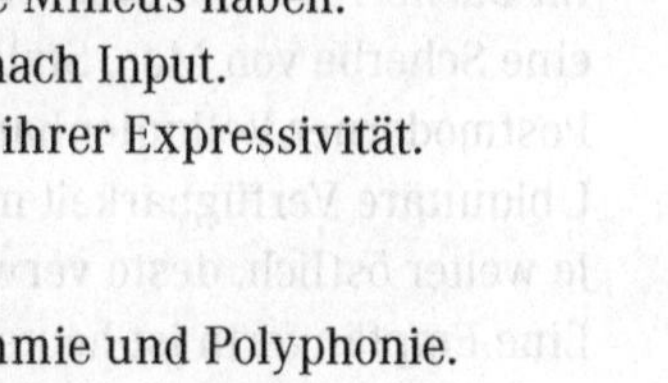

Dies ist ein Versuch, der nach Überbietung durch Besseres ruft. Als Amateur auf dem Feld der Musik will ich damit nur anregen:
Ich nenne Musikbereiche ohne und mit Affinität zur Religion.

25 Peter, a. a. O. (Anm. 16), 45.

Ich vermute mal,
dass unser Kirchengesangbuch das westliche Drittel erreicht
und unsere klassische Kirchenmusik das nordwestliche Dreieck.

Die Website von *publisuisse* lässt milieutypische Musik laufen[26]:
Ein Klavierkonzert, wenn man das Feld der Arrivierten berührt,
Udo Jürgens bei Traditionellen, einen Ländler bei Genügsamen,
einen Schlager bei den Konsumorientierten.
Sinus publizierte 2010 eine Untersuchung mit deutschen Hitlisten,
milieutypische Stilpräferenzen in teutonischen Landen.[27]

> *Meine vierte Behauptung:*
> *blue religion*
> ist religiöser und kultureller Synkretismus aus Grenzüberschreitung, bei der die entstehende Verwirrung kreativ wird und so neuerlich *Anschauung und Gefühl* produziert.

Ein wesentliches Kennzeichen der Postmoderne ist das Verwischen und Verschwinden klassischer Grenzziehungen:
Alt und neu, drinnen und draußen, unten und oben, nah und fern bieten heute ebenso wenig sichere Orientierung wie heilig und profan, krank und gesund, aktiv und passiv, rein und unrein.
Denkmäler ideologischer Helden stürzen seit 1989 allenthalben.
Führer fallen vom Sockel und zerstieben in tausend Stücke.
Jeder kann sich ihrer nun bedienen, nostalgisch oder energetisch:
Im Bücherregal ein Stück von der Berliner Mauer,
eine Scherbe von Mao, Stalin, Saddam auf dem Kaminsims.
Postmoderner Reliquienhandel und atavistischer Totenkult.
Ubiquitäre Verfügbarkeit macht das Unberührbare konsumierbar.
Je weiter östlich, desto verwischter die alten Grenzziehungen.
Eine Empfängerin ist heute zugleich eine Senderin,
eine Produzentin zugleich eine Konsumentin,
Täter auch Opfer, Verlierer auch Gewinner, der *user* auch *used*.
Je weiter östlich, desto überlagerter alte Festlegungen von Rollen.

An die Stelle einstmals klar definierter Grenzziehungen,
so zwischen E-Musik und U-Musik, Hochkultur und Popkultur,

---

26 Vgl. http://www.publisuisse.ch/106997 (30.3.2016).

27 Die Graphik stammt aus dem Netz, war aber zum Zeitpunkt der Drucklegung leider nicht mehr zu finden.

treten explorative Neugier und experimentelle Cluster.
Was kommunikativ die *Mehrsystemrelevanz* ist, die gleichzeitige Bedeutung für mehrere Gesellschaftsbereiche, sind soziologisch die *Bricolage* und kulturell das *Crossover*, ethnologisch das *Amalgam* und theologisch der *Synkretismus.*
Borderline als kreative Verwirrung.
Grenzüberschreitung als Prinzip.
Church hymn meets pop song.
Digital nomads allüberall.

Gerichtetes Stillsein
alias Meditation
Heiliges Begehen
alias Liturgie
Nachvollziehen eines Wechsels
alias Kasualie
Reden mit dem Göttlichen
alias Gebet
Wiederholung heiliger Worte
alias Lesung
Wechselseitiges Interpretieren von Wort und Erfahrung
alias Predigt
Öffentliches Sichzeigen
alias Bekenntnis
Symbolisches Essen
alias Abendmahl
Einstimmen in die Vielen
alias Kirchenlied

Die Typologie
Wenn Kirche und Theologie nicht mit zwei von zehn Lebenswelten ins Ghetto gehen wollen, müssen sie dringend den religiösen Synkretismus rehabilitieren und ebenso dringend den institutionellen Purismus verbannen.
Das Saxophon ist so gut ein Kircheninstrument wie die Orgel,
die Percussion wirkt ebenso besinnlich wie das Zwischenspiel,
der Poetry Slam verkündigt so gut wie die Kanzelrede,
meditatives Gehen ist ebenso liturgisch wie der Introitus.
Kirche, die ihrer Mission nachkommen will,
wird dringend ihre monokulturellen Königsdisziplinen abschaffen
und eine Diversität lebensweltlicher Expressivität wachsen lassen.
Kirche mit einer Mission ist partizipativ und kommunitär.

Auch dies ist nur ein verbesserlicher Versuch, der anregen will.
Ich frage strukturalistisch nach Genotyp und Phänotyp
und sehe:
Es gibt wohl mindestens die neun gottesdienstlichen Genotypen
des *Gerichteten Stillseins,*
des *Heiligen Begehens,*
des *Nachvollziehens eines Wechsels,*
des *Redens mit dem Göttlichen,*
des *Wiederholens heiliger Worte,*
des *Wechselseitigen Interpretierens von Worten und Erfahrungen,*

des *Öffentlichen Sichzeigens,*
des *Symbolischen Essens*
und des *Einstimmens in die Vielen.*

> *Meine fünfte Behauptung:*
> *blue religion*
> zeigt das religiöse Potential der Gegenwart, das partizipativ und kreativ entfaltet werden kann,
> auch unter Nutzung des kulturellen Kapitals der Vergangenheit.

Hätte ich jetzt jeweils die geläufigen Bezeichnungen genannt, also *Meditation, Liturgie, Kasualie, Gebet* und *Lesung, Predigt, Bekenntnis, Abendmahl* und *Kirchenlied,*
so hätte ich bereits die institutionelle Nomenklatur verwendet, die christlich definierten Bezeichnungen des Familienporzellans.
Ich denke aber, dass diese Genotypen zeitlos und weltweit sind.
Sie generieren eine große Vielfalt von Phänotypen,
in jeder Religion, in jeder Zeitepoche, in jeder Lebenswelt andere,
und dies immer kontextuell und immer spezifisch.

Reden mit dem Göttlichen beispielsweise kann fixes Tischgebet sein oder unartikulierter Stoßseufzer, alte Litanei oder offene Gebetsgemeinschaft, stummes Zettelgespräch oder auswendiges Unservater.
Einstimmen in die Vielen beispielsweise kann mitgedachte Sequenz sein oder mitgesungener Choral, überschwängliche Hymne, getanzter Walzer, klopfender Rap, ein Mantra oder auch die nonverbale Geste aller zur selben Zeit.

Alle Kulturen, Religionen und Lebenswelten pflegen derlei,
doch niemals und nirgends mit derselben Expressivität.
Weil dies schon immer so war,
im Alten Testament so gut wie im Neuen,
in der Frühen Kirche so gut wie in der Reformatorischen,
weil es normative Idealzustände *in* der Geschichte nicht gibt,
sondern der ideale Gottesdienst eschatologisch erst noch kommt,
gebären strukturelle Genotypen
weiterhin kontextuelle Phänotypen,
und kein theologisches Kriterium ist da, das zu wissen hülfe,
wie Gottes Hitliste der Phänotypen aussieht,

welches *rating* und *ranking* der Holy Spirit unterhält, oder wer bei den Engeln die *charts* anführt.

Damit hat die Liturgiewissenschaft ihre lebensweltliche Aufgabe:
Wie meditieren Performer, und wie beten Eskapisten?
Wie geht Verkündigung bei Konsumorientierten?
Wie stimmen Arrivierte ein in die Vielen?
Die Neunertafel lässt sich zehnfach konjugieren und deklinieren.
Lebensweltlich freilich nur *mit* den Menschen und nicht *für* sie.
Theologisch nur im Modus des *Immanuel* und nicht der *Fortuna*.
Die Zukunft der Kirche wird partizipativ sein oder nicht sein.

Wo das religiöse Potential liegt,
zeigen vielfältig die Phänomene der *blue religion*.
Wie man partizipativ und kreativ wird,
zeigen diversifiziert anglikanische *fresh expressions of Church*.[28]
Der deuteronomistische Modus der Kirche ist in der Dekadenz.
Ihre Migrationserfahrung aber birgt die Kräfte der Veränderung.

Sechstens: Die Verortungen
Die Zürcher Milieustudie fragte nach den milieutypischen Orten.
Grundlage war die Trias aus Idiotopie, Heterotopie, Utopie.
Lyonel Feininger, der New Yorker Jude,
der auch in Berlin, Weimar und Dessau zu Hause war,
malte Deutschlands Dorfkirchen und Stadtkirchen,
hier die Kirchen von Halle.
Was waren *Marienkirche* und *Dom* für Feininger?[29]
Heterotopien, vermute ich mal.

---

[28] Vgl. Sabrina Müller, Fresh Expressions of Church: Ekklesiologische Beobachtungen und Interpretationen einer neuen kirchlichen Bewegung, Zürich 2016.

[29] Kunstmuseum Moritzburg, Halle, vgl. http://www.stiftung-moritzburg.de/dauerausstellung/lyonel-feininger-empore/ (31.3.2016).

Idiotopie ist der Heimatort:
Er liegt in meinem Nahbereich und hat meine Expressivität.
Meine Bar, mein Kino, meine Boutique, mein Jeansladen.
Ich weiß, wie alles funktioniert und wer dort verkehrt.
Ich gehe dorthin, weil ich mich zu Hause fühle.
Ich liebe seinen Geruch, sein Geräusch.
Ich bin dort per du.
Das Geläut meiner Kirche etwa skandiert mein Leben.
Bei westlichen Lebenswelten gehört sie ins Ensemble des Dorfs.

Heterotopie ist der *Sehnsuchtsort*:
Er ist anders, liegt mir fern, hat gar nicht meine Expressivität,
zieht mich aber gerade deshalb unwiderstehlich an.
Ich muss ihn regelmäßig erleben, denn ich brauche ihn.
Als Besonderheit, Ausnahmemoment, Highlight einer Reise.
Oder auch als unerlaubte *petite fugue*, von der niemand weiß.
Milieus des Ostens können Kirchen des Westens so verstehen:
Die alte Dorfkirche, die ein Wanderer aus der Stadt aufsucht.
Die riesige Kathedrale, in der ein Performer seine Seele massiert.
Das Neostilungetüm, das eine Experimentalistin affengeil findet.
Heterotopien sind das Ganz-Andere in Stein, Beton und Glas.
Allein schon seine fremden Aromen sind betörend.

Utopie ist in dieser Verwendung der *Ekelort*:
An ihm gehe ich blindlings vorbei,
bemerke ihn, wenn überhaupt, nur im Augenwinkel.
Oft aber sehe ich ihn nicht einmal.
Ich öffne nie die Tür, denn schon das Äußere schreckt mich ab.
Zwischen mir und ihm verläuft eine unsichtbare Ekelgrenze.
Mit denen, die dort verkehren, will ich nichts zu tun haben.
Er liegt mir ferner als Feuerland oder die Salomonen.
Einige Zürcher Kirchen lagen den Probanden auf Photos vor.[30]
Viele waren leider solche Unorte, wenn nicht gar Ekelorte.
Steht diese Kirche wirklich in Zürich? Echt?
Nie gesehen!

30 Vgl. Sinusstudie, a. a. O. (Anm. 21), 220.249.279.307.

In Zeiten rückläufiger Einnahmen stehen Kirchen zum Verkauf an.
Lebensweltliche Raumplanung ergäbe aber viel Eigenbedarf,
Investitionen in die Zukunft einer partizipativen Kirche der Nähe:
In Zürich etwa verfügen die Reformierten über 38 Kirchen.
Eine ist schon seit Jahren eine *Citykirche.*
Erst eine andere ist unterwegs, zur *Kulturkirche* zu werden.
In ihr wird es Konzerte auf mehreren historischen Orgeln geben.
Alte und neue Musik stehen auf dem Programm, auch der Tanz.
Ein gediegener Ort für den Nordwesten wird entstehen.
Dringend benötigt werden eine *Jazzkirche*[31] und eine *Popkirche.*
Mindestens zwei *Jugendkirchen* sollten wir haben.
Stadtkloster und *Streetchurch* suchten verzweifelt Standorte,
die *Stadtakademie* wurde von der Zürcher Synode verworfen,
Kindertagesstätten und *Sterbehospize* sind noch nicht in Sicht.

Die Füchse haben Höhlen,
und die Vögel des Himmels haben Nester.[32]
Käme Jesus heute als Performer, Postmaterieller, Eskapist,
wo könnte er *sein Haupt hinlegen*?
Lebensweltliche Verortungen sind nötig.
Neue *lieux d'église* sind aber keine Gnadengaben.
Auch eine diversifizierte Kirchenmusik braucht kein Asyl,
sondern zuverlässige und lebensweltlich gestaltete Standorte.

Aufgabe einer so orientierten Liturgiewissenschaft könnte es sein,
diese *lieux d'église* musikalisch und liturgisch zu profilieren,
neue Phänotypen zeitloser Genotypen zu entwickeln,
die *vox humana* in allen lebensweltlichen Zungen,
nicht für ein Publikum, sondern *mit* einer Gemeinschaft.
Gemeindeaufbau als Geschäftsmodell.
Borderline als kreative Verwirrung.
Grenzüberschreitung als Prinzip.

---

31 Vgl. Matthias Krieg, Turning Point. Was der Gottesdienst vom Jazz lernen kann, in: Julia Koll/Uwe Steinmetz (Hrsg.), Jazz und Kirche. Philosophische, theologische und musikwissenschaftliche Zugänge, Beiträge zu Liturgie und Spiritualität 29, Leipzig 2016, 65–95. Zwischen jener ersten Rede und dieser zweiten gibt es einige Bezugspunkte. Sie gehören zusammen.

32 Mt 8,18–20.

The silver song of a lark.
Electric religion.
Et resurrexit.

Meine sechste Behauptung:
blue religion
ist das lebensweltliche Gestaltungsprinzip, aus dem Standorte hervorgehen, die keine Ekelorte sind.

Die Gottesstadt
Secular City von Harvey Cox erschien 1965. Aufregung verursachte die Grundthese des Buchs, dass Gott außerhalb der Kirche ebenso gegenwärtig sei wie innerhalb.

Cox hält zwar noch die Säkularisierungsthese für richtig:
Secularization implies a historical process,
almost certainly irreversible,
in which society and culture are delivered
from tutelage to religious control and closed
metaphysical world views.
Er hält zwar für möglich, dass der Mensch *unreligious* würde.[33]
Aber er fordert bereits den Paradigmenwechsel der Institution: frei zu werden vom selbstgewählten babylonischen Exil, eine *causa politica* wie der Staat sein zu wollen oder eine *causa oeconomica* wie die Wirtschaft. Kirche müsse wieder eine *causa theologica* werden.

Ihre Orientierung müsse Jesus Christus sein,
der theokratische Erwartungen an ihn konterkariert habe:
The church is not in the first instance an institution.
It is a people. The Bible calls it laos theou, *the* people of God.
It is a people whose institutions should enable them
to participate in God's action in the world –
the liberation of man to freedom and responsibility.[34]
Mit Christus geht Gott fremd.
Er verweigert die institutionelle Erwartung.

---

33 Harvey Cox, The Secular City, Princeton 2013, 25.

34 A. a. O., 149.

Er legt sich auf keine noch so wertvolle Apsis fest.
Er ist bei den Menschen und ihrer Sehnsucht nach Glück.
Gott begegnet nicht notwendig an dafür vorgesehenen Orten.
Er ist in den Sälen, Clubs und Spitälern der Stadt unterwegs.
Er erhebt *Einspruch gegen eine Welt,*
die ohne Tränen der Trauer ist.
So ist er auch in den Banken, Börsen, Chefetagen zu Gange.
Eine nachfolgende Kirche, findet Cox, fährt *ans andere Ufer.*

City of God von E.L. Doctorow erschien 2000.[35]
Er konterkariert die These vom säkularen, religionslosen Westen, zeigt aber auch, wie es der Kirche *am anderen Ufer* geht.
Aufregung verursachte die Machart seines chaotischen Romans, er habe, mäkelten Kritiker, den Stoff nicht in den Griff bekommen.

City of God ist schlicht die Übersetzung von *civitas Dei.* Die augustinische Utopie als nachsäkulare Realität?
New York, Schmelztiegel und Hexenkessel, als *Stadt Gottes*?
Wie das?
So einfach der Plot des Romans auch ist:
Während der Pfarrer der Episcopalians ein Nickerchen macht,
wird aus seiner Kirche das große Messingkreuz gestohlen.
Tage später findet er es auf dem Dach einer Reformsynagoge,
eine interreligiöse Beziehung entsteht und erschüttert alles.
So verwirrlich ist die Durchführung im Roman:
Die Stadt entpuppt sich als ein unglaubliches religiöses Dickicht,
in dem alles jemals und weltweit Geglaubte gleichzeitig wird.
Was die literarische Kritik besserwisserisch bemängelte,
entpuppt sich als Gleichnis der Religion
in der nachsäkularen Metropole:
Alles ist da und alles zugleich,

35 E. L. Doctorow, City of God, Köln 2001.

Atavistisches und Postmodernes, Nächstes und Fernstes,
der ehrwürdige Bischof neben den religiösen Tupamaros,
bürgerliche Frömmigkeit und esoterischer Wahn,
pfingstlerische Gloriaseligkeit und subkulturelle Trance,
Voodoo, Candomblé, Santería neben Chassidismus, Mystik, Zen.

Die Apotheose des Romans ist ein blasphemisches Gebet:
Doch wie es ist, glaube ich, wir müssen dich neu schaffen.
Wenn wir uns neu schaffen sollen,
müssen wir auch dich, Herr, neu schaffen.
Wir brauchen einen Ort,
auf den wir unsere Füße setzen können.[36]
Dies ist die neue, die nachsäkulare Rolle der Religion,
dies ist ihre Intervention in der Stadt:
Orte braucht es,
auf die der Passant, wenn er seine religiöse Libido spürt,
seine Füße setzen kann.
Vielleicht braucht ja auch der aushäusige Gott solche Orte ...

Religiös zu sein, heißt gerade nicht, für eine fremde Antwort die eigene Frage zu suchen, sondern dafür zu brennen, selbst religiös unterwegs zu sein, in eigenen existentiellen Fragen andere Antworten zu entdecken.

Meine siebte Behauptung:
blue religion
ist das weite Feld der humanen Verortungen, auf dem Kirche in nachsäkularer Zeit ihrer Mission nachkommt.

Output, dem die Sehnsucht des Inputs nicht mehr abzuspüren ist,
Sense, der das Leuchten der Sensitivity nicht mehr ausstrahlt,
Antworten, die nicht mehr den Durst der Frage erkennen lassen,
sind Kunst fürs Museum oder Kitsch fürs Entertainment.
Auch diese bietet die nachsäkulare Stadt auf Schritt und Tritt.
Auch Kunst und Kitsch mischen sich im Schmelztiegel der Stadt.

---

[36] A. a. O., 393.

Reprise

Gott geht fremd in der Stadt.

Sehr geehrte Damen und Herren vom Fach,
mein kleines Fachwerk geht dem Richtfest entgegen.
Wenn es so weit ist, werde ich wieder schweigen und zuhören.

Fremd bin ich eingezogen, fremd zieh ich wieder aus.
Welche Spuren werden bleiben?
Vielleicht die:
Im Gottesdienst treffen Wort und Leben aufeinander.
Das Subjekt des Worts begegnet dem Subjekt des Lebens.
Beide kommunizieren miteinander, teilen sich mit, verdichten sich:
Vox humana und *vox coelestis*, und beide in allen Zungen.
Ich vermute, das geht nur, wenn *beide* persönlich daherkommen,
vom ersten *tohuwabohu* bis zum letzten *Qaw Laqaw*.
Nur *das* baut Gemeinde Jesu Christi,
was einen *Sitz im Leben* hat.
Nur *der* versteht andere,
der auch die eigene *Lebenswelt* kennt.
Nur *dort* wächst Neues,
wo von Anfang an *Partizipation* besteht.
Nur *die* Kunst ermöglicht Expressivität,
die selbst auch *Subjek*t ist.
Fremd bin ich eingezogen, fremd zieh ich wieder aus.

Ecce homo!
Mit Jesus ging der Immanuel durch die Welt.
Auf dem Esel war er eingezogen, und am Schandpfahl zog er wieder aus. Übers Land und in die Stadt ging Jesus seinen Weg.
Ecce homo!
Lovis Corinths letztes Bild entstand in seinen letzten Ostertagen, Vermächtnis eines Zweiflers, der von der Passion nicht loskam.
Pilatus, der Römer zur Linken von Jesus, trägt die Züge des Künstlers.

Er ist wie ein moderner Arzt im Kittel gezeichnet.
Der Scherge zur Rechten sieht aus
wie ein älterer Offizier in Uniform.
Zwei alte Männer führen hier einen jungen Menschen vor.
Weich wirkt er, verletzt und verzweifelt, androgyn und erotisch.
Das *Purpurgewand* lässt einen kraftvollen Körper ahnen,
jugendliche Arme mit gekreuzten Fesseln,
nun aber gegeißelt von Fremden, verlassen von den Eigenen.
Erotik und Gewalt sind aneinander geraten, Liebe und Macht.[37]
Ecce homo!
Der Arzt, statt ihm zu helfen, hat ihn auspeitschen lassen.
Der Offizier, statt ihn zu schützen, hat ihn mit Dornen gekrönt.
Vertreter der fremden Institution haben sich an ihm abgearbeitet.
Nun wird er dem Pöbel übergeben,
und dieser giert wie so oft nach Blut und Tränen.
Wir, die Betrachter des Bildes, sind der Pöbel, nolens volens.
Ungefragt werden wir zu Zeugen des Menschenmöglichen.
Spießrutenlauf und passus *duriusculus,* der Passant als Voyeur.
Ecce homo!
Im Hexenkessel der Stadt wird der Jesus zum Christus.
Im Schmelztiegel der Stadt wird der Passant zum Voyeur.
Ihr Boulevard wird für gelegentlich zur *Via dolorosa.*
Gott hat sein Allerheiligstes verlassen.
Kreuztragend zieht er durch die Städte.
Ecce homo!

Fremd bin ich eingezogen,
fremd zieh ich wieder aus.
Hinterhof in Adelaide, am Ende einer langen Reise durch Australien.
Immer wieder mal stiegen mir Leipzig und dieses Fachwerk auf.
Fast zuletzt fand ich dieses Graffiti,
für heute aufgenommen.
Wo Mülltonnen stehen und niemand anhalten darf,
wo Leute rennen würden, wenn es mal brennen sollte,

---

37 Kunstmuseum Basel, vgl. https://commons.wikimedia.org/wiki/File:Corinth_Ecce_homo.jpg (31.3.2016).

wo was weggeworfen wird und niemals was ankommen soll:
No parking. Keep driveway clear.
Da tanzt ein weißer Engel, und ein schwarzer singt dazu:
Die meist versteckte Aboriginal
und die immer präsente Einwanderin:
Eine gemeinsame Performance, die es sonst nicht gibt.
Eine Musik, die noch nicht geschrieben ist,
eine Liturgie, die erst noch geübt werden muss.
Begeistert flattern schon zwei Tauben:
Ihr seid meine geliebten Töchter,
an euch habe ich Wohlgefallen.[38]
Welche Sehnsucht?
Nach Vergebung, nach Gemeinschaft, nach Leichtigkeit?
Day or night jedenfalls.
Und im Parkverbot.
Blue Religion.

Hier hält der *Leiermann* nun inne.
Seine Reise ist zu Ende.
Danke fürs Zuhören.

---

38 Vgl. Mk 1,9–11.

Berührungen mit einer anderen Welt

Liturgische Transferprozesse im Kontext mehrheitlicher Konfessionslosigkeit

Emilia Handke

Dass wir Gott den Dienst der Verehrung schulden, wie es die EKD in ihrem Glaubens-ABC unter dem Stichwort »Liturgie« für Interessierte erläutert,[1] dürfte auch gläubigen Menschen mitunter fragwürdig erscheinen: Warum sollen wir Gott innerhalb einer kirchlichen Feier verehren? Braucht Gott denn Verehrung? Und brauche ich den Gottesdienst? So wie ich Gemütlichkeit am Sonntagmorgen oder -abend brauche? Es verwundert gar nicht, dass nur sehr wenige Christen diesem Dienst Sonntag für Sonntag nachkommen. Liturgie ist etwas Befremdliches. Der Zugang zu ihrer Anmut und Kraft, ihrem inneren Sinn, muss sich einem Aufwachsenden mitgeteilt haben, muss eingeübt worden sein. Nur in seltenen Fällen ist es gerade das Unzugängliche, das Anziehungskraft ausübt. Bei der letzten Erhebung der Gottesdienstzahlen in der evangelischen Kirche besuchten am Sonntag Invokavit 3,3 Prozent der Kirchenmitglieder den Gottesdienst. Am ersten Advent sind es etwa 4,7 Prozent. Das Erntedankfest bringt es immerhin auf 7,3 und der Heiligabend auf 36,5 Prozent aller evangelischen Kirchenmitglieder.[2] Die durchschnittliche Besucherzahl eines katholischen Sonntagsgottesdienstes liegt immerhin bei 10,4 Prozent aller deutschen Katholiken.[3]

---

1 https://www.ekd.de/glauben/abc/liturgie.html (Stand Januar 2017). Dieser Aufsatz stellt einen Ausschnitt und eine Weiterführung zentraler Überlegungen meiner Hallenser Dissertationsschrift dar, die unter folgendem Titel veröffentlicht wurde: Emilia Handke, Religiöse Jugendfeiern »zwischen Kirche und anderer Welt«. Eine historische, systematische und empirische Studie über kirchlich (mit)verantwortete Alternativen zur Jugendweihe, Leipzig 2016. Die im Folgenden angeführten Interviewzitate stammen aus dem empirischen Material der Studie der Dissertation.

2 Evangelische Kirche in Deutschland, Zahlen und Fakten zum kirchlichen Leben 2016, 15.

3 Katholische Kirche in Deutschland, Zahlen und Fakten 2015/16 (Arbeitshilfen 287), 46.

Die innere Ordnung und die äußere Gestalt dieses *Gottes-dienstes* sind jedoch auch denen, die sonntags in die Kirche gehen, längst nicht mehr in Fleisch und Blut übergegangen. Viele sind unsicher, wann sie aufstehen, wann sie mitsingen und wann sie mit welchen Worten auf den Pastor oder die Pastorin antworten sollen. Sie kennen diese Worte oft gar nicht so genau, murmeln – wenn überhaupt – eher den Rhythmus mit. Noch extremer ist diese Situation bei den so genannten Kasualien. Das *Vaterunser* spricht der Pastor oder die Pastorin nicht selten allein, stellvertretend für die schweigenden Familienmitglieder, Freunde und Bekannte. Die Bildungs- und Aneignungsvorgänge der christlichen Liturgie sind komplex. Liturgie ist in der Regel nur noch etwas für »Eingeweihte«. Dies führt zu Situationen extremer Verhaltensunsicherheit – auf beiden Seiten. In solch einer Situation kommt es entscheidend darauf, in Rituale hinein zu bilden, liturgische Bildungsprozesse zu initiieren. Das aber ist ein wechselseitiger Prozess.

1. Herausforderung Perspektivwechsel

Ebenso wie die Auseinandersetzung mit Religion(-en) Perspektivwechsel verspricht, vermittelt auch die empirische Auseinandersetzung mit Konfessionslosigkeit neue Sichtweisen auf die eigene (kirchliche) Ausdrucksgestalt von Religion. Die kann für kirchliche Mitarbeiterinnen und Mitarbeiter wesentlich schmerzhafter und herausfordernder sein, als man zunächst annehmen mag. Dies soll am Beispiel eines klassischen Kernarbeitsfeldes der evangelischen Kirche, der Konfirmandenarbeit, näher erläutert werden. Der ostdeutsche Kontext, der hier das Forschungsfeld darstellt, besitzt dabei gegenüber dem westdeutschen mit Blick auf die zentrale Herausforderung des Abbruchs religiös-kirchlicher Sozialisation wohl lediglich einen »Problemvorsprung«[4].

Nach 1989/90 mussten die kirchlichen Mitarbeiterinnen und Mitarbeiter schnell feststellen, dass das Ende der DDR und die deutsche Wiedervereinigung kaum zu einer Revitalisierung der Teilnehmerzahlen an der

4 Peer Pasternack, Vom Problemvorsprung zum Problemlösungsvorsprung. Wie die ostdeutschen Sozialwissenschaften den demografischen Problemvorsprung für ihre Zukunft nutzen können, in: Astrid Lorenz (Hrsg.), Ostdeutschland und die Sozialwissenschaften. Bilanz und Perspektiven 20 Jahre nach der Wiedervereinigung, Opladen u. a. 2011, 436–446.

Konfirmandenarbeit führten. Zwar fiel die Teilnahme an der Jugendweihe von über 97 Prozent im Jahr 1989 auf etwa 35 Prozent im Jahr 1991, die Zahl der Konfirmandinnen und Konfirmanden blieb mit etwa 15 Prozent im Jahr 1989 und etwa 17 Prozent im Jahr 1991 jedoch auf vergleichbarem Niveau und sank danach eher wieder ab, während die Jugendweiheteilnahmen wieder zunahmen.[5] Die repressive Religionspolitik der DDR mit ihren religionskritischen Argumentationsfiguren im Schulunterricht (u.a. Marx: Religion als Opium des Volkes) hatte (a) zu einer Verdrängung der Religion aus dem öffentlichen Leben und ebenso (b) zu einer Bedrängung der Religion im privaten Leben beigetragen.[6] Monika Wohlrab-Sahr, Uta Karstein und Thomas Schmidt-Lux haben überzeugend nachgewiesen, dass die staatliche Forcierung der Säkularität im Laufe der Zeit ein eigenes Echo in den Familien hervorrief: eine innere säkulare Haltung, welche für die Familien mit moderner, an die Bestände der Aufklärung anschließender Fortschrittlichkeit verknüpft war und insofern auch nach 1989/90 politisch-kulturell legitimiert werden konnte.[7] Die fehlende Kirchenmitgliedschaft vieler Ostdeutscher erscheint darum immer weniger erklärungs- und rechtfertigungsbedürftig.

Weder die Rolle der Kirchen bei der Friedlichen Revolution noch die politische Instrumentalisierung der Jugendweihe oder die Qualität des eigenen kirchlichen Angebots konnten diese erworbene Distanz zur kirchlichen Ausdrucksgestalt von Religion ohne weiteres überbrücken. Dies führte dazu, dass eigene religiöse Fragen hier in der Regel nicht mehr im Kontext kirchlicher Bildungsangebote – und d.h. auch: nicht mehr im Rahmen gottesdienstlicher Liturgien – artikuliert werden. Die Trennung von »Kirche und anderer Welt« (Frau Kielert, 450) fängt im Schoß der Familie an und wurde und wird dort noch heute über viele Generationen mit der

---

5 Vgl. Handke, a.a.O. (Anm. 1), 80.

6 Diese Überlegung erfolgt auf der Grundlage eines Referats von Prof. Dr. Andreas Kubik, welches dieser am 9. November 2013 in Rostock im Rahmen eines regionalen Begegnungsseminars der Konrad-Adenauer-Stiftung gehalten hat.

7 Vgl. Monika Wohlrab-Sahr/Uta Karstein/Thomas Schmidt-Lux, Forcierte Säkularität. Religiöser Wandel und Generationendynamik im Osten Deutschlands, Frankfurt a.M. 2009, 194f.350; Monika Wohlrab-Sahr, Forcierte Säkularität oder Logiken der Aneignung repressiver Säkularisierung, in: Gert Pickel/Kornelia Sammet (Hrsg.), Religion und Religiosität im vereinigten Deutschland. Zwanzig Jahre nach dem Umbruch (Veröffentlichungen der Sektion Religionssoziologie der DGS), Wiesbaden 2011, 145–163, 146; Gert Pickel, Ostdeutschland im europäischen Vergleich. Immer noch ein Sonderfall oder ein Sonderweg?, in: a.a.O., 165–190, 185.

Teilnahme am nichtkirchlichen Angebot der Jugendweihe besiegelt:

> »Und dann war [...] der Ofen aus, dann hat man bloß Jugendweihe gemacht und war dann halt gut.« (Herr Arnold, 721f.)

Während die evangelische Kirche sich nach 1989/90 regelrecht abmühte, die Konfirmandenarbeit der Sache nach explizit auch für konfessionslose Jugendliche zu öffnen,[8] sprach die innere biographische Familienlogik längst eine andere Sprache: Wer als Kind nicht getauft wurde – und d. h.: in wessen Familie keine kirchliche Traditionslinie gepflegt wurde –, der nimmt nicht an der Konfirmation, sondern in der Regel an der Jugendweihe oder gar keinem Übergangsritual teil:

> »Naja ähm erstens äh ich bin nicht getauft, [...] also Konfirmation oder ich weiß gar nicht, was bei den Katholiken, Fir- Firmung oder so äh kam gar nicht infrage erstens.« (Martin, 163–170)

Insbesondere die Zahl der Nichtteilnehmerinnen und Nichtteilnehmer an Jugendweihe, Jugendfeier, Konfirmation oder Firmung wird dabei immer größer.[9]

Die Teilnahme an der Konfirmation ist folglich ebenfalls familial grundiert:

> »I: Und vielleicht so als letzte Frage, wie war das denn, wie kam das, dass ihr euch für die Konfirmation entschieden habt, also wie war dieser Weg der Entscheidung für euch, dass ihr das jetzt machen würdet: Konfirmandenunterricht und Konfirmation?
>
> Nils: Naja, das war jetzt hauptsächlich von zu Hause aus, weil ich da, meine Eltern sind christlich und so und da wird das denn halt, da wächst man rein.
>
> Luisa: Das stand von Anfang an fest, dass man nichts anderes macht. // Alle: Ja. // Natürlich, getauft wurden wir ja alle, ja @(.)@ und das war halt von klein auf, du bist in die Christenlehre gegangen
>
> Nele: Und dann noch Konfirmandenunterricht.

---

8 Vgl. dazu Handke, a. a. O. (Anm. 1), 94–137.

9 Vgl. Emilia Handke, Weder Jugendweihe noch Konfirmation. Erkundungen in einem unbekannten Feld, in: PTh 105 (2016), 105–120.

Luisa: Ja, und das war halt so, das gehörte dazu und da kam auch nichts anderes infrage.«[10] (Konfirmanden I, 218–231)

Die hier dargestellten Logiken können für kirchliche Mitarbeiterinnen und Mitarbeiter genauso schmerzhaft wie entlastend wirken: schmerzhaft, weil die eigene liturgische Tradition mitunter auch zu religiös interessierten Familien nicht mehr durchdringt – entlastend, weil man als kirchlicher Mitarbeiter bzw. kirchliche Mitarbeiterin im Grunde genommen nichts dafür kann.

Seit 1998 haben Einzelne von ihnen diesen Status quo in Ostdeutschland aufzubrechen versucht, indem sie die kirchliche Jugendarbeit (und d. h. Konfirmandenarbeit und Firmvorbereitung) um ein Angebot speziell für konfessionslose Jugendliche ergänzt haben, die den nötigen Resonanzboden einer familiären religiösen Sozialisation nicht mitbringen. Der heutige Weihbischof Reinhard Hauke aus Erfurt war der erste, der eine kirchlich mitverantwortete Alternative zur Jugendweihe entwickelt hat. Bis heute sind über 40 solcher Initiativen entstanden, welche katholisch, evangelisch und mitunter auch ökumenisch verantwortet werden. Etwa 1.000 konfessionslose Jugendliche nehmen inzwischen pro Jahr an einer solchen »Feier der Lebenswende« oder »Segensfeier« (um nur die bekanntesten Eigennamen zu nennen) teil. Diese Initiativen haben sich allerdings nur dort als stabil erwiesen, wo sie den gemeindlichen Raum verlassen haben: an katholischen und evangelischen Schulen sowie an übergemeindlichen bzw. außerschulischen Kontaktstellen der katholischen Kirche. Der Erfolg an christlichen Schulen hängt vor allem damit zusammen, dass die Spannung zur gemeindebezogenen Konfirmation hier reduziert werden kann und die Initiativen durch den potentiell immer vorhandenen Teilnehmerkreis sowie die Schulgemeinschaft und die Peergroup der Jugendlichen auch praktisch gestützt werden. Diese Vorteile waren in Ostdeutschland sonst immer nur der Jugendweihe vorbehalten – der Konfirmation waren sie seit der DDR-Zeit entzogen. Nicht zuletzt gilt, dass sich christliche Schulen sowie übergemeindliche bzw.

10 »@(.)@« bedeutet ein kurzes Auflachen, »//« markiert einen abrupten Sprecherwechsel. Die Zahlenangaben verweisen auf die Stelle im jeweiligen Interviewtranskript. Ich orientiere mich insgesamt am Transkriptionssystem TiQ, welches bei Aglaja Przyborski/Monika Wohlrab-Sahr, Qualitative Sozialforschung. Ein Arbeitsbuch, München [3]2010, 164ff., erläutert wird.

außerschulische Kontaktstellen selbst als Räume zwischen Kirche und Gesellschaft begreifen und sich bewusst als Schnittstellen zum Dialog mit Konfessionslosen profilieren.[11] Hier ist ein solches Angebot also in besonderer Weise evident.

Die Idee ist innerhalb der evangelischen Kirche entweder auf große Begeisterung (überwiegend auf der Ebene der sog. Laien) oder aber auf kontinuierliche Kritik bzw. Skepsis (überwiegend unter den kirchlichen Mitarbeiterinnen und Mitarbeitern) gestoßen.[12] Die Perspektive hin zur Eigenlogik der konfessionslosen Familien zu wenden und dabei einzugestehen, dass die traditionellen liturgischen Angebote in der Regel nur diejenigen erreichen und für diejenigen bedeutsam und lebensdienlich sind, die im weitesten Sinne in einer kirchlichen Tradition stehen, stellt in der Praxis noch immer eine große Herausforderung dar. Denn eine solche Diagnose nötigt dazu, die Anlage der eigenen Arbeit grundsätzlich zu überdenken und sich in riskante, offene Felder zu begeben. Im schwerwiegendsten Fall wäre die Konfirmation mit einem sie ergänzenden Angebot für Konfessionslose selbst für einige Jugendliche zur Disposition gestellt. Wie herausfordernd solche Perspektivwechsel bzw. Umformungen für die kirchliche Institution selbst sind, kann ein Beispiel einer evangelischen Schule aus Sachsen-Anhalt illustrieren, die seit 2011 eine Segensfeier als eigenes schulbezogenes Angebot für ihre Schülerinnen und Schüler entwickelt hat. Der Großteil der Klasse feiert diese anstelle der Jugendweihe, manche Schülerinnen und Schüler in Ergänzung zur Konfirmation (oder Firmung). Diese Idee stieß bei den Pfarrern vor Ort zunächst auf erheblichen Widerstand, weil diese zum einen fürchteten, die wenigen Konfirmandinnen und Konfirmanden ihrer Gemeinden an die evangelische Schule zu verlieren. Die Initiative dieser Schule, die mit Blick auf die Vermittlung von Religion eigentlich ein grundsätzliches Interesse mit den kirchlichen Mitarbeiterinnen und Mitarbeiter teilen dürfte, löste bei den Gemeindepfarrern außerdem Sorge vor einem Profilverlust der Kirche aus. Der an der Segensfeier der Schule beteiligte

[11] So wurden die Schulen des Bistums Magdeburg z. B. bewusst als »Dialogschulen« gegründet, vgl. Theresita M. Müller, Schulprofil und Konfessionalität, in: Andrea Schulte/Maria Widl (Hrsg.), Die konfessionelle Schule. Herausforderungen und Perspektiven zwischen Erbe und Auftrag (EThSchr 40), Würzburg 2011, 101–112, 104. Die Feier der Lebenswende des Erfurter Doms firmiert auf der Homepage unter dem Stichwort »Verbinden und Begegnen«, vgl. http://www.dom-erfurt.de/index.php?article_id=31 (Stand Januar 2017).

[12] Vgl. dazu Handke, a. a. O. (Anm. 1), bes. 115–119.

Gemeindepädagoge und Jugendreferent des Kirchenkreises gibt diese Bedenken wie folgt wieder:

> »[E]s weicht sich alles auf [...]. Wir sind so offen, dass [...] unser Profil verschwimmt. [...] Wenn wir jetzt irgendwie alles machen und irgendwie alles aufweichen, dann erkennt man uns irgendwann später nicht mehr.« (Herr Lachmund, 96–102)

Die Aktualisierung des kirchlichen Angebots mit Blick auf die kontextuellen Prämissen wird hier in keiner Weise als Herausforderung zur Innovation betrachtet, sondern als grundsätzliche Bedrohung und Infragestellung. Die Perspektive der konfessionslosen Jugendlichen spielt auf dieser Ebene überhaupt keine Rolle.

Denjenigen, der trotz dieses Widerstands ein solches Angebot zu etablieren sucht, fordert der Perspektivwechsel über die Einsicht in die Ergänzungsbedürftigkeit der eigenen Arbeit dazu heraus, die eigene Praxis kritisch zu durchleuchten und mit den konfessionslosen Jugendlichen zur Disposition zu stellen:

> »Ähm [...] gerade gestern habe ich die Diskussion mit der Lehrerin geführt, ( ) weil wir jetzt auch so ein bisschen auf die Vorbereitung [der Segensfeier, E.H.] zugehen, ähm was ( ) sind Bestandteile, die [bei der Segensfeier, E.H.] Tradition haben? Äh zum Beispiel Schatztruhe [die Jugendlichen legen einen Gegenstand ihrer Kindheit in eine Schatztruhe, E.H.] war ja letztes Mal, war ja eine schöne Sache, ähm aber dann hat sie gesagt: Ja äh, das ist ja jetzt Tradition oder, oder wie? Und dann hab ich gesagt: Na, wer entscheidet denn das? Wer entscheidet denn das, dass das dabei ist oder nicht? Und da hat sie gesagt: Naja, wir entscheiden das. Da hab ich gesagt: [...] Wieso können wir das denn nicht die Jugendlichen entscheiden lassen? [...] Pass auf, wenn wir ähm ( ) jetzt da noch zehn Sachen haben, [...] die in den nächsten Jahren immer zur Tradition werden, [...] dann [hat] man innerhalb von zehn Jahren ( ) einen ziemlich festen Rahmen, mit ziemlich ( ) festen Bausteinen, die nicht mehr flexibel sind, weil die sind, weil sie immer so sind. *Und dann haben wir eine Veranstaltung, die im Prinzip jetzt rein formal der Konfirmation gleich ist, weil genau das haben wir ja jetzt in der Konfirmation.* Ich will das nicht sagen, dass das schlecht ist, *aber ähm bei der Konfirmation ist das Problem, dass halt sozusagen durch die Liturgie und alles, was wir da haben, die ganzen Traditionen, die da gewachsen sind, sind wir halt auch wenig flexibel in der ( ) in der Gestaltung. Also ich kann jetzt nicht den Jugendlichen sagen: Äh was wollt ihr, was wollt*

ihr machen, oder so. Und die sagen: Nö, wir wollen aber jetzt mal Konfirmation irgendwie, puh, nicht in der Kirche feiern, sondern irgendwie da und da, und dann wollen wir die und die Lieder und dann wollen wir den Psalm nicht haben und das wol-, ja so. Funktioniert nicht. *Und meine Befürchtung war, dass ähm das mit der Segensfeier auch passieren könnte. ( ) Und die Befürchtung dahinter ist, dass es für die Jugendlichen dann weniger attraktiv wird. Und weniger jugendgemäß, weil die selbst nicht mitgestalten können. Ich wollte sozusagen die Freiheit, die wir bei der Segensfeier haben, nicht sozusagen aufgeben.*«[13] (Herr Lachmund, 324–354)

Im Vergleich zur Segensfeier wird dabei in der Perspektive des Gemeindepädagogen und Kreisjugendreferenten deutlich, dass die Konfirmation mit ihrer fixen Tradition, ihren eher kirchen- bzw. bekenntnisbezogenen Elementen für die Jugendlichen selbst weniger attraktiv erscheinen muss als ein wesentlich mitgestalteter Ritus, der offensiv auf die eigene (Lebens-)Welt zurückgreifen darf. Die »Liturgien« von Jugendweihe und Konfirmation werden hier weitgehend zur eigenständigen Bearbeitung durch die Jugendlichen »freigegeben«[14]. Nur der Segen, der bei einem Großteil dieser Feiern als kirchliches Identitätsmerkmal und Erkennungszeichen fungiert, ist hier indisponibel. Wie er allerdings konkret gestaltet wird, das dürfen die Jugendlichen mitentscheiden. Im Rahmen der einjährigen Vorbereitungsarbeit probieren sie an der evangelischen Schule in Sachsen-Anhalt verschiedene Segensgesten aus und reflektieren gemeinsam, wie sich diese für sie anfühlen.

Dass sich die getauften Jugendlichen dennoch für die Teilnahme an der Konfirmation entscheiden, resultiert aus ihrer eigenen religiös-kirchlichen Sozialisationslogik: »[...] das gehörte dazu und da kam auch nichts anderes infrage [...]«. Trotzdem sind mit dieser Neuerung auch Gestaltungsanfragen an Konfirmation und Konfirmandenarbeit gestellt: Wie können Jugendliche diese offensiv zu ihrem eigenen Ritual machen?

---

13 Die leer stehende Klammer ( ) steht für eine kurze Pause. Hervorhebungen E.H.

14 Zu dieser Anspielung vgl. Reinhard Feiter/Hadwig Müller, Frei geben. Pastoraltheologische Impulse aus Frankreich, Ostfildern 2012, bes. 11–20.

2. Die Initiierung religiöser Lernprozesse

Während sich die Konfirmation in erster Linie an religiös Sozialisierte wendet und diese in die kirchlichen Traditionen hinein bilden, sie – zugespitzt gesprochen – in diese »einweisen« will, wendet sich die Segensfeier an religiös aufgeschlossene Außenstehende. Diese erleben Religion innerhalb des geschützten Rahmens von Schulen in christlicher Trägerschaft oder aber an anderen übergemeindlichen bzw. außerschulischen kirchlichen Kontaktstellen in ihrer performativen, auf die eigene Biographie bezogenen Dimension. Sie werden auf die Wirkkraft von Religion und auf die Bedeutung der Elemente ihrer kirchlichen Ausdrucksgestalt (z. B. den Segen) »hingewiesen«.[15] Auch wenn dies im Hinblick auf die Jugendlichen insbesondere im Rahmen einer Schule nicht ohne Risiko verläuft, weil hier die Gefahr der religiösen Vereinnahmung der Schülerinnen und Schüler besteht,[16] so zeigen sich im Rahmen einer *Lebensfeier* besondere Chancen der Vermittlung von Religion bzw. der Kommunikation des Evangeliums: Sie hat hier tatsächlich etwas mit dem Leben der konfessionslosen Familien zu tun, ist nicht nur die spezifisch codierte (formal öffentliche) Semantik einer fremden Gruppe. Es sind kirchlich (mit-)verantwortete *Rituale für sie* – für Ungetaufte, die eine Alternative zur Jugendweihe suchen, ohne sich dabei weltanschaulich bekennen zu müssen. Doch auch hier sind Transferprozesse von Liturgie zu eigener (Lebens-)Welt innerhalb der Vorbereitungsarbeit solcher Feiern notwendig, damit Elemente wie der Segen überhaupt mit persönlicher Bedeutung angereichert werden können. In seinem religiösen Anschaulichkeitspotenzial ist der Segen dabei sicher unübertroffen, weil er eben *zeigt*, wie die Jugendlichen im Rahmen dieser Feier mit einer anderen Wirklichkeit in Berührung gebracht werden. Durch seine grundsätzliche Deutungsof-

---

15 Diese Unterscheidung ist von Günter-Rudolf Schmidt, Religionspädagogik. Ethos, Religiosität, Glaube in Sozialisation und Erziehung, Göttingen 1993, 131f., übernommen und bei ihm mit Blick auf die religiöse Erziehung formuliert. Während die erziehende Person bei der einweisenden religiösen Erziehung eine ganz bestimmte Grundorientierung fördern will, weiß diese bei der hinweisenden religiösen Erziehung zwar um die Notwendigkeit einer solchen Grundorientierung, ist sich aber gleichermaßen auch der Relativität der eigenen Weltsicht bewusst und will daher das Gegenüber lediglich zu einer durchdachten Selbst- und Weltauffassung anleiten.

16 Vgl. dazu bes. Handke, a. a. O. (Anm. 1), 330–339.374–392.443ff.461–465.

fenheit[17] und Anschlussfähigkeit[18] für die menschliche Existenz sowie seine Voraussetzungslosigkeit – aus theologischer Perspektive erfordert er lediglich die Bereitschaft des Empfangens[19] – eignet er sich für religiöse Bildungsprozesse in herausragender Weise. In doppelter Hinsicht vertieft bzw. vermittelt er dabei eine Beziehung: Zwischen dem Segnenden, den die Jugendlichen in der Vorbereitungsarbeit als gläubigen Menschen kennengelernt haben, und den Gesegneten stiftet er eine intime, vertrauensvolle Atmosphäre. Durch diese Beziehung verweist er zugleich auf eine andere, nämlich die Beziehung zwischen Gott und Mensch.[20] Christian Grethlein spricht daher von einer Vermittlung zwischen »Kreatürlichem und Transzendentem«[21]. Beide Ebenen spiegeln sich sehr stark in der Wahrnehmung einer Mutter wider, welche die Segnung ihres Sohnes im Rahmen der Segensfeier seiner Schule wie folgt interpretiert:

»I: Wenn Sie [...] das Wort hören: Segen, woran denken Sie da, was ist das: Segen?

Kielert: Das ist für mich nicht so einfach zu definieren. Also es hat für mich irgendeinen Schutzcharakter, ja, irgendwie jemand hält die Hand über dich, weil das ist ja auch diese Bewegung, die da so passiert. Und äh beschützt dich oder nimmt dich unter seine Fittiche und und gibt dir ein Okay für irgendwas, auch so in dem Sinn verstehe ich das. [...] Also ich hab, ich hab natürlich auch ein ein religiöses Weltbild irgendwie in mir. Ist ja logisch. Auch wenn ich jetzt nicht in irgendeiner Kirche

---

17 Vgl. Ulrike Wagner-Rau, Kasualien und Öffentlichkeit. Begegnungen und Vernetzungen im Zwischenraum, in: PTh 104 (2015), 77–90, 90.

18 Dies gilt grundsätzlich im Sinne einer »Erinnerung an die Angewiesenheit der menschlichen Existenz« (Ulrike Wagner-Rau, Segensraum. Kasualpraxis in der modernen Gesellschaft [PTHe 50], Stuttgart u. a. 2000, 173), aber auch im Hinblick auf bestimmte Gesten des Alltags wie den Gruß oder die Handauflegung innerhalb der Familie z. B., vgl. dazu auch Magdalene L. Frettlöh, Theologie des Segens. Biblische und dogmatische Wahrnehmungen, Gütersloh ²1998, 19.

19 Vgl. Dorothea Greiner, Segen und Segnen. Eine systematisch-theologische Grundlegung (Kohlhammer Theologie), Stuttgart u. a. ³2003, 35; Christian Grethlein, Grundinformation Kasualien. Kommunikation des Evangeliums an Übergängen des Lebens (UTB 2919), Göttingen 2007, 70; Wagner-Rau, a. a. O. (Anm. 17), 90.

20 Vgl. Wagner-Rau, a. a. O. (Anm. 18), 157.

21 Grethlein, a. a. O. (Anm. 19), 68. Vgl. dazu auch Frettlöh, a. a. O. (Anm. 18), 19: »Segnungen bringen den Alltag, seine Sorgen und Freuden, Hoffnungen und Nöte mit Gott zusammen [...].«

angemeldet bin und da Mitglied bin oder so. Ich kann mir auch keine Figur vorstellen, die irgendwo auf der Wolke thront und sagt: So, ich wache über euch. Für mich ist das äh ganz schwer zu erklären. Möglicherweise gibt es da was. Und ich bin gar nicht in der Lage, das zu erfassen. Und darum negiere ich das. Das ist dieser moderne Mensch, der das einfach so macht, der das so vom Tisch kehrt. Ja. Aber da bin ich eigentlich relativ offen und gestehe mir oder auch anderen Leute zu, dass es da etwas gibt, das ich nicht fassen kann. Und dieses Etwas, nennen wir es Gott oder wie auch immer, ( ) hält die Hand über die Leute, die gesegnet werden. Naja durch durch eine andere Hand eigentlich. Die aber eigentlich nur eine Verlängerung dessen ist, weiß ich nicht, keine Ahnung, ob ich das jetzt so richtig sehe oder nicht. Aber so empfinde ich es jedenfalls. Ja eine Art Schutz. Ein Okay. Für das, was passiert ( ) ja.« (Frau Kielert, 323–352)

Die Frage nach dem Segen evoziert auf Seiten der Interviewpartnerin eine tiefgreifende Auseinandersetzung über die Frage nach Gott und dem eigenen Weltbild. Die beiden Bezugspole des Segens, das »Kreatürliche[...]« und das »Transzendente[...]« spiegeln sich hier erkennbar wider: Für das Kreatürliche steht dabei die Frage nach »Schutz« bzw. einem »Okay«. Das Transzendente, welches diesen Schutz gewährt bzw. »dir ein Okay [gibt]«, wird durch die segnende Hand des Pfarrers symbolisiert (»Und dieses Etwas, nennen wir es Gott oder wie auch immer, ( ) hält die Hand über die Leute, die gesegnet werden. Naja durch durch eine andere Hand eigentlich«).

Ebenso wie bei den Eltern existiert auch bei den Jugendlichen ein bestimmter Typus, für den die Teilnahme an dieser Feier die eigene Offenheit und Affinität in rebus religionis rituell zum Ausdruck zu bringen vermag. Diesem Typus gehört auch Anselm an, der beim Gesegnetwerden Erfahrungen mit einer Dimension des menschlichen Lebens sammelt, die ihm ohne die Segensfeier in dieser biographisch dichten Form verborgen geblieben wären:

»I: Was würdest du selber sagen, was das [Segen, E.H.] ist?

Anselm: Na uns wurde quasi ( ) viel Glück gewünscht für unsere Zukunft und dass wir so ( ), sag ich mal, beschützt werden von ( ) Gott, dass er uns alles Gute mit auf den Weg mitgibt und Hoffnung und sowas.

I: Mmh. Wie wie hast du das empfunden ( ) ähm als er das gemacht hat, wie war das?

Anselm: Ähm es war schon irgendwie komisch, weil man sowas vorher noch nicht hatte [...]. Also auch wenn ich jetzt nicht wirklich an Gott glaube, aber ( ) irgendwie hatte das halt schon was so.

I: Mmh. Kannst du das beschreiben, was das ist: Es hatte was – was?

Anselm: Ja es war ( ) halt mal was anderes so, nicht ( ) so ein ganz Formales: Ich wünsch euch viel Glück für euren weiteren Weg, oder, sondern halt so bisschen was ( ) in Anführungszeichen Größeres. Es war halt persönlicher, sag ich mal.« (Anselm, 180–197)

Das Religiöse wird als etwas wahrgenommen, das andere Erfahrungen (Beispiel: Jugendweihe, Geburtstag) in gewisser Weise transzendiert (»halt so bisschen was ( ) in Anführungszeichen Größeres«).

Expliziter als Anselm vermag Judith den Segen für sich vor dem Hintergrund der christlichen Tradition zu deuten:

»I: Und ähm, als der das gemacht hat, mit dem Segen, wie hast du das erlebt, also wie war das für dich?

Judith: Also es war erstmal komisch, weil ( ) es steht ja nicht jeden Tag einer vor einem und segnet einen. Aber im Nachhinein war es dann schon schön.

I: Was war schön?

Judith: Naja, es war halt das Gefühl, dass man da halt ähm ( ) nicht jetzt wie bei der Jugendweihe, da kriegt man jetzt einfach sowas unter ganz vielen anderen, es war halt ( ) besonders so.

I: Maha maha. Was bedeutet das für dich: Segen?

Judith: Na es bedeutet halt, dass ähm ( ) also für mich bedeutet das viel mit Jesus und mit Gott, dass ähm ( ) ähm (4) na dass halt Gott einem dann so ganz nahe ist und auch auf einen achtet. Weil Segen, wenn man den jetzt kriegt, dann fühlt man sich ja auch vielleicht sicherer, weil das ist ja auch für einen so.« (Judith, 204–220)

Diese gleichwohl zaghaften und eher tentativen Aussagen sind vor dem Hintergrund der Initiierung religiöser Lernprozesse sehr ernst zu nehmen. Mit Blick auf die Frage von Taufe, Bekenntnis und Mitgliedschaft werden sie für die Skeptiker immer defizient bleiben. Dabei wird allerdings häufig die konkrete Kontur eines Kontexts mehrheitlicher Konfessionslosigkeit außer acht gelassen.

3. Herausforderungen für die Theologie

Innovationen wie die »Segensfeier« bzw. »Feier der Lebenswende« lassen sich nicht reibungslos in die bestehenden kategorialen Ordnungen der evangelischen Theologie einfügen. Wenn im Untertitel dieses Beitrags von liturgischen Transferprozessen gesprochen wird, dann referiert dies auf die selektive Aneignung der kirchlichen Riten, welche sich bei diesen Feiern vollzieht. Von Liturgie im eigentlichen Sinne dürfte man jedoch auf der Grundlage der klassischen Liturgie-Definitionen nicht sprechen. Eine Gottesverehrung durch die Teilnehmerinnen und Teilnehmer findet hier nicht statt – dialogische Elemente, bei denen sich die Teilnehmenden selbst an Gott wenden (wie das Gebet) existieren im Rahmen dieser Feiern in der Regel nicht.[22] Neue Perspektiven auf den Liturgiebegriff ergäben sich, wenn man das Gebet mit Hilfe der Differenzierungen der Orientierungshilfe der Liturgischen Konferenz der EKD u. U. auch als »[g]emeinsame Stille bzw. Feierelemente, bei denen jeder den eigenen Gedanken nachgehen kann und zum inneren Hören (auf Gott) gelangt«, oder als »Annäherung an Gott im Modus des Fragens«[23] begriffe. Auch

---

[22] Diese werden hingegen bei den gängigen Gottesdienst- bzw. Liturgiedefinitionen vorausgesetzt, vgl. Theo Sorg/Paul-Gerhard Schöll, Art. Gottesdienst c) praktisch-theologisch, in: ELThG 2 (1993), 805f., 806; Angelus A. Häußling, Art. Gottesdienst. IV. Liturgisch-theologisch, in: LThK 4 (1995), 901–903, 902; Hans-Christoph Schmidt-Lauber, Art. Gottesdienst. VI. In den reformatorischen Kirchen, in: LThK 4 (1995), 904; Benedikt Kranemann, Erfahrungsräume des Transzendenten. Liturgiewissenschaftliche Anmerkungen zu neuen kirchlichen Feierformen, in: Josef Freitag/Claus-Peter März (Hrsg.), Christi Spuren im Umbruch der Zeiten. Festschrift für Bischof Joachim Wanke zum 65. Geburtstag (EThSt 88), Leipzig 2006, 201–220, 209 Anm. 30, im Anschluss an Emil Joseph Lengeling; Peter Ebenbauer, Art. Liturgie III. Dogmatisch 1. Katholisches Verständnis, in: RGG^4 5 (2008), 436–438, 437.

[23] Liturgische Konferenz, Mit anderen feiern – Gemeinsam Gottes Nähe suchen. Eine Orientierungshilfe der Liturgischen Konferenz für christliche Gemeinden zur

die Tatsache, dass sich die Jugendlichen in vielen dieser Feiern segnen *lassen*, könnte u. U. als dialogisches Element qualifiziert werden. Damit wäre jedoch ein sehr niedrigschwelliger Begriff von Dialogizität verwendet, der sich allerdings – das dürften die einleitenden Gedanken verdeutlicht haben – auch im Hinblick auf die Partizipation am Sonntagsgottesdienst bei nicht wenigen Teilnehmerinnen und Teilnehmern als klärend erweisen könnte. Dann hätten wir es bei solchen kirchlich mitverantworteten Alternativen zur Jugendweihe ebenfalls mit »riskanten *Liturgien*«[24] zu tun. Riskant sind sie deshalb, weil sie ein Ausbalancieren von divergenten Erwartungshaltungen erfordern und innerkirchlich nicht unumstritten sind.[25] Ihre Existenz zeigt, dass die traditionellen kirchlichen Angebote wie die Konfirmandenarbeit durch neue rituelle Formen zu ergänzen sind und es nicht schaffen das einzulösen, was mit ihnen neuerdings immer stärker verbunden wird: auch konfessionslose Jugendliche miteinzubeziehen.[26] Eine solche ehrliche Diagnose setzt aber auch kreative Kräfte frei, indem sie Liturgie offensiv zu dem macht, was sie vor allem in öffentlichen Krisensituationen längst ist: eine gesellschaftliche *Dienstleistung*.[27]

Mit der Herausforderung der Einordnung in den Liturgiebegriff hängt die Frage der Zuordnung zu den so genannten Kasualien zusammen. Auch hier stellen diese Feiern ein intermediäres Phänomen dar. Zwar können sie in ihrem Bemühen, die Familien »in Verbindung mit Gott und seiner Welt zu bringen«,[28] als Kasualien gelten, allerdings stellen sie, streng genommen, weder einen Gottesdienst noch ein kirchliches Handeln an Christen bzw. Kirchenmitgliedern dar. Zwar sind hier im Laufe der letzten Jahre im Hinblick auf Trauung und Bestattung einige

---

Gestaltung von religiösen Feiern mit Menschen, die keiner christlichen Kirche angehören, Gütersloh 2006, 59.

24 Der gleichnamige Sammelband von Kristian Fechtner und Thomas Klie stellt demgegenüber auf öffentliche Liturgien zu gesellschaftsbedeutsamen Anlässen ab, vgl. Kristian Fechtner/Thomas Klie, Riskante Liturgien. Gottesdienste in der gesellschaftlichen Öffentlichkeit, Stuttgart 2011.

25 Dies hat vor allem auch mit der Mitgliedschaftsproblematik zu tun, vgl. dazu Handke, a. a. O. (Anm. 1), 470–476.

26 Vgl. Evangelische Kirche in Deutschland, Konfirmandenarbeit. 12 Thesen des Rates der Evangelischen Kirche in Deutschland. Hannover 2013, Vorwort, 8.

27 Vgl. Fechtner/Klie, a. a. O. (Anm. 24).

28 Friedrich Niebergall, Die Kasualrede (Praktisch-theologische Handbibliothek 1), Göttingen ^{2}1907, 24.

Ausnahmeregelungen formuliert worden,[29] allerdings beziehen sich diese in der Regel auf die *evangelischen Angehörigen* der Betreffenden. In den meisten Fällen sind die Angehörigen im Rahmen kirchlich mitverantworteter Alternativen zur Jugendweihe jedoch ebenfalls konfessionslos. Man hat es bei den beschriebenen Feiern also mit einer spiegelbildlichen Ausgangslage zu tun: Während bei Trauung und Bestattung (wie bei den übrigen Kasualien) primär Kirchenmitglieder im Fokus stehen und Nichtkirchenmitglieder nur am Rande im Blick sind, stellen letztere die grundsätzliche Klientel von kirchlich mitverantworteten Jugendfeiern dar. Kirchenmitglieder sind hier wiederum nur sekundär im Fokus: Getaufte Jugendliche können in bestimmten (Ausnahme-)Fällen zumeist neben ihrem eigenen mitgliedschaftsbezogenen kirchlichen Ritual Konfirmation oder Firmung im Rahmen ihrer Schulklasse an solchen Feiern teilnehmen.

Obwohl für die Praxis seit einigen Jahren einige Ausnahmeregelungen formuliert worden sind, spielt die Frage des Einbezugs Konfessionsloser in die Kasualtheorie in der aktuellen Debatte um die Erweiterung der Kasualien so gut wie keine Rolle. Das Motiv für diesen Einbezug Konfessionsloser in die Kasualpraxis der Kirche kann sich dabei – ähnlich wie in der Frage der Liturgie-Definition – nicht an der *Maxime der Entsprechung* orientieren: Gewiss richtet sich die kirchliche Liturgie in erster Linie an gläubige Menschen und die Kasualien der Kirche an deren Mitglieder. Hier geht es vielmehr um die »*Passung* [... der] Handlungsorientierungen zur jeweiligen Handlungssituation«.[30] Kasualien werden auf diese Weise zu einem Medium religiöser Bildung. Dieser Gedanke ist weder in der religionspädagogischen Lerntheorie noch in der praktisch-theologischen Kasualtheorie bislang ausreichend im Blick. Gerade die gottesdienstlichen Kasualien stellen Kontaktzonen dar, in denen sich seit Jahrhunderten Kirche und Lebenswelt begegnen – lange Zeit vor dem Hintergrund der Selbstverständlichkeit von Kirchenmitgliedschaft und der engen

---

29 Vgl. Evangelische Kirche der Union, Ordnung des kirchlichen Lebens der Evangelischen Kirche der Union, Berlin ²2001, 73.78f.; Vereinigte Evangelisch-Lutherische Kirche, Leitlinien kirchlichen Lebens. Eine Handreichung für eine kirchliche Lebensordnung, Gütersloh 2003, 79f.90.

30 Bernd Schröder, Religionspädagogik (NTG), Tübingen 2012, 270, führt im Hinblick auf die religionspädagogische Theoriebildung die beiden Maximen der »*Entsprechung* zu [... den] Grundsätzen« sowie der »*Passung* ihrer Handlungsorientierungen zur jeweiligen Handlungssituation« ein, die ich in den obigen Ausführungen für die Kasualtheorie adaptiere. Hervorhebungen wie im Original.

Allianz von Staat und Kirche. Dies wird sich überall in Deutschland zunehmend verändern. Sollen Kasualien weiterhin »Übergangszonen zwischen Kirche und gesellschaftlicher Öffentlichkeit, in denen die Abgrenzungen zwischen innen und außen verschwimmen«,[31] darstellen, dann müssen diese »kostbare[n] Gelegenheiten zur Kommunikation«[32] stärker im Hinblick auf die konfessionslose Öffentlichkeit profiliert werden. Dies gilt in Bezug auf die steigende Zahl der Gestaltung von Lebensfeiern durch freie Rednerinnen und Redner ebenso wie in Bezug auf die Frage der Umstrukturierung der Pfarrämter[33] und die Veränderung des Mitgliedschaftsverhaltens.

4. Ausblick: Ein Plädoyer für intermediäre Ausdrucksformen

Für Menschen ohne religiöse Sozialisation stellt die Welt gottesdienstlicher Liturgien und Rituale eine fremde Welt dar und die meisten von ihnen kommen gar nicht auf die Idee, dass dort etwas verborgen sein könnte, was »für sie gegeben ist«. Daher braucht es Mut und Kreativität zu intermediären Ausdrucksformen, um Religion in unterschiedlichen Kontexten aus dem Bereich der »Sondergruppensemantik«[34] zu lösen und kirchlich mitverantwortete Angebote zu entwickeln, die religiöse Suchbewegungen zu fördern vermögen.[35] Die katholische Kirche geht hier seit einigen Jahren vielversprechende Wege, indem sie z. B. in unterschiedlichen Städten Stellen für eine sog. Suchendenpastoral eingerichtet hat. Aus Erfurt sind neben den Feiern der Lebenswende verschiedene Beispiele bekannt, die der heutige Weihbischof Reinhard Hauke in der Praxis entwickelt hat, um Menschen die Lebensdienlichkeit des christlichen Glaubens in intermediären liturgischen Formen nahezubringen (Segnung von Paaren zum Valentinstag, monatliches Totengedenken,

---

31 Wagner-Rau, a. a. O. (Anm. 17), 79.

32 Eberhard Winkler, Tore zum Leben. Taufe, Konfirmation, Trauung, Bestattung, Neukirchen-Vluyn 1995, 53.

33 Vgl. Uta Pohl-Patalong, Von der Ortskirche zu kirchlichen Orten. Ein Zukunftsmodell, Göttingen ²2006.

34 Niklas Luhmann, Gesellschaftsstruktur und Semantik. Studien zur Wissenssoziologie der modernen Gesellschaft, Bd. 3, Frankfurt a. M. 1989, 350.

35 Vgl. Eberhard Hauschildt/Uta Pohl-Patalong, Kirche (Lehrbuch Praktische Theologie 4), Gütersloh 2013, 424.

Segnungsfeiern im Umfeld des Weihnachtsmarkts, nächtliches Weihnachtslob, Kosmas-und-Damian-Gottesdienste für Kranke und ihre Helfer). Die katholische Kirche fungiert bei dieser Form der Kommunikation des Evangeliums als »[s]chöpferische Minderheit«[36]. Diese Beispiele stellen kontextbezogene Antworten auf die schwindenden Grundlagen familialer religiös-kirchlicher Sozialisation dar. Auch in den alten Bundesländern, die über lange Zeit durch eine Kultur der Kirchenmitgliedschaft geprägt waren, sind bereits einige Versuche kooperativ-intermediären Handelns unternommen worden.[37] Ähnlich wie durch den Sonntagsgottesdienst werden auch hier keine Massen erreicht. Es geht vielmehr um eine situationssensible liturgische Arbeit mit Einzelnen bzw. kleineren Gruppen. Empirische Studien zeigen, dass es das wert ist.

---

36 Bischöfliches Ordinariat Magdeburg, Schöpferische Minderheit, Magdeburg 2014.

37 Vgl. z. B. Sönke von Stemm, Knockin' on Heaven's Door. Projektbericht aus einer westdeutschen Großstadt über Beziehungsräume, in denen sich Jugendliche religiös positionieren, in: Michael Domsgen/Emilia Handke (Hrsg.), Lebensübergänge begleiten. Was sich von Religiösen Jugendfeiern lernen lässt, Leipzig 2016, 183–196.

Gottesdienst im »konfessionslosen« Raum

Pluralität – Herausforderung oder Chance?

Konrad Müller

Wir leben in einer Gesellschaft, die erkennbar pluralisiert ist. Dies zeigt sich auf den verschiedensten Ebenen. Man denke nur an die Ausdifferenzierung der bundesrepublikanischen Parteienlandschaft oder an quantitativ messbare Tendenzen wie den Rückgang der Mitgliederzahlen bei den Gewerkschaften oder den Volkskirchen.

Kulturelle und strukturelle Faktoren spielen dabei zusammen. Ich will nur einige Dimensionen dieses Veränderungsprozesses andeuten. Individualisierung und Säkularisierung, die Transformation der Familie, die Immigration aus Kulturkreisen mit abweichender religiöser, ästhetischer und sozialer, genderbezogener Prägung, die Ausdifferenzierung der Informations- und Erfahrungswelten (Medien, Mobilität), der technologisch-wissenschaftliche Fortschritt oder das sich permanent verändernde Welt- und Geschichtsbild der Menschen bilden Teile eines komplexen Wirkungsgefüges, das sich der abschließenden Analyse zu entziehen scheint. Alles hängt mit allem zusammen.

Die christlichen Konfessionen und Glaubensgemeinschaften verlieren insofern mit einer gewissen Notwendigkeit zunehmend an Einfluss. Darüber hinaus gewinnen in den letzten Jahren die politischen Ränder in unserer demokratischen Gesellschaft an Gewicht. Verbunden sind all diese Umbrüche auch mit einer Pluralisierung der Lebens*stile* und Lebens*formen*.

Diese wenigen rudimentären Hinweise müssen genügen, um jenen gesellschaftlichen *Konsensverlust* zu beschreiben, der sich hinter der Rede von der pluralen Gesellschaft verbirgt. In den Bereichen des Rechts, der Ethik und der Moral führt dieser Konsensverlust zu großen Herausforderungen. Welche Werte können, wenn wir etwa die Bereiche der *medizinischen Ethik, der Wirtschaftsordnung* oder das weite Feld der *Familienpolitik* nehmen, noch als gemeinsam vorausgesetzt werden? Verstehen wir uns noch als christliche oder »nur« noch als christlich geprägte oder vor allem als aufgeklärte oder gar als werteplurale Gesellschaft, die sich, gegen die Auffassung des Grundgesetzes, in ihrem politischen Handeln ausschließlich an den sich je aktuell bildenden Mehrheitsentscheidungen orientieren sollte?

In dem Titel »Nach der Volkskirche. Gottesdienst feiern im konfessionslosen Raum« der Fachtagung des Liturgiewissenschaftlichen Instituts der VELKD, die vom 8. bis 10. Februar 2016 in Leipzig stattfand, sind jedenfalls die skizzierten Entwicklungen in dem Urteil gebündelt, dass wir uns gesellschaftlich in einem zunehmend konfessionslosen Raum befinden. Prognostiziert wird damit implizit, dass wir auf eine Zeit nach der Volkskirche zugehen, wenn nicht sogar schon in ihr leben. Die Metapher vom »konfessions*losen* Raum« bringt zum Ausdruck, dass durch den Wandel des gesellschaftlichen Meinungsklimas so etwas wie eine Leerstelle entstanden ist – unsere Gesellschaft also im Großen und Ganzen zu einem Ort mutiert ist, der sich in bester (radikalisiertliberaler) Tradition religiös-konfessionellen oder politisch-konfessionellen oder weltanschaulichen Vorfestlegungen verweigert und *alles* der Freiheit des Diskurses unterzuordnen scheint. Wobei man sich nicht von der Sprache verzaubern lasse: Freiheit des Diskurses meint hier eigentlich, dass Fragen des Inhalts formalisiert und in Fragen von Entscheidungsstrukturen transformiert werden. Dass dies nicht notwendig mit einem Gewinn an Freiheit des Diskurses verbunden ist, zeigt sich daran, dass auf vielen Ebenen der Meinungsdruck und das Meinungsmobbing, oft in Verbindung mit einer Attitüde moralischer Empörung, zunehmen.

Die Formulierung des Tagungsthemas hat mich insofern auch an die Position von Jürgen Habermas erinnert, der für die moderne und für die postmoderne Gesellschaft den herrschaftsfreien Diskurs gefordert hat und fordert. Es wäre einer eigenen Untersuchung wert, ob dieser herrschaftsfreie Diskurs, an dem sich der Emanzipationsgrad einer Gesellschaft prüfen lassen soll, im Rahmen der Pluralisierung wirklich gewachsen ist. Der »herrschaftsfreie« Diskurs verliert vielerorts an Zustimmung. Man denke nur an das Anwachsen des Populismus in allen westlichen Gesellschaften. Er ist aber auch in der demokratischen Mitte selbst in der Gefahr, vom Ziel zum ideologischen Mittel zu werden, das *die offene Diskussion um gesamtgesellschaftliche Werte und um deren »Offenheit« unterdrückt*. Der herrschaftsfreie Diskurs über den »herrschaftsfreien Diskurs« ist kaum noch möglich.

Ohne Zweifel: Wir verwandeln uns immer mehr in eine pluralisierte Gesellschaft, die den Konsensverzicht zunehmend als *Wert* begreift –

weil Pluralität ganz allgemein als kulturelle Bereicherung, vor allem aber als Vorbedingung verstanden wird, um Selbstbestimmung zu ermöglichen und zu fördern.

Der epochale Wandel, der darin besteht, dass sich die seit der *konstantinischen* Wende bestehende enge Verbindung von Kirche, Gesellschaft und Staat zunehmend auflöst und durch ein *postkonstantinisches* Zeitalter abgelöst zu werden scheint, hat natürlich auch Auswirkungen auf den Gottesdienst und die Verkündigung. Aber welche?

Der vorliegende Beitrag geht dieser Frage nach. Inspiriert ist er durch die oben erwähnte Fachtagung. Der Verfasser war gebeten worden, zu dieser Tagung als Beobachter aus seiner Sicht eine Zusammenfassung und kritische Würdigung der Tagungsergebnisse zu formulieren. Die folgenden Ausführungen fassen, ausführlicher begründet, jene Gedanken zusammen, die damals im mündlichen Vortrag geäußert worden sind.

Die Argumentation vollzieht sich dabei in sechs Schritten.

Zuerst wird im Rahmen einer philosophie- und ideengeschichtlichen Einordnung der Rede vom »konfessionslosen« Raum versucht, diese *auch* als Ausdruck eines Diskurses zu verstehen, der eine bestimmte philosophische Prägung aufweist.

In einem zweiten Schritt wird diese Sichtweise problematisiert. Auf deren Grundlage, lautet die These, dürfte es den evangelischen Kirchen in Deutschland schwerfallen, zu den Herausforderungen, die sich hinter der Formulierung vom »konfessionslosen Raum« verbergen, eine gemeinsam getragene überzeugende Antwort zu finden.

Als drittes wird mit Blick auf die weltanschauliche Pluralität unserer Gesellschaft die Voraussetzung selbst in Frage gestellt, dass diese Gesellschaft »konfessionslos« ist. Sie hat sich, lautet die Kernaussage dieses Abschnittes, nur in eine *multikonfessionelle* Gesellschaft verwandelt. Im Zusammenhang mit den dabei zu nennenden Entwicklungen haben sich auch verschiedene *Arten von Konfessionalität* entwickelt.

Der so verstandene *nicht-konfessionslose* Raum unserer Gegenwartskultur wird viertens unter Rückgriff auf Überlegungen des nordamerikanischen Philosophen Hilary Putnam auf jene Bedingungen hin befragt, die er an Institutionen stellt, damit diese im Spiel der neuen und neuartigen Konfessionalismen um Einfluss erfolgreich sind.

Auf zwei dieser Bedingungen wird näher eingegangen. Unter den Stichworten *»Stereotypie«* und *»linguistische Arbeitsteilung«* kommen strukturelle Herausforderungen in den Blick, die erfüllt sein müssen, um den Wandel von Konfessionalität in einer Gesellschaft mit zu gestalten.

Die in den ersten Punkten beschriebenen *Analysen* führen fünftens zur These, dass den Herausforderungen multikonfessioneller Gesellschaften primär nur durch die Bildung geeigneter, überzeugender *Localities und Lebensformen* begegnet werden kann, die sich durch Beziehungspflege, Identifizierbarkeit und Identitätsstärke auszeichnen.

Dem Gottesdienst kommt sechstens in diesem Zusammenhang eine hohe, ja eine zentrale Rolle zu. Er ist nicht eine *Veranstaltung*, die in einem bestimmten Rahmen der Kommunikation des Evangeliums dient. Vielmehr muss er als das zentrale Element, als das zentrale Symbol und als der zentrale Erlebensraum der Lebensform *Kirche* begriffen werden.[1]

1. Der konfessionslose Raum

1.1 Neokonfessionalismus

1.1.1 Erfahrung und Gefühl

Angesichts der eingangs skizzierten gesellschaftlichen Pluralisierung nimmt es nicht Wunder, dass in der Praktischen Theologie im Allgemeinen und in den Feldern der Liturgik und Homiletik im Besonderen Konfessionalität zunehmend hinterfragt wird. »Konfession« (als spezifische Form der Weltwahrnehmung) sei dabei vorläufig im Sinne eines *begrifflich festgelegten Kernbestandes* von Lehrmeinungen verstanden, die sich bei kirchlichen Konfessionen (als religiösen Glaubensgemeinschaften) in einer *abgrenzenden* Verkündigung und Glaubenspraxis äußert. Deswegen stellt sich für viele, die in den Volkskirchen Verantwortung

---

[1] Die folgende ideengeschichtliche Einordnung der Rede vom konfessionslosen Raum impliziert, dass ihre Überlegungen nur für den deutschsprachigen Raum, insbesondere für die Bundesrepublik Deutschland Geltung beanspruchen können. In anderen europäischen Ländern und Sprachräumen würden sich nach den gleichen Maßstäben, die in diesem Essay zur Anwendung kommen, andere Resultate ergeben. Dies hängt sowohl mit der spezifisch philosophischen Entwicklung des deutschsprachigen Raumes als auch mit dessen in vielerlei Hinsicht besonderer Geschichte zusammen. Während Materialismus und Positivismus weit verbreitete Geltung gewonnen haben, haben im deutschsprachigen Raum insbesondere verschiedene Lebensphilosophien (Schopenhauer, Nietzsche) eine große Wirkung entfaltet. Zudem hat der subjektive Idealismus Schleiermachers innerkirchlich die Wahrnehmung bis heute stark geprägt. Demgegenüber sind beispielsweise die USA eher durch den Pragmatismus und Pragmatizismus sowie durch die Analytische Philosophie beeinflusst und in ihrer Haltung deutlich weniger religionsfeindlich.

übernommen haben oder übernehmen wollen, die Frage, ob nicht unter den skizzierten Bedingungen der Moderne jede Glaubensgemeinschaft, wenn sie denn überleben will, die gesellschaftliche Pluralität in ihrem positiven Gehalt *begreifen, wertschätzen und in sich aufnehmen sollte.*

Ich sehe insgesamt zwei *Tendenzen,* die der theoretisch-theologischen Bewältigung dieser Aufgabe dienen wollen. Bei beiden geht es darum, die begriffliche Selbstfestlegung des Glaubens auf »Konfession« hin durch deutungsoffene *Relationsbegriffe* zu ersetzen, die individuelle Freiräume eröffnen und dadurch sowohl dem Denken als auch dem Lebensgefühl unserer Zeit entgegenkommen.

»Erfahrung«

Die erste Tendenz besteht darin, gegenüber dem Dogmatisch-Begrifflichen die *Erfahrung* stark zu machen. Die Erfahrungsfrage ist neu in den Brennpunkt gerückt.

Aber was *ist* Erfahrung?
In der kleinen VELKD-Broschüre: »Was ist lutherisch? Wissenswertes für Interessierte«[2] wird im Geleitwort die These aufgestellt, dass »die Erfahrung den Theologen macht.«[3] Sie kann sich dabei auf eine Äußerung Luthers in einer Tischrede berufen,[4] der dieser These sogar noch ein *allein* vorangestellt hat. *Allein* die Erfahrung macht den Theologen.

Luthers These ist allerdings interpretationsbedürftig. Luther selbst hat im Zusammenhang mit der Frage, was aus einem examinierten Theologen einen Theologen aus Leidenschaft oder aus Berufung mache, auch von der *Versuchung* geredet; es wäre (neben Gebet und Meditation) vor allem die *Versuchung,* die *Anfechtung* (tentatio), die den Theologen ausmache.[5] Der Unterschied zwischen beiden Aussagen ist wesentlich. Man

---

[2] Was ist lutherisch? Wissenswertes für Interessierte, hrsg. im Auftrag des Amtes der VELKD, Hannover [4]2013.

[3] A. a. O., 6.

[4] Vgl. WA Tr 1, 16, 13.

[5] Martin Luther schreibt in seiner Vorrede zum ersten Band der Wittenberger Ausgabe der deutschen Schriften, 1539, mit Bezug auf Psalm 119: »Da wirstu drey Regel innen finden, durch den gantzen Psalm reichlich furgestellet. Und heissen also: Oratio, Meditatio, Tentatio.« (WA 50, 659, 3–4). Zur tentatio erläutert er: »Die ist der Prüfestein, die leret dich nicht allein wissen und verstehen, sondern auch erfaren, wie recht, wie warhafftig, wie süsse, wie lieblich, wie mechtig, wie tröstlich Gottes wort sey, weisheit uber alle weisheit.« (A. a. O., 660, 1–4).

mag kaum glauben, dass sie vom selben Autor stammen: Denn die Anfechtung entsteht eben genau dort, wo der Glaube sich mit Erfahrungen auseinandersetzen muss, die den Einsichten und Inhalten des Glaubens widerstreben.

Erfahrung ist eben nicht gleich Erfahrung. Wir glauben daran, dass Gott uns bewahrt – eine »Imagination« des Seins, die zuerst einmal ohne eine entsprechende Anschauung formuliert ist, die sich aber unmittelbar bewähren mag, solange es uns gut geht. Dann erfahren wir, dass etwas Schlimmes geschehen ist. Nicht immer sind wir also »bewahrt«. Ist unser Glaube, ist unsere »Imagination«, unter dem Segen und Schutz Gottes zu leben, also mit unseren Erfahrungen in Einklang zu bringen? Anfechtung entsteht eben genau dort, wo der Glaube sich mit Erfahrungen auseinandersetzen muss, die den Einsichten und Inhalten des Glaubens widerstreben. Die *Anfechtung*, nicht die Erfahrung macht also den Theologen. Pointiert formuliert könnte man es auch so ausdrücken: *»Anfechtung«* besteht in der Begegnung der Erfahrung mit der »Imagination« eines Anderen, das nur uneigentlich, in *Abweichung* zur Erfahrung, erfahrungsdistant beschrieben werden kann und genau deswegen *begrifflich* geglaubt und im Glaubensvollzug in Vorstellungen, in »Entgegenhaltungen« übersetzt werden muss.[6] Die *Erfahrung*, die Luther in seinem Wort aus den Tischreden gemeint hat, ist demnach *nicht die Erfahrung des Alltags.*[7] Es

---

6 Vgl. Ps 73,23.

7 Interessant ist, dass Luther in seiner Aussage dennoch den Erfahrungsbegriff verwendet hat. Über die Hintergründe lässt sich natürlich nur spekulieren. Der nicht nur umgangssprachlich sehr schillernde Erfahrungsbegriff konnotiert auch mit »Gefühl«, insbesondere mit einem »Gefühl von Relevanz«. Im Sinne von »ich nehme sinnlich wahr« »erfahre« ich jeden Moment meines Lebens etwas. Ich werde aber nur dann von »Erfahrung« reden, wenn zur sinnlichen Empfindung noch ein Mehrwert hinzutritt, der mit einem wie auch immer gearteten Berührtsein umschrieben werden kann.

Luthers auf einen ersten, oberflächlichen Blick gegenläufige Aussagen lassen sich insofern ohne große Mühe synthetisieren. Bei der Rede davon, dass die *Anfechtung* oder die *Versuchung* den Theologen mache, tritt der Gedanke in den Vordergrund, dass Theologe nur der sein könne, der auch die Kunst beherrsche, gegen Gott zu Gott fliehen zu können (contra deum ad deum fugere). Heißt es, dass die Erfahrung den Theologen mache, so tritt in den Vordergrund, dass derjenige, der *gegen* die Erfahrung zu glauben, zu vertrauen, zu danken, zu bitten und zu erwarten gelernt habe, doch durchaus auch *in* der Erfahrung Gottes Fügung und Führung und Wirken entdecken könne. (Dass letzteres aber im Regelfall nicht Gegenstand der Kanzelpredigt sein *darf*, weil *Erfahrung* nicht die Autorität des Wortes Gottes ersetzen kann, ist hier nicht unser Thema.)

ist vielmehr jene Erfahrung, die aus dem Konflikt entsteht, dass wir das Wort Gottes mit unseren »Lebenserfahrungen« korrelieren. Allein die *erfahrungskritische* Erfahrung mit der Erfahrung ist es, die den Theologen macht, und die dem Theologen hilft, den Horizont des Erfahrbaren zu überschreiten. Theologie, die diesen Namen verdient, führt nicht in eine nur *andere* Erfahrung dieser Welt, sondern zur Transzendierung von Erfahrung in einer primär narrativ-begrifflich gegebenen Welt-Gottes-Vorstellung, die zwar ihre Sprache und ihre Bilder, nicht aber ihren Gegenstand und ihr heilsgeschichtliches Profil der Natur oder der Philosophie verdankt.

Dazu eine kurze Anschauung: In einem Gottesdienst, der bei gutem Wetter auf dem Friedhof gefeiert worden war, hatte die Predigt bei den *Erfahrungen* des Sterbens und des Verlustes naher Angehöriger angesetzt. Die »dogmatische« Auferstehungshoffnung, die den Horizont der Welterfahrung überschreitet und insofern *Imagination* einer anderen Wirklichkeit ist, war jedoch von der Predigerin offenkundig als zu bekenntnisnah, als zu »konfessionell« empfunden worden. Gott *tröstet*, ist die Kernbotschaft der Predigt gewesen, und führt das Leben zum Sieg. Fast wie bei Durchhalteparolen hat die Predigt dann Frühlings-»Erfahrungen« ins Feld geführt. Das Leben geht doch weiter, nach dem Winter kommt der Frühling, nach dem Dunkel kommt auch wieder Licht, und oft wendet sich alles überraschenderweise zum Besseren. Vermeintliche Gotteserfahrung.

Hinter der Unterscheidung von Glaube und Erfahrung steht aber eigentlich die Unterscheidung von *Empirie* und *Imagination.* In der genannten Auslegung ist die Auferstehungsbotschaft in eine Frühlingserfahrung *über*setzt, durch Natur- und Geschichtsbilder *er*setzt worden. Aber enthält die *Erfahrung,* dass es immer irgendwie weitergeht, wirklich eine stärkere Botschaft als das alte Evangelium, »Der Herr ist auferstanden, er ist wahrhaftig auferstanden«? Ist die »Frühlings-Erfahrung« wirklich plausibler? Und überzeugender? Die *letzte* Erfahrung unseres Lebens wird, mit Blick auf uns, jedenfalls *keine* Frühlingserfahrung sein. Das Jahr endet mit dem Winter, das Leben mit dem Tod. Wie oft, ja wie überwiegend *oft* geht Leben *sinnlos* zugrunde – und das letzte Wort, das die Natur zu uns spricht, ist das Wort vom Ende jeglicher Erfahrung.

Gerade auch bei Luther darf man durchaus davon ausgehen, dass er nicht, wie Spinoza, more geometrico geschrieben und gedacht hat, sondern »im Sprachspiel« seiner Zeit lebte. Eben das war es ja auch, was er meinte, als er sagte, man müsse den Leuten aufs Maul schauen.

Imagination mag in die Anfechtung führen. Religiös gedeutete *Moment-Erfahrung* hat es hier scheinbar besser. Sie kann sich mit sich selbst begnügen. Ihr Nachteil ist allerdings: Meistens ist sie »frühlingsgefühlt« sinnleer, weil sie sich der erfahrungsübergreifenden, Erfahrungen bündelnden und zugleich erfahrungskritischen *Bedeutungsgebung* verweigert. Sie ist Opium für Menschen, welche die Anfechtung nicht ertragen.

»Gefühl«

Die zweite Tendenz, die aus dem Bemühen erwächst, die gesellschaftliche Pluralität in ihrem positiven Gehalt zu *begreifen, wertzuschätzen und in sich aufzunehmen,* besteht darin, wieder dem *Geheimnis,* dem *Mysterion* und dem *Gefühl* ein höheres Gewicht zu geben.

Hier kommt natürlich der manchmal als evangelischer Kirchenvater titulierte Theologe und Philosoph Friedrich Daniel Ernst Schleiermacher ins Spiel. Schleiermacher hatte die Unterscheidung von *Anschauung und Gefühl* gegen Kant ins Spiel gebracht, der alle Erfahrung nach *Anschauung und Begriff* differenziert hatte. Schleiermacher, der sich hier ganz auf der Linie der idealistischen Philosophie des ausgehenden 18. Jahrhunderts bewegt, hat durch seinen subjektiven Idealismus den Spielfeldern des Verstandes und der Vernunft, nämlich der Moraltheologie und Metaphysik, ihr Eigenrecht und ihre Freiheit gelassen, daneben aber dem *Gefühl,* dem Sinn und Geschmack fürs Unendliche, eine eigenständige Provinz zugewiesen.

Den Gegensätzen von Erfahrung und Anfechtung, von Empirie und Imagination, die in den vorangehenden Überlegungen stark gemacht worden waren, entspricht hier ein Gegensatz von »Begriff« und »Gefühl«. Schleiermacher hat in dieser Unterscheidung in fast prophetischer Voraussicht die Autonomie der Vernunft in ihren radikalen Konsequenzen nicht nur erfasst, sondern auch bejaht, und die Pluralisierung des Denkens antizipiert, indem er Moraltheologie und Metaphysik, Ethik und Ontologie, die Imagination der Welt und unser gestaltendes Schaffen in die Hände der *Vernunft* gelegt hat.

Man darf sich allerdings, wenn man Schleiermacher zum Zeugen der Gegenwart aufruft, nicht von der Sprache in die Irre leiten lassen. Das Schleiermacher'sche »Gefühl« ist nicht mit dem, was wir heute eher (sinnliche) Empfindung oder Emotion nennen würden, gleichzusetzen. Eher tendiert Schleiermachers Rede vom Gefühl in Richtung einer ganzheitlichen, integralen Wahrnehmung des Seins – also in Richtung eines

Gefühls der schlechthinnigen Abhängigkeit oder eines Gefühls als eines Sinns und Geschmacks für das Unendliche.

In einer etwas oberflächlichen Rezeption Schleiermachers hat man Schleiermachers Philosophie deswegen zu Unrecht psychologisiert. Man meinte, seine Äußerungen zu Anschauung und Gefühl bzw. zum Gefühl der schlechthinnigen Abhängigkeit nach Art der gegenwärtigen Umgangssprache interpretieren zu können. Vor dem philosophiegeschichtlichen Hintergrund der damaligen Zeit meint aber »Anschauung« die sinnliche Wahrnehmung, die nicht in ein geschlossenes Deutungsmuster überführt werden kann, sondern zu einer Vielzahl von »Begriffen« führt, mit denen wir immer nur Teilaspekte der Welt, die doch ein *Wahrnehmungsganzes* ist, erfassen können. Das Gefühl, so wie Schleiermacher den Begriff verwendet, erfasst ein hinter diesen Deutungssegmenten liegendes, dem begrifflichen Erfassen entzogenes Sein und führt so zu einer Synthetisierung der Vielheit von Erfahrung. »Sinn und Geschmack fürs Unendliche« meint ein ganzheitliches »Zu-Bewusstsein-Kommen« eines sich dem Verstand und der Vernunft notwendig nur *gebrochen* zeigenden Seins.

Die Attraktivität der Schleiermacher'schen Terminologie liegt darin, dass sie es offensichtlich den gebildeten Liebhabern des Religiösen oder Transzendenten erlaubt, ohne dogmatische oder ethische Selbstfestlegung, ohne Dogma und Moral Religiosität als ein *Prozessgeschehen* zu begreifen, das jedem alles erlaubt und überall als hilfreich und weiterführend interpretiert werden kann. Der Philosoph Johann Eduard Erdmann beschreibt Schleiermachers Position so: »Das gleichzeitige Sichhingeben und Sichfinden, gleich weit von der individualisierenden Richtung der sinnlichen Naturen und der verallgemeinernden Begriffsvergötterung entfernt: das ist nach ihm [sc. Schleiermacher] das Wesen der Religion oder Frömmigkeit, in welcher der sich an das All Hingebende zugleich den Genuß dieser Hingabe hat. Darum ist die Religion weder ein Wissen noch ein Tun, sondern ein Fühlen, ist Gefühl des gemeinschaftlichen Lebens von All und Ich. [...] Verkennt man dieses, meint man an den Dogmen eine Erweiterung des Wissens zu haben, so entsteht Mythologie, in welcher Gott zu einem persönlichen Wesen verendlicht, der Genuß der Unendlichkeit in eine gehoffte Unsterblichkeit verkümmert wird. Gleiches gilt, wenn die Religion als Vorschriften gebend gedacht wird.

Jede religiöse Handlung ist als solche abergläubisch; alles soll mit, nichts aus Religion geschehen.«[8]

Der metaphysik- und moralkritischen Bedeutung des »Gefühls« bei Schleiermacher entspricht bei den Vertretern eines subjektiven, begrifflicher Erkenntnis skeptisch gegenüberstehenden Idealismus eine Abwendung vom »Objektiven« und eine Hinwendung zur *Ästhetik* und zum *Gespräch*. Nicht mehr die gemeinsame »Konfession«, die gemeinsam geteilte *thetische* Überzeugung, sondern das gemeinsame Suchen wird zum Ideal. So schreibt Friedrich Schlegel, unter Aufnahme der Philosophie und Terminologie Schleiermachers: »Wer Sinn fürs Unendliche hat und weiß, was er damit will, sieht in ihm das Produkt sich ewig scheidender und mischender Kräfte, denkt sich seine Ideale wenigstens chemisch und sagt, wenn er sich entschieden ausdrückt, lauter Widersprüche.«[9] An vereinzelten Stellen hat Schlegel deswegen den Gedanken der »Symphilosophie«[10] als einer Philosophie der Philosophie geäußert.

Solche Philosophie der Philosophie ist allerdings keine Meta-Philosophie im logischen Sinne, die sich mit Methoden der Philosophie über die Möglichkeiten und Grenzen philosophischen Denkens Rechenschaft geben will. Sie ist Metaphilosophie in einem höchst *konfessionellen* Sinn.

Sie ist *neokonfessionell*.

Sie ersetzt Weltanschauung, Theologie, Konfession, die sich auf *Begriff* und auf *Erzählung* festlegt, durch Konfessionalität, die ein Sein jenseits begrifflicher Definierbarkeit und jenseits geschichtlicher Fixierbarkeit behauptet, weil aller Erkenntnis und aller Geschichte ein Sein zugrunde liegen würde, das in *jeder* Erkenntnis und in *jeder* Geschichte wirksam und kräftig wäre. Ob dieses im deutschen Idealismus nicht-materialistisch gedachte Sein im subjektiven Kunstschaffen oder in objektiven Entwicklungsgesetzen seinen deutlichsten Ausdruck findet oder ob Sein und Natur als identisch gedacht werden, kann im Rahmen dieses neuen Konfessionalismus offengelassen werden. *Meta*konfessionell ist dieses Denken nur insofern, als es für sich einen übergeordneten Standpunkt behauptet, der das, was man bisher als Wahrheit behauptet hat,

---

8 Johann Eduard Erdmann, Philosophie der Neuzeit. Der deutsche Idealismus, Reinbek bei Hamburg 1971 (rowohlts deutsche enzyklopädie, Geschichte der Philosophie, Bd. 6), 70.

9 Friedrich Schlegel, Fragmente, in: ders., Werke in einem Band, München/Wien 1971, 5–108: 77.

10 A. a. O., 34, 38.

nur noch als *Teilwahrheit* begreift. *Konfessionell* ist es aber nun doch. Es setzt nicht nur eine monistische Weltauffassung voraus, sondern bewertet und interpretiert in einer Art philosophischem und theologischem Synkretismus die historischen Erscheinungsformen der einzelnen Denkschulen nach ihrer *Funktion* mit Blick auf das dem Seienden zugrunde liegende Sein. »Wer Sinn fürs Unendliche hat und weiß, was er damit will, sieht in ihm das Produkt sich ewig scheidender und mischender Kräfte, denkt sich seine Ideale wenigstens chemisch und sagt, wenn er sich entschieden ausdrückt, lauter Widersprüche.«[11]

Solch neokonfessioneller, philosophischer Synkretismus löst nicht nur das alte, vernunft- und begriffsorientierte philosophische Denken ab. Schleiermacher hat Kants Unterscheidung von Anschauung und Begriff eigentlich durch diejenige von »Anschauung und *Meta-Gefühl«* ersetzt und dadurch auch die feststehende begriffliche Interpretation unserer (sinnlichen) Erfahrungen dem Wandel kulturellen Werteempfindens geöffnet. Oder unterworfen.[12]

Die großen Umbrüche des 19. Jahrhunderts kündigen sich an. Die Lebensphilosophien der Neuzeit haben die skizzierten Entwicklungen konsequent weitergeführt und haben dem Denken, auch dem theologischen Denken, ein irrationales Moment vorgeschaltet.

Eine andere Entwicklungslinie führt eben zur Ästhetik. Nach Schlegel gibt die Philosophie ihre Bestimmung an die Kunst ab.[13] »Wo die Philosophie aufhört, muß die Poesie anfangen.«[14]

Die zeitgenössische Rede von *blue religion* klingt hier wie ein ferner Nachhall solcher Umbrüche, welche die Metamorphose eines konfessio-

---

[11] Vgl. Friedrich Schlegel, a. a. O. (Anm. 9).

[12] So urteilt Hans Joachim Störig: Schleiermacher »wollte dem christlichen Glauben sein Recht ebenso geben wie der unabhängigen wissenschaftlichen Forschung, so daß der Glaube die Forschung nicht hindern sollte und die Forschung nicht den Glauben. Er ist damit richtunggebend geworden für die Entwicklung des deutschen Protestantismus im 19. Jahrhundert«. (Hans Joachim Störig, Kleine Weltgeschichte der Philosophie, Stuttgart u. a. [17]1999, 504).

Die ganze Philosophie- und Theologiegeschichte zeugt aber weniger von einer schiedlich-friedlichen Koexistenz von Glaube und Forschung als vielmehr von einer unauflösbaren Interdependenz beider (vgl. dazu auch die folgenden Ausführungen über den Multikonfessionalismus).

[13] Zum Ganzen vgl. auch Vittorio Hösle, Zur Geschichte der Ästhetik und Poetik, Basel 2013, 85–95.

[14] Friedrich Schlegel, a. a. O. (Anm. 9), 94.

nellen Denkens in eine neokonfessionelle Lebenshaltung beschreiben. Gedacht als »religiöser und kultureller Synkretismus aus Grenzüberschreitung, bei der die entstehende Verwirrung kreativ wird und so neuerlich Anschauung und Gefühl produziert«,[15] wirkt die Rede von *blue religion* wie der Versuch, der modernen pluralen Gesellschaft eine religionsphilosophische Grundlegung zu geben – einer Gesellschaft, die ihre Mitte darin gefunden zu haben glaubt, auf den gemeinsam geteilten »Begriff« verzichten, an Stelle dessen wohl aber alles »mit Gefühl« und »Poesie« tun zu können.

Nur: Ist das nach der Weise Schleiermachers verstandene »Gefühl«[16] das Mittel, mit dem wir jene Leerstelle füllen können, die mit der Wendung *»konfessionsloser Raum«* bezeichnet ist?

Kann das Gefühl, das doch selbst auf den Begriff angewiesen ist, um bewusst zu werden, den Begriff ersetzen? Und können Menschen, die sich verständigen wollen, das Ringen nach *gemeinsamen* Werten durch eine Kultur wertschätzender Mitteilung ablösen, die allen ihr je Eigenes belässt?

Ist es immer noch eine weltanschauliche Option zu glauben, dass die Welt, in der wir leben, nach jener Weise funktioniert, wie es sich der subjektivistische Idealismus eines Schleiermacher oder eines Schlegel gedacht hat?

Der Philosoph Vittorio Hösle, der in den Vereinigten Staaten lehrt, steht dieser Hoffnung jedenfalls skeptisch gegenüber. In Auseinandersetzung mit Schlegel und dessen ästhetisch-kommunikativen Theoremen schreibt er: Eine »zentrale Idee der Frühromantik war, auch das Leben als Kunstwerk zu gestalten«.[17] Dies schließe das Gespräch als Kunstwerk mit ein. Es wäre aber »notorisch schwierig, das reale Leben ästhetischen Normen zu unterwerfen, weil ein Grundprinzip jeder Kunst Abstraktion ist und das Leben es nicht gestattet, von bestimmten unpoetischen Dingen wie dem Begleichen von Rechnungen und dem Wickeln der eigenen Kleinkinder zu abstrahieren. Die Ästhetisierung der Existenz ist, wo immer man sie versucht hat, mittelfristig gescheitert, und das Ideal von Intersubjektivität, das die Frühromantiker inspirierte, hat sich in der Wirklichkeit nicht lange gehalten – unvergleichlich kürzer als die institutionalisierte Lebensgemeinschaft antiker Philosophenschulen oder

15 Vgl. den Beitrag von Matthias Krieg in diesem Band, 98.
16 Besser eigentlich: Meta-Gefühl.
17 Vittorio Hösle, a. a. O. (Anm. 13), 92f.

religiöser Orden. Dennoch liegt ein Reiz des *Gesprächs* darin, dass es nicht nur ästhetische Theorien debattiert, sondern eine Lebensform vorführt«.[18]

1.1.2 »Religiöse« Erfahrung

Hat aber für die zeitgenössischen Lebensformen, muss man sich jetzt fragen, religiöse Erfahrung noch eine Funktion und Bedeutung? Ist der Rekurs auf »Erfahrung« und »Gefühl« – was auch immer beide Begriffe bedeuten mögen – der den Volkskirchen gebotene Weg, wenn sie die gesellschaftliche Pluralität in ihrem positiven Gehalt *begreifen und wertschätzen,* mit dem modernen und postmodernen Menschen eine gemeinsame Gesprächsplattform teilen und in Staat und Gesellschaft eine tragende öffentliche Rolle spielen wollen?

Man wird, meine ich, diese Frage nur dann annähernd sachgemäß beantworten können, wenn man zuerst zu klären versucht, ob und wie weit unsere gegenwärtige Gesellschaft wirklich noch im Sinne des Idealismus eines Schleiermacher oder Schlegel lebt und fühlt.

Hier sind Zweifel angebracht. Denn Schleiermachers Rede vom »Sinn und Geschmack fürs Unendliche« bzw. vom »Gefühl der schlechthinnigen Abhängigkeit« ist, auch was ihre philosophischen Voraussetzungen betrifft, von vielen Seiten mit gewichtigen Argumenten kritisiert worden. Ihre Problematik hat vielleicht am prägnantesten der Theologe und Religionswissenschaftler Rudolf Otto zum Ausdruck gebracht. »Das Gefühl einer ›schlechthinnigen Abhängigkeit‹ meiner«, schreibt Otto, »hat zur Voraussetzung ein Gefühl einer ›schlechthinnigen Überlegenheit (und Unnahbarkeit)‹ seiner.«

Otto hat damit die Finger auf den wunden Punkt in Schleiermachers Argumentation gelegt. Denn Wahrnehmung ist doch immer Wahrnehmung von *etwas.* Wenn aber das, was wir wahrnehmen, mit den Worten Schlegels gesprochen, nur »Produkt sich ewig scheidender und mischender Kräfte« ist, jegliche Ideale nur »chemisch«, in freier und sich permanent verändernder Kombination vorzustellen sind und jeder begriffliche Ausdruck nur zu »lauter Widersprüche[n]« führt, dann ist dieses »Etwas« nur noch radikal unbestimmt zu denken. Es ist nicht mehr identifizierbar. Es ist nur noch ein sprachliches Postulat. Es spricht jeglicher Erfahrung so etwas wie Seinsgründigkeit zu – aber die je einzelne Erfahrung ist dann doch nicht mehr ernst genommen, führt sie doch zum immer sel-

---

18 A. a. O., 93.

ben Ergebnis: Im *Sein* »leben, weben und sind wir«;[19] von dort – was auch immer sich nun hinter diesem dort verbirgt – empfangen wir alles, und dorthin kehren wir wieder zurück. Was auch immer dies bedeuten mag.

Nun kann es hier nicht darum gehen, Rudolf Ottos Theologie oder Weltanschauung gegen Schleiermacher stark zu machen. Rudolf Ottos *Frage* jedoch gilt: Auch das Gefühl will mit Blick auf die Erfahrung, die ihm zugrunde liegt, identifiziert und so auf den Begriff gebracht sein. Deswegen kritisiert Otto die von Schleiermacher propagierte Verortung des »Gefühls der schlechthinnigen Abhängigkeit« in der Schöpfungslehre zu Recht;[20] behauptet sie doch einen Erfahrungsbezug, den sie als letztlich unbestimmbar ansieht und damit de facto selbst aufhebt.

In Abgrenzung dazu entwickelt Otto seinerseits eine Gestaltlehre des religiösen Gefühls, das sich auch vom Kulturschaffen der jeweiligen Zeiten fundamental *abhebt. Religiöse Erfahrung ist für Otto eine gesonderte* Erfahrung. Nicht jeder macht sie; und wer sie nicht hat, wer sie nicht kennt, kann sie auch nicht *verstehen.*[21]

Freilich kann Ottos Frage nach dem, was oder *wer* der »religiösen« Erfahrung zugrunde liegt, auch ganz anders beantwortet werden. Ich möchte, um die Diskussion der Begriffe »Erfahrung« und »Gefühl« und »religiöse Erfahrung« zu einem vorläufigen Abschluss zu bringen, zuletzt noch William James zitieren. Wir verlassen mit ihm den Raum des deutschsprachigen Philosophierens und betreten die anglo-amerikanische Gedankenwelt.[22]

James hat in seiner inzwischen zu den Klassikern der Religionsphilosophie gerechneten Vorlesungsniederschrift »Die Vielfalt religiöser Er-

---

[19] Vgl. Apg 17,28.

[20] Vgl. Rudolf Otto, Das Heilige, München 1963, 175–182.

[21] So schreibt Otto in »Das Heilige«, in erster Auflage erschienen 1917, zu Beginn seines dritten Kapitels: »Wir fordern auf, sich auf einen Moment starker und möglichst einseitiger religiöser Erregtheit zu besinnen. Wer das nicht kann oder wer solche Momente nicht hat, ist gebeten, nicht weiter zu lesen. Denn wer sich zwar auf seine Pubertäts-gefühle, Verdauungs-stockungen oder auch Sozial-gefühle besinnen kann, auf eigentümlich religiöse Gefühle aber nicht, mit dem ist es schwierig Religionskunde zu treiben.« (A. a. O., 8).

[22] Ist die deutsche Kultur bis heute von den verschiedenen philosophischen Idealismen geprägt, so bevorzugt die angloamerikanische Kultur empirische oder pragmatisch-pragmatizistische Denkansätze. Als Vertreter beider »Schulen« seien für letztere Charles Sanders Peirce und William James, für erstere Bertrand Russel und Willard Van Orman Quine genannt.

fahrung« über die von ihm so genannte *mystische* Erfahrung Folgendes geschrieben:

»Ich möchte [...] noch einmal wiederholen: das Vorhandensein mystischer Zustände räumt mit dem Anspruch nichtmystischer Zustände auf, sie allein seien die einzige und letzte Wahrheitsinstanz. [...] Die Rolle des Verneiners spielt in der Kontroverse um die Mystik eher der rationalistische Kritiker [...]. Es wird immer eine offene Frage bleiben, ob mystische Zustände möglicherweise [...] Fenster [sind], durch die der Geist auf eine größere und umfassendere Welt hinausschaut. Daß die Ausblicke aus den verschiedenen mystischen Fenstern verschieden sind, steht dieser Annahme nicht im Wege. Die größere Welt wäre in diesem Fall einfach nur genauso vielschichtig wie diese. Sie hätte ihre himmlischen und ihre höllischen Regionen, sie hätte Momente der Versuchung und Momente der Erlösung, sie hätte gültige und trügerische Erfahrungen, ganz so wie unsere Welt; und dennoch wäre sie eine größere Welt. Unsere Erfahrungen in ihr müßten wir auf dieselbe Weise sammeln, wie wir es in der natürlichen Welt gewohnt sind: durch Auswählen, Einordnen und Ersetzen. Wir wären in ihr für Irrtum genauso anfällig, wie wir es jetzt sind; aber das Einbeziehen dieser größeren Bedeutungswelt und die ernsthafte Auseinandersetzung mit ihr, so verwirrend sie sein mag, könnten unumgängliche Stufen auf unserem Weg der Annäherung zu den letzten Wahrheiten sein.

In dieser Form, denke ich, müssen wir den Gegenstand stehen lassen. [...] mystische Zustände [...] erzählen von der Überlegenheit des Ideals, von Unermeßlichkeit, von Vereinigung, von Geborgenheit und von Ruhe. Sie bieten uns *Hypothesen an, Hypothesen die wir willentlich ignorieren, aber denkend nicht außer Kraft setzen können. Schließlich könnten der Glaube an die Übernatürlichkeit und der Optimismus, zu denen sie uns überreden möchten, wenn man sie nur richtig deutet, die wahrsten Einsichten in den Sinn dieses Lebens sein.«*[23]

Hält man jetzt nebeneinander, wie in der erwähnten Friedhofspredigt, wie bei Schleiermacher, wie bei Otto und wie bei James von (religiösem) »Gefühl« und »Erfahrung« geredet und gedacht wird, zeigt sich: Hinter den gemeinsamen Worten verbergen sich gedankliche Welten, die Lichtjahre voneinander entfernt sind.

---

[23] William James, Die Vielfalt religiöser Erfahrung, Frankfurt am Main/Leipzig 1997, 422f.

Der zur Rechtfertigung subjektivistischer Neo-Konfessionalität dienende Rekurs auf Erfahrung und/oder auf das (religiöse) »Gefühl« führt wohl in die Sackgasse. Denn beide Begriffe sind, wie die vorangehenden Erwägungen gezeigt haben, viel zu unbestimmt:

- Was ist mit Erfahrung gemeint? Die Alltagserfahrung? Irgendeine gesonderte Erfahrung? Die begrifflich gedeutete Erfahrung oder die Erfahrung mit der Erfahrung, die sich als ein Berührtsein äußert, oder die Erfahrung, welche die gedeutete Erfahrung im Lichte des Evangeliums neu versteht? Die (ordentliche) religiöse oder gar die (außerordentliche) mystische Erfahrung? Die meditative Erfahrung oder jener heilige Schauer, der mir den Rücken herunterläuft, wenn ich die Botschaft höre, dass Christus auferstanden ist? Die Erfahrung von »Gesetz und Evangelium« oder die Erfahrung eines *tremendum* und eines *fascinans* oder die Erfahrung vom Zuspruch und Anspruch des Evangeliums, der mich unmittelbar »packt« und in die Verantwortung für diese Welt nimmt?

- Und was meint Gefühl? Gefühl ganz allgemein? Oder ein besonderes Ergriffensein? Ein Gefühl dessen, was mich unbedingt angeht? Ein Gefühl der schlechthinnigen Abhängigkeit? Ein Gefühl der schlechthinnigen Überlegenheit Seiner? Etwas Introspektives? Etwas Ekstatisches? Etwas Erhebendes? Ein Gefühl von Vertrauen, Urvertrauen, Verbundenheit? Etwas Religiöses? Etwas Existentielles?
  Geht es bei ihm um sinnliche Wahrnehmung? Um Innenwahrnehmung? Um Selbstwahrnehmung?

Die kirchliche Rede von »Gefühl« und »Erfahrung« ist außergewöhnlich unterbestimmt. Ganz neu ist diese Beobachtung allerdings nicht; sie hat, zumindest was den Erfahrungsbegriff betrifft, paradoxerweise *auch damit zu tun, dass letzterer in den Einzelwissenschaften sogar eine Art »Überbestimmung« erfahren hat.* Erfahrung, schreibt Christian Gremmels, »gehört heute zu jenen Großbegriffen in den Wissenschaften, die in terminologischen, definitorischen und disziplinären Hinsichten einen Grad an Ausdifferenzierung erreicht haben, bei dem allmählich schon wieder unsichtbar zu werden beginnt, was mit der Sache des Begriffs gemeint ist. Auch außerhalb der explizit empirisch ausgerichteten Disziplinen gehört ›Erfahrung‹ – in einer jeweils spezifisch organisierten Bedeutungsgestalt – zu denjenigen Termini, auf die eine scientific community, die auf sich hält, nicht gut verzichten kann. Ähnlich verhält es sich mit der Vielfalt von Erfahrung, wenn wir über die Grenzen der wissenschaftlichen Welt hinaus in den Bereich der vorwissenschaftlichen Lebenswelt eintauchen; kennzeichnend ist hier die Entgrenzung der Erfahrungsräume, durch die – ob esoterisch oder virtuell vollzogen – im sinnlichen oder übersinnlichen Bereich immer wieder neue Zonen von Erfahrbarkeit bereitgestellt werden. ›Erfahrung‹ heißt heute: Alles wird Erfahrung, und jede Erfahrung gilt gleichviel wie jede andere; kurzum: ›Erfahrung‹ ist – sowohl im wissenschaftlichen wie im vorwissenschaftlichen Bereich – zu einem semantisch außer Kontrolle geratenen Begriff geworden; und die Frage ist daher die: Wie ist mit einem durch Überbestimmung bestimmungslos gewordenen Begriff umzugehen? Was ist zu tun angesichts der Leere dieses Begriffs?«[24]

Man wird es also weder einem Friedrich Schleiermacher oder einem Paul Tillich noch den Theologinnen und Theologen unserer Zeit, die erwähnte Predigerin eingeschlossen, vorwerfen können, wenn sie *Gefühl* oder *Erfahrung* auf *ihre* Weise verstehen und verwenden. Solch subjektive Interpretationen werden jedoch dann zum Problem, wenn sie das Profil einer Kirche bis zur Unkenntlichkeit verschwimmen lassen.[25]

Es mag deswegen sein, dass das Ende der Volkskirche gekommen ist. Es mag sein, dass wir für unsere plurale Gesellschaft auch das Ende der Konfessionalität konstatieren müssen. Es mag sein, dass sich gesamtgesellschaftlich so etwas wie ein konfessionsloser Raum gebildet hat. Der alleinige Rekurs auf Erfahrung, auf religiöse Erfahrung, auf mystische Erfahrung oder auf das Gefühl ist jedenfalls keine Alternative, auf die sich eine Glaubens*gemeinschaft* gründen könnte. Er ist dies jedenfalls so lange nicht, solange sich in den Volkskirchen darüber kein Konsens hergestellt hat, was sie unter »Erfahrung« und »Gefühl« oder »religiöser Erfahrung« verstehen wollen. Kirche braucht aber wie jede soziale Gruppierung Identifizierbarkeit und sie braucht Identität. Ansonsten wird sie *gerade im konfessionslosen Raum, der möglicherweise gar nicht konfessionslos ist,* nicht mehr wahrgenommen. Und allein schon deswegen vergessen. Ersetzt.

---

[24] Christian Gremmels, Religion, Theologie und Erfahrung, in: Michael Hampe/ Maria-Sybilla Lotter (Hrsg.), »Die Erfahrungen, die wir machen, sprechen gegen die Erfahrungen, die wir haben«. Über Formen der Erfahrung in den Wissenschaften, Berlin 2000, 81–93: 81.

[25] Der Neokonfessionalismus hat vor allem nach seiner konfessionskritischen Seite gewirkt, es aber nicht vermocht, selbst konfessionsbildend zu wirken.

2. Der multikonfessionelle Raum – Weitungen, Umbrüche, weltanschauliche Revolutionen

Nun ist die Rede von (religiöser) Erfahrung oder von Gefühl nicht nur wegen ihrer unaufhebbaren Vagheit und Unbestimmtheit schwierig. Die weltanschauliche, ästhetische und lebenspraktische Pluralität der Moderne wäre noch nicht begriffen, wenn man sie alleine vor dem Hintergrund des im vorhergehenden Kapitel skizzierten Neo- oder Metakonfessionalismus verstehen wollte. Vielmehr haben sich, wie ein Blick ins 19. und 20. Jahrhundert zeigt, noch ganz andere und andersartige Denk- und Handlungsmuster entwickelt, die den Diskurs- und Erlebensraum unserer Zeit maßgeblich konstituieren. Ohne sie auch nur ansatzweise vollständig darstellen zu können, seien sie doch wenigstens so weit exemplarisch skizziert, dass sie die Bedeutung der Rede vom »konfessionslosen« Raum besser verstehen als auch deren Grenzen bestimmen helfen.

Homo Creator: Fortschritt, Technik, Gerechtigkeit

Begleitend zum erkenntnisskeptischen Idealismus eines Schlegel oder eines Schleiermacher hat sich nämlich eine Denkbewegung entwickelt, die, überzeugt von der Möglichkeit objektiver, begrifflicher Erkenntnis, durchaus »konfessionell« geblieben ist. »Konfessionalität«, verstanden als erkenntnistheoretisch zu bestimmende Dimension, in der sich die Identität von sozialen Gruppierungen zeigt, ist eben nicht nur ein religiös-kirchliches Phänomen. Dieser Begriff, löst man ihn von seiner auf die Kirche bezogenen Konnotation, lässt sich problemlos auf Weltanschauungen, Weltbilder und Ideologien beziehen. Dann wäre Konfessionalität als *begriffliche Festlegung* von Urteilen zu bestimmen, die sich durch eine *profilierte, abgrenzende Ontologie oder »Metaphysik«* und eine spezifisch wissenschaftliche, politische oder »existentielle« Programmatik auszeichnen. Während der *erkenntnisskeptische* Idealismus die Wahrheitsfrage in diesem Sinn relativiert hat, sind hier erkenntnisoptimistische Philosophien idealistischer oder materialistischer Herkunft durchaus »konfessionell«, wenn man will: konservativ, geblieben und haben an der Vorstellung der Erschließbarkeit und Gestaltbarkeit der Welt im »Begriff« festgehalten.

Einen klassischen Ausdruck hat diese Denkbewegung unter anderem in der Hegel'schen Geschichtsphilosophie gefunden. Einhergegangen ist dieses Denken mit einer Relativierung der Religion, die in der philosophischen Erkenntnis ihre dialektische »Aufhebung« erfährt. Auch

Auguste Comte, der Vater des Positivismus, und *Karl Marx*, der Hegels Dialektik »vom Kopf auf die Füße« stellte, *sind insofern »konfessionell« geblieben und darin in Konkurrenz und Gegensatz zum Anspruch vieler Religionen getreten.* Marx geht es zwar nicht darum, die Welt zu *erkennen*, wohl aber, sie zu *verändern*. Dieses aber sei eine *wissenschaftliche Aufgabe* – wir hören den konfessionellen Ton –, und jegliche Religion stehe dieser Aufgabe letztlich nur im Weg.

Der Rekurs auf Erfahrung und Gefühl, so wie ihn Schleiermacher verstanden hat, besitzt in diesem Kontext keinerlei sachliche Evidenz. Er hätte nur dann eine kybernetische Berechtigung, wenn auch ein überzeugter Marxist bzw. ein gläubiger Positivist »im Grunde genommen« doch Sinn und Geschmack fürs Unendliche hätte, den man in ihm »nur« zu wecken bräuchte und der »eigentlich« in der Tiefe jeglicher Erfahrung gegeben wäre. Dass dem allerdings so wäre, dafür gibt es meines Wissens keine empirische Bestätigung.

Die theologische Philosophie Paul Tillichs hat sich zwar neuen, nicht-religiösen Konfessionen gegenüber offen gezeigt und sie für den theologischen Diskurs fruchtbar gemacht oder zumindest fruchtbar zu machen versucht. Sie hat aber dem Nicht-Theologen und Nicht-Christen eigentlich keinerlei Grund dafür geliefert, warum er für das, was ihn unbedingt angeht, eigentlich noch der Religion, der Gemeinschaft der Gläubigen, der Heiligen Schrift oder des jesuanischen Vorbildes bedürfte.

Wir brauchen hier die einzelnen Argumente nicht zu prüfen oder zu gewichten. Die Neigung zur »Aufhebung« von Religion, die sich innerhalb eines hegelianischen Denkansatzes oder des Materialismus ergibt, ist also *nicht* in einem idealistischen Neo- oder Metakonfessionalismus gegründet, sondern mit einem klaren weltanschaulichen, »positiven« Konfessionalismus verknüpft, der sich in der Gegenwart beispielsweise als Fortschrittsglaube oder als Glaube an die Gestaltbarkeit der Welt durch die Veränderung der sozialen Verhältnisse oder als Wissenschaftsglaube oder als Begriffsgläubigkeit äußert. Kirchliche oder volkskirchliche Konfessionalität ist hier deswegen nicht gefragt, weil Religion bestenfalls unwichtig ist. Wenn nicht gar hinderlich oder schädlich.

Alle mit einem theoretischen oder praktischen Wahrheitsanspruch auftretenden nichtreligiösen Denksysteme setzen sich in ihrem *Anspruch* an die Stelle religiöser Systeme und werden darin zu »Kirchen« der Moderne. Sofern sich ihr *Wahrheits*anspruch mit einem *Geltungs*anspruch verbindet, wie dies beispielsweise bei den genannten Philosophien von Auguste Comte oder Karl Marx der Fall ist, werden dann die »Kirchen« zu

Konkurrenten und zu Gegnern. Sie werden zu Feinden des Fortschritts erklärt. Weltanschauungen solcher Art besitzen ihre Spitze in *Programmen,* die auch dann ihre funktional gegen die Religionen und »Kirchen« gerichtete Intention behalten, wenn Theologen versuchen, Teile solcher Programme theologisch zu legitimieren und zu übernehmen.

Der *konfessionslos* erscheinende Raum der Gegenwartskultur erweist sich insofern in der Breite sowohl als neokonfessionell-pluralismusbejahend-religionspositiv als auch als zugleich (teils latent) konfessionell und antireligiös, zumindest aber als konfessionell-antikirchlich, ja antichristlich.[26] Wollte man dieses Miteinander zweier durchaus gegenläufiger Unterströmungen unserer Kultur, die unseren »sozialen Diskurs- und Wahrnehmungsraum« bestimmen, in ein der Mathematik entlehntes Bild fassen, könnte man von zwei phasenverschobenen Sinuskurven sprechen, bei der beide Kurven eine unterschiedliche Wellenlänge besitzen. Unsere Gesellschaft ist nicht konfessionslos geworden. Eher kann man das Gegenteil beobachten: Sie hat sich von einer weitgehend monokonfessionellen zu einer komplex multikonfessionellen Gesellschaft entwickelt, die sich zudem auch noch in unterschiedliche *Arten* von Konfessionalität, in begrifflich bestimmte (konfessionelle) und in primär ästhetisch bestimmte (neokonfessionelle) Lebensformen ausdifferenziert hat.

Homo Deus: Wille, Macht, Entschlossenheit, Leben

Damit jedoch nicht genug: Im 19. Jahrhundert hat sich zu diesen kulturellen Strömungen nachaufgeklärter und idealistischer Provenienz noch eine Bewegung der Gegenaufklärung entwickelt. Sie setzt in mancher Hinsicht bereits bei Schopenhauers Lebensphilosophie ein, die mit der Entdeckung des altindischen Denkens einhergeht und auch aufgrund ihrer pantheisierenden Ontologie durchaus ihre Verwandtschaft mit dem Deutschen Idealismus nicht verleugnen kann. Spätestens mit Friedrich Nietzsche ist aber der Ab- und Umbruch vollzogen. Nietzsche hat die Frage nach der *Wahrheit* auf ihre Funktion hin befragt, sie als Frage diskreditiert und dieser Frage den *Willen zur Macht* entgegengehalten. Der

---

26 Dies bedeutet: Er will die gesellschaftliche Wirksamkeit der Kirchen zurückdrängen. Im Dritten Reich sowie in der DDR hat sich dies nicht nur in der Beschränkung und Unterdrückung der öffentlichen Rede von Vertretern der Kirchen geäußert, sondern in ebensolchem Maße auch in Maßnahmen, die gegen die *Lebens- und Ausdrucksformen der Kirchen (Gottesdienste, Jugendgruppen, Rituale wie die Konfirmation)* gerichtet waren.

erste Aphorismus von *Jenseits von Gut und Böse* beginnt mit einer Absage an jede Form von Konfessionalität und Neo-Konfessionalität. »Der Wille zur Wahrheit, der uns noch zu manchem Wagnisse verführen wird, jene berühmte Wahrhaftigkeit, von der alle Philosophen bisher mit Ehrerbietung geredet haben: was für Fragen hat dieser Wille zur Wahrheit uns schon vorgelegt! [...] Was Wunder, wenn wir endlich einmal mißtrauisch werden, die Geduld verlieren, uns ungeduldig umdrehen? [...] *Wer* ist das eigentlich, der uns hier Fragen stellt? *Was* in uns will eigentlich ›zur Wahrheit‹? – In der Tat, wir machten lange halt vor der Frage nach der Ursache dieses Willens – bis wir, zuletzt, vor einer noch gründlicheren Frage ganz und gar stehenblieben. Wir fragten nach dem *Werte* dieses Willens. Gesetzt, wir wollen Wahrheit: *warum nicht lieber* Unwahrheit? Und Ungewißheit? Selbst Unwissenheit?«[27] Ist diese Frage erst einmal gestellt, führt sie den Fragenden in einen Raum *jenseits von Wahr und Falsch, jenseits von Gut und Böse.* Konfessionslos ist auch dieser Raum *nicht.* Er ist anti-»konfessionell«. Nietzsche fragt nach dem Leben und nach Macht. »Die Falschheit eines Urteils ist uns noch kein Einwand gegen ein Urteil [...]; und wir sind grundsätzlich geneigt zu behaupten, daß die falschesten Urteile [...] uns die unentbehrlichsten sind [...]. Die Unwahrheit als Lebensbedingung zugestehen: das heißt freilich auf eine gefährliche Weise den gewohnten Wertgefühlen Widerstand leisten; und eine Philosophie, die das wagt, stellt sich damit allein schon jenseits von Gut und Böse«.[28] Man kann hier durchaus von einer »Gegenaufklärung« reden. Auch Heideggers Existentialismus mit seiner Betonung der »Entschlossenheit« fügt sich in gewisser Hinsicht in diese kulturelle Grundgestimmtheit ein, die, zumindest in Teilen, von einem Pathos des »Nein« zur theoretischen und zur praktischen Vernunft lebt.

Es gereicht dem Christentum, so wie es sich in den großen Konfessionen im Europa der Wende zum 20. Jahrhundert dargestellt hat, durchaus zur Ehre, dass es von vielen, die sich durch die verschiedensten lebensphilosophischen oder (später) existentialontologischen Ansätze haben inspirieren lassen, als deren großer *Gegner* angesehen worden ist.

---

27 Friedrich Nietzsche, Jenseits von Gut und Böse, in: ders., Werke in drei Bänden, Bd. 2, München/Wien 1977, 563–759: 567.

28 A. a. O., 569f.

Homo Perfectus: Selbstbestimmung, Diskurs, Demokratie, Freiheit

Zuletzt hat sich eine umfassende, ebenfalls konfessionelle Züge tragende Skepsis gegen jegliche Form der nicht-wissenschaftlichen Weltanschauung als *Daseinshaltung* etabliert.

Im In-, Mit- und Durcheinander der verschiedenen Wissenschaften haben so beispielsweise sowohl die Psychoanalyse Sigmund Freuds mit ihrem Anspruch auf wissenschaftliche Erklärung des »Seelenapparates« als auch der dem wiederum ablehnend gegenüberstehende Behaviorismus oder die Analytische Philosophie mit ihrer Forderung nach einer exakten Sprache nicht nur alle nichtwissenschaftlichen Systeme in ihren Forschungsbereichen in Frage gestellt und den Deutungsanspruch der Wissenschaften verabsolutiert. Sie haben de facto den Anspruch der Wissenschaften auf alle Lebensbereiche ausgeweitet.

Damit hat sich allerdings zugleich auch die Wissenschaftstheorie selbst pluralisiert. Die Hinwendung zu den Human- und zu den Sprachwissenschaften hat die alte Frage, was Wissen sei und was Wissen könne, nicht beantwortet, sondern in einen neuen Horizont gestellt. Die Frage selbst ist fraglich geworden. Was ist Wissen? Was ist Sprache? Was ist Sein? Wenn wir uns im Erkenntnisakt immer im Zirkel dieser drei Bestimmungen bewegen, bleibt eigentlich alle Erkenntnis notwendig begrenzt. Gefangen in der Erfahrung. Sie bleibt *Stückwerk.* Der Triumph der Wissenschaften hat ihnen selbst ihre vielleicht größte Niederlage beigebracht.

Dem Vertrauen in die wissenschaftliche Methodik hat dies alles aber nicht geschadet. Im konfessionslosen Raum unserer Gesellschaft hat sich eine gegenüber jedem Wahrheitsanspruch zutiefst skeptisch eingestellte und zugleich durch einen überbordenden Gestaltungsoptimismus gekennzeichnete Wissenschaftsgläubigkeit tief eingewurzelt. Dieser neuzeitliche Skeptizismus ist *Lebensform,* nicht Denkungsart. Er ist *gläubig* geworden.

So hat zwar die Vernunft, scheint es, in der Erkenntnis der *Bedingtheit* jeglicher Erfahrung und der *Begrenztheit* der Sprache, die doch ihr Instrument ist, um sich die Welt begreifbar zu machen, die Suche nach einer letzten *Wahrheit* und nach letzter *Geltung* aufgegeben. Sie hält aber gleichzeitig an der Hoffnung fest, die Welt *verändern* zu können. Der so weit wie möglich herrschaftsfreie *Diskurs,* so lautet ihre Hoffnung, und der Ausgleich der individuellen Rechte mit den Anliegen der Gesellschaft in demokratischen Strukturen werden die Selbstbestimmung und die Freiheitsrechte aller gegeneinander in einen guten Abgleich bringen. In dieser *praktischen* Bestimmung erweise sich die Vernunft der Religion dann doch als *überlegen.*[29]

Eine solche Art von Konfessionalismus ist nicht konfessionell im üblichen Sinn des Wortes. Sie gründet nicht auf der gemeinsamen begrifflichen Deutung der Welt. Sie ist auch nicht neokonfessionell. Aber sie ist konfessionell geworden mit Blick auf die Macht der Rationalität. Sie hat Konfession durch Rationalizismus ersetzt.[30]

»Konfessionsloser« Raum?

Fasst man diese Beobachtungen zusammen, erscheint der »konfessionslose« Raum als ein *multikonfessionelles* Gebilde. Ich habe versucht, es mit Stichworten wie Neokonfessionalismus, »positiver« Konfessionalismus, Gegenaufklärung und Rationalizismus zu beschreiben. Mag man diese Analyse noch ergänzen können und müssen – ihre einzelnen Elemente zeigen deutlich, dass hinter der *einen* Bejahung der »Pluralität« doch unterschiedliche Motive, Weltsichten und Intentionen als tragend erkennbar werden.

Die theoretische Bestreitung des Wertes von religiös-christlich-kirchlicher »Konfession« entspringt also weltanschaulich unterschiedlichen Quellen. Ihr häufig antikirchliches Pathos gewinnt eine solche »positiv«-pragmatische Konfessionalität, wo sie eigene Geltungsansprüche durchsetzen will, denen der christliche Wertekanon vermeintlich oder real entgegensteht.

---

[29] Diese Denkfigur begegnet bereits bei Kant. Kant hatte das Ende der klassischen Metaphysik verkündet und die Rede von Gott, von der Unsterblichkeit der Seele und von der Willensfreiheit des Menschen als Postulat der praktischen Vernunft gefasst. Die Moderne und die Postmoderne haben hier nur die Themen ersetzt und, wenn man es polemisch ausdrücken will, an die Stelle Gottes die Geschichte des Fortschritts, an die Stelle der Unsterblichkeit der Seele das Ideal einer humanen Gesellschaft, die das Leben als letzte Gelegenheit begreift, und an die Stelle der menschlichen Willensfreiheit die Macht des Diskurses gesetzt.

[30] Kant hat deswegen eine *kritische* Philosophie gefordert, die sowohl der philosophischen Metaphysik als auch der wissenschaftlichen »Physik« ihre Grenzen aufzeigt und so dem dogmatischen Gebrauch der Vernunft wehrt. *»Die Kritik der Vernunft führt also zuletzt notwendig zur Wissenschaft; der dogmatische Gebrauch derselben ohne Kritik dagegen auf grundlose Behauptungen, denen man eben so scheinbare entgegensetzen kann, mithin zum S k e p t i z i s m u s.«* (Immanuel Kant, Kritik der reinen Vernunft. Teil 1, Darmstadt 1983 [ders.: Werke in zehn Bänden, hrsg. von Wilhelm Weischedel, Bd. 3], 61).

Dabei darf man eines nicht vergessen: Das Ringen der verschiedenen Weltanschauungen und Konfessionalismen ist immer auch mit der Frage der *gesellschaftlichen Organisation von Rollen* verbunden. Neokonfessionalismus, »positiver« Konfessionalismus, Gegenaufklärung und auch der Rationalizismus konvergieren zurzeit in *einem*: Sie setzen auf Kunst und Diskurs als jene *Mittel*, die immer wieder je neu *Fortschritt* oder *existentielle Bewährung* oder *Freiheit* oder *Erfüllung* oder *Einfluss* verheißen.

Allerdings verliert dieses multikonfessionelle Gesellschaftsprofil aktuell an Akzeptanz und Stabilität.[31]

3. Der »konfessionslose« Raum, das Stereotyp und linguistische Arbeitsteilung

Im Deutschland des 19. Jahrhunderts haben sich, so könnte man die vorhergehende Darstellung zusammenfassen, auf verschiedensten Wegen Weltanschauungen etabliert, denen eine Abwendung vom Christentum und, damit oft verbunden, eine dezidierte Un- bzw. Antikirchlichkeit gemeinsam ist. Was sich allerdings in *dieser Hinsicht* als Einheit darstellt und deswegen gerade in kirchlichen Kreisen den Eindruck erwecken kann, wir hätten es nur mit *einer* Form einer allgemeinen Kirchenskepsis zu tun, der folglich auf *einem* Wege und in *einer* Weise zu begegnen sei, stellt sich als ein höchst differenziertes, in sich widersprüchliches Ganzes dar.

All dies erklärt teilweise den Umfang der kirchlichen Abbrüche, die sich auch nach 1945 und nach 1989 fortgesetzt haben. Allerdings erklärt es nicht, warum die Kirchen keine Kraft hatten und haben, unter den viel geeigneteren Bedingungen einer demokratischen und meinungspluralen Gesellschaft eine *Gegenbewegung* zu erzeugen, die den Erosionsprozess zumindest stärker abgebremst hätte. Die bisherigen Überlegungen haben uns in diesem Zusammenhang auf das Verhältnis von Lebensform und Weltanschauung geführt. »Konfessionsloser« Raum entsteht dort, wo beide, Lebensform und Weltanschauung, in nicht näher bestimmter Weise zusammenwirken. Unter Rückgriff auf Überlegungen des US-amerikanischen Philosophen Hilary Putnam sollen zu deren wechselseitiger Be-

---

[31] Ob sich beispielsweise durch die Zuwanderung aus muslimischen Ländern oder auch aus Osteuropa oder durch kulturelle Verlustängste mittelfristig wieder ein offener und harter Konfessionalismus etablieren wird, lässt sich noch nicht absehen.

ziehung noch zwei für das Thema des »konfessionslosen« Raumes nicht unerhebliche Aspekte nachgetragen werden.

3.1 Das Stereotyp

Putnam hat sich unter anderem mit Fragen der *Bedeutung* von sprachlichen Äußerungen befasst. Dabei hat er auch deren Abhängigkeit von einem »stereotypen« Bedeutungskern betont. Er schreibt: »Im üblichen Sprachgebrauch ist ein Stereotyp eine konventional verwurzelte [...] Meinung darüber, wie ein X aussehe oder was es tue oder sei.«[32] Stereotype beschränken sich auf eine Art sprachlichen Minimalkonsens.[33]

Man denke nur an einen Begriff wie »Wasser«.

Wenn sich ein Chemiker, ein Biologe, ein Landwirt und ein Grundschüler über Wasser unterhalten, werden sie ein individuell höchst unterschiedliches Verständnis von ihrem Gesprächsgegenstand haben. Während dem Grundschüler nur ein sehr rudimentäres Wissen zur Verfügung steht, dürfen wir bei den anderen Personen davon ausgehen, dass sie über – allerdings sehr unterschiedliche – Spezialkenntnisse von »Wasser« verfügen. Kommunikation ist hier nur aufgrund von Bedeutungs-Schnittmengen möglich, die von denen, die miteinander reden, weitgehend geteilt werden. Bei »Wasser« – einem Begriff, dem von Anfang an eine sinnliche Erfahrung entspricht – ist es dabei vermutlich relativ einfach, diese Schnittmenge zu erfassen. Wir gehen davon aus, dass in Bächen oder Flüssen *Wasser* fließt und keine helle, wie Wasser erscheinende Säure. Wir vermuten sehr, dass aus den Wasserhähnen Wasser entnommen werden kann etc. Der Chemiker, der Biologe, der Landwirt und der Grundschüler werden sich von dieser gemeinsam geteilten Erfahrungsbasis aus über Wasser unterhalten können – obwohl sie sehr Unterschiedliches von ihrem »Gegenstand« wissen und verstehen.

Die Stereotype, durch die wir miteinander kommunizieren können, umfassen also meistens nur »Eigenschaften paradigmatischer Elemente«[34].

---

32 Hilary Putnam, Die Bedeutung von »Bedeutung«, Frankfurt am Main ³2004, 68.

33 Zur Veranschaulichung dieses Sachverhaltes wählt Putnam das Beispiel des Tigers. »Es gibt *ein* Tiger-Stereotyp [...], das die Sprachgemeinschaft als solches voraussetzt; es wird von ihm [sc. von demjenigen, der das Wort kennt,] verlangt, daß er dieses Stereotyp hat und daß er im Prinzip weiß, daß diese Kenntnis obligatorisch ist. Und dieses Stereotyp muß das Merkmal des Gestreiftseins umfassen, wenn ihm der Erwerb des Wortes ›Tiger‹ bescheinigt werden soll.« (Ebd.).

34 A. a. O., 69.

Putnam selbst hat darauf hingewiesen, dass »die in den Stereotypen enthaltene ›Information‹ nicht unbedingt richtig«[35] sein müsse. Und: Stereotype unterliegen auch dem gesellschaftlichen Wandel. Im 17. Jahrhundert war man, zumindest in den gebildeten Schichten, überzeugt, dass es schädlich wäre, sich mit Wasser zu waschen.[36]

Stereotype wandeln sich im Lauf der Zeit.

3.2 Stereotype und konfessionsloser Raum

All dies legt natürlich eine Frage nahe. Ist der oben beschriebene, konfessionslose bzw. multikonfessionelle Raum in soziologischer Hinsicht eigentlich durch das Miteinander von *Weltanschauungen* gekennzeichnet? Oder ist er nur eine Sammlung bestimmter *Stereotype,* die sich durch die skizzierten geistesgeschichtlichen Wandlungen und Entwicklungen ergeben haben und gleichsam als deren Restprodukt übrig geblieben sind – und die nachwirken, ohne dass ihr philosophisch-theologischer Hintergrund noch vorherrschen oder von Einfluss sein müsste?

In der beeindruckenden autobiographischen Erzählung »Der wiedergefundene Freund« schildert der deutsch-jüdische Emigrant Fred Uhlman in einem kleinen Abschnitt seinen eigenen und den Glauben seiner (deutsch-jüdischen) Eltern in den 1920er-Jahren des vorhergehenden Jahrhunderts. Seine Schilderung gibt zur Frage nach dem Verhältnis von Weltanschauung und Stereotypen eine aufschlussreiche Anschauung.

Das folgende Zitat beschreibt die weltanschaulichen und religiösen Stereotype (im obengenannten Sinn) einer mittelständischen jüdischen Familie aus der Sicht des Sohnes, der ein humanistisches Elite-Gymnasium im Nachkriegsdeutschland der 1920er-Jahre in Stuttgart besucht.

»Einmal hörte ich zufällig, wie [mein Vater] zu meiner Mutter sagte, trotz des Mangels an zeitgenössischen Belegen glaube er, daß Jesus eine historische Figur gewesen sei, ein jüdischer Sittenlehrer von großer Weisheit und Güte, ein Prophet wie Jeremia oder Hesekiel. Aber er könne einfach nicht begreifen, daß man diesen Jesus als Gottes Sohn bezeichne.

---

35 Ebd.

36 So rät ein französischer Autor des 17. Jahrhunderts: »Das Baden ist, außer aus dringenden medizinischen Gründen, nicht nur überflüssig, sondern auch sehr schädlich für die Menschen [...]. Das Baden hat eine zerstörerische Wirkung auf den Körper und macht ihn durch das eindringende Wasser für die Einwirkung der schlechten Eigenschaften der Luft empfänglich« (zit. nach: Georges Vigarello, Wasser und Seife, Puder und Parfüm. Geschichte der Körperhygiene seit dem Mittelalter, Frankfurt am Main 1988, 22. Die Auslassung ist Teil des Zitats.).

Es sei für ihn blasphemisch und abstoßend, sich einen allmächtigen Gott vorzustellen, der tatenlos zusehe, wie sein Sohn diesen bitteren, langsamen Tod am Kreuz erleide, einen göttlichen ›Vater‹, der nicht einmal den Drang eines menschlichen Vaters verspüre, seinem Kind zu Hilfe zu eilen.

Aber obwohl mein Vater seinen Unglauben an die Göttlichkeit Christi bekannt hatte, war er wohl eher ein Agnostiker als ein Atheist, und wenn ich mich hätte taufen lassen wollen, hätte er nicht widersprochen – übrigens auch nicht, wenn ich mich zum Buddhismus bekehrt hätte. Dagegen hätte er mich sicherlich davon abgehalten, Mönch zu werden, gleich welchen Bekenntnisses, denn er hielt das mönchische, kontemplative Leben für irrational und vertan.

Meine Mutter schien keine Klarheit zu brauchen, sie lebte durchaus zufrieden vor sich hin. Am Versöhnungstag ging sie in die Synagoge, an Weihnachten sang sie ›Stille Nacht, heilige Nacht‹, sie spendete sowohl Geld für die Unterstützung jüdischer Kinder in Polen wie für die Bekehrung der Juden zum Christentum. Als ich ein Kind war, brachte sie mir ein paar einfache Gebete bei: Sie lehrte mich Gott bitten, mir zu helfen und gut zu Papa, Mama und unserer Katze zu sein. Das war alles. Wie mein Vater schien sie keiner Religion bedürftig, aber sie war fleißig, freundlich und gutherzig und überzeugt, daß ihr Sohn dem Beispiel seiner Eltern folgen würde. So wuchs ich, mir selbst überlassen, zwischen Juden und Christen heran, mit meinen eigenen Vorstellungen von Gott, weder tief gläubig noch ernsthaft zweifelnd, daß es über allem ein höheres Wesen gab, daß unsere Erde der wahre Mittelpunkt des Universums sei und wir, Juden und Christen, Gottes liebe Kinder waren.«[37]

An dieser Schilderung wird einiges zu Herkunft, Wandel und Funktion des Stereotyps deutlich.

Das erste ist: Stereotype sind immer auf eine *Lebensform* bezogen. Dies wird besonders an der Schilderung der Mutter ersichtlich. Sie lebt in einer christlichen Kultur, in der sie ähnlich verwurzelt ist wie in ihrer jüdischen Tradition. Also geht sie zwar am Versöhnungstag in die Synagoge, singt aber an Weihnachten ebenso *Stille Nacht, heilige Nacht.* Sie spendet sowohl Geld für die Unterstützung jüdischer Kinder in Polen als auch für die Bekehrung der Juden zum Christentum. Zu ihrer Lebensform gehört, dass sie ihrem Kind ein paar einfache Gebete beibringt.

Stereotype sind zweitens, wie das obige Zitat zeigt, nicht notwendig *widerspruchsfrei.* Sie können, da sie primär lebensformbezogen sind, Ver-

---

37 Fred Uhlmann, Der wiedergefundene Freund. Erzählung, Zürich 1997, 43–45.

schiedenstes miteinander verbinden. Die Feierkultur und das Spendenverhalten der Mutter, aber auch, worin der Vater seinem Sohn Freiheit gibt und worin nicht, zeigen dies deutlich. Es ist geradezu eine Charakteristik von Stereotypen, dass sie sich mit anderen Stereotypen kombinieren lassen, die »eigentlich« einander widersprechen, wenn man beide Stereotype durchdenkt. Stereotype sind wie frei schwebende chemische *Radikale*, die an verschiedenste Verbindungen andocken oder auch neue Verbindungen bilden können. Darin unterscheiden sich Stereotype von den Weltanschauungen, aus denen sie entstanden sind.

Stereotype sichern drittens *Grundbedürfnisse* ab. Am Sohn sieht man: Sie dienen der Erhaltung der Welt, in der er lebt und die er liebt. So kann es Fred sich leisten, weder tief gläubig zu sein noch ernsthaft zu zweifeln.

Insofern sind Stereotype viertens auf *eigene, innere, imaginierte Welten* bezogen. Fred lebt mit einer unwissenschaftlich-naiven Gottesvorstellung. Er geht irgendwie davon aus, dass es über allem ein höheres Wesen gäbe, dass unsere Erde der wahre Mittelpunkt des Universums wäre und Juden und Christen Gottes liebe Kinder wären. Im genannten Zitat zeigt das Stereotyp ein Vertrauen in Gott *und* in die Kultur, in der er lebt. – Im Sinne solcher Stereotype ist jeder Mensch religiös. Er braucht und hat vielleicht auch eine Klarheit über das Sein als Ganzes, das ihn umgibt.[38]

Stereotype wie die Behauptung der Existenz eines »höheren Wesens« *lassen sich deswegen, fünftens, nur so verstehen, dass man die in ihnen zusammengefassten und fast nur symbolisch aufscheinenden imaginierten Welten kennt,* die ihrerseits in Lebensformen (beispielsweise von Glaubensgemeinschaften) wurzeln. Stereotype wären missverstanden, wenn man sie immer und automatisch nur als kurze Chiffren für ausdifferenzierte Denksysteme interpretieren würde.

Stereotype gruppieren sich, sechstens, häufig um *Denkfiguren, die in den Brennpunkten gesamtgesellschaftlicher Diskurse* stehen. Der Vater setzt sich aus diesem Grund mit der Bedeutung des Todes Jesu auseinander. Stereotype befassen sich mit Argumenten, die eine grundsätzliche allgemeine Anerkennung gefunden haben. Modernes Denken gruppiert sich gerne um Stereotype von Demokratie, Struktur, Gerechtigkeit und Kultur.

---

[38] Als »religiös« im engeren Sinn werden dagegen oft umgangssprachlich Menschen bezeichnet, deren Interesse an Transzendenz über die Bildung von Stereotypen hinausgeht. So verwendet auch Uhlman diesen Begriff. Seine Eltern, schreibt er, schienen keiner Religion bedürftig.

Siebtens sind Stereotype häufig mit *Nicht-Begrifflichem* verbunden.[39] In ihre Bedeutung fließen das Ritual, das Symbol oder bestimmte Grundgefühle zumindest mit ein.[40] Für die Mutter war das Weihnachtslied *Stille Nacht, Heilige Nacht* ein Teil ihres *Verständnisses* der Welt, in der sie lebte. Dass für sie die Rede von einem höheren Wesen oder von Gott *bedeutsam* war, lag nicht allein an der begrifflichen Gestalt ihrer Vorstellungen, auch nicht an je aktuellen *Gefühlen,* die sie mit dem Gottesbegriff verband. Hätte man der Mutter das Weihnachtsfest als Ganzes genommen, mit dem Plätzchenbacken im Advent, mit dem Tannenbaum und dem Schnee, der das Fest verzaubern konnte – es wären mit dem Verlust solcher primär *ritueller* Einbindung, die für kurze Zeit ein anderes Weltsinnerleben erzeugt, auch die *Bedeutung* des Weihnachtsfestes und zuletzt die darauf bezogenen stereotypen Überzeugungen verloren gegangen.

Für Fred Uhlman schließlich gehörte bis 1933 ein Grundvertrauen in die deutsche Kultur wesentlich zu seinem Stereotyp von Welt und von Sein dazu.

Das Denken und Verstehen in Stereotypen umgreift *alle* Bildungsschichten.

Für das Verständnis dessen, was wir konfessionslosen Raum nennen können, ergeben sich weitreichende Folgerungen.

- Der vermeintlich konfessionslose Raum der Postmoderne erweist sich als ein Konglomerat von Stereotypen, die sich geschichtlich entwickelt und für die Gegenwart durchgesetzt haben. Dass die Wissenschaft letztlich alles erkennen könne, ist häufig Ausdruck einer stereotyp-positivistischen Denkweise. So lange jemand sich mit seiner Gemeinde verbunden fühlt, spricht aber nichts dagegen, dass sich dies auch mit einer christlichen Grundhaltung verbindet.
- Zentrale christliche Verkündigungsmuster, die sich beispielsweise auf die Frage nach Sinn beziehen oder sich mit der modernen Leistungsgesellschaft auseinandersetzen, sind lebensformspezifisch und erfahren keine Resonanz, wo Menschen mit sich und der Welt, in der

---

39 Mit der These, dass zur *Bedeutung* von Stereotypen auch nichtsprachliche Phänomene wie Rituale, Symbole oder Gefühle gehören, gehe ich über Hilary Putnam hinaus. Wichtig wird dies vor allem mit Blick auf die Tragweite dessen, was Putnam die linguistische Arbeitsteilung nennt: Rituale beispielsweise wie das Weihnachtsfest sind dann wesentliche Bestandteile der Bildung der Bedeutung von Stereotypen.

40 Dies ist sehr vorsichtig formuliert. Wahrscheinlich ist das Ritual (im weitesten Sinn des Wortes) *die* zentrale konstituierende Größe von Bedeutung.

sie leben, warum auch immer zufrieden sind.[41] In gewisser Hinsicht sind sie ihrerseits selbst nur Stereotype.

- Unsere Gegenwartskultur ist insofern durch eine Pluralisierung der Stereotype gekennzeichnet. Diese wird gerne »neokonfessionalistisch« interpretiert. Nimmt man aber ernst, dass stereotype Denkmuster primär lebensformbezogen sind und der »Reflexion«, der Abbildung dessen dienen, worin wir verwurzelt sind und was für uns bedeutsam ist, dann weist die »Multikonfessionalität« des gesellschaftlichen Diskursraumes primär auf eine Pluralisierung der Lebensformen und auf einen dynamischen Wechsel der Gruppierungen hin, die gesellschaftlichen Einfluss besitzen.
  Die in den vorhergehenden Kapiteln beschriebene Multikonfessionalität ist eher »Multi-Stereotypie«. Mit weltanschaulicher Pluralität kann man sich deswegen auch nicht nur »diskursiv« auseinandersetzen. Stereotype im Sinne Putnams besitzen dann eine hohe Immunität gegen Veränderung und sind diskursiv kaum zugänglich, wenn sie ein hohes Maß an Selbstverständlichkeit besitzen und nicht hinterfragt werden. Will man auf gesellschaftliche Stereotype Einfluss nehmen, fordert dies deswegen immer Beziehungsarbeit und eine konstruktive, leise und beharrliche, nicht nur mit stereotyper Begrifflichkeit geführte Auseinandersetzung.
- Zuletzt: Die Analyse des »multistereotypen« Raumes ist aus all diesen Gründen sehr herausfordernd. Man kann dies am Beispiel des weltanschaulichen oder religiösen »Indifferentismus« verdeutlichen, den die fünfte Kirchenmitgliedschaftsuntersuchung[42] zu Recht he-

---

[41] In diese Richtung weist auch die Beobachtung von Jeannett Martin, die als Ergebnis einer qualitativen empirischen Untersuchung mit über 50 Interviews schreibt: Es »fällt auf, dass jene, die im Interview ihre Sinnsuche auch explizit als solche benennen, Personen sind, die in großer biografischer Nähe zur Kirche aufgewachsen sind und/oder sich auch gegenwärtig als in einem relativ engen Kontakt zur Kirche und ihren Angeboten beschreiben. Dies lässt vermuten, dass ihr Erzählen über Sinn und Sinnsuche Ausdruck eines von ihnen erlernten sozialen Diskurses ist, auf den andere Menschen nicht im selben Maße zurückgreifen.« (Jeannett Martin, Mensch – Alltag – Gottesdienst. Bedürfnisse, Rituale und Bedeutungszuschreibungen evangelisch Getaufter in Bayern, Berlin 2007, 53).

[42] Vgl. Evangelische Kirche in Deutschland (Hrsg.), Engagement und Indifferenz. Kirchenmitgliedschaft als soziale Praxis. V. EKD-Erhebung über Kirchenmitgliedschaft, o. O. 2014. Dort wird in den verschiedensten Zusammenhängen das Phänomen der religiösen Indifferenz diskutiert und abschließend als Fazit festgehalten: »Die V. KMU

rausgearbeitet hat. Hinter diesem Indifferentismus können unterschiedliche Stereotype wirksam sein. Er ist nicht nur das Resultat von Entwicklungen, in denen der erwähnte Rationalizismus – als Stereotyp! – seinen Niederschlag gefunden hat. Es gibt auch einen Indifferentismus, hinter dem ein neokonfessionelles Denken steht, und es gibt einen Indifferentismus, in dem sich ein konfessionell-antikirchliches Denken äußert, das sein Ziel erreicht zu haben glaubt. Zuletzt: Es gibt sogar einen Indifferentismus aus Zufriedenheit.[43] Würden die Volkskirchen in einem Konflikt Partei sein, der von gesamtgesellschaftlichem Interesse ist, dann wäre allerdings bei all denen, deren Indifferentismus nur stereotyp wäre, der »Indifferentismus« als Haltung schnell überwunden.

Der konfessionslose Raum verweist auf eine Pluralität von Lebensformen, denen eine gemeinsame Identität, zumindest im religiösen Bereich, verloren gegangen ist. Die Rede vom konfessionslosen Raum ist selbst als Stereotyp zu verstehen, das auf dem Feld der Weltanschauungen verortet, was mehr mit dem Zusammenhang und Zusammenhalt der Lebensformen einer Gesellschaft und einem Konglomerat verschiedenster Stereotype zu tun hat. In ihnen wirken zum Teil ebenso weit zurückliegende geistesgeschichtliche Entwicklungen nach, wie sich in ihnen aktuelle Konflikte widerspiegeln. Da Lebensformen ein gemeinsames und gemeinschaftliches Tun beschreiben, spielen also historische, weltanschauliche, lebenspraktische, ästhetische und strukturelle Faktoren zusammen.

3.3 Die linguistische Arbeitsteilung

Damit kommen wir zum letzten Gesichtspunkt, der bei unseren Überlegungen zum konfessionslosen Raum noch erwähnt werden soll. Er betrifft die Notwendigkeit der linguistischen Arbeitsteilung, die sich aus Putnams Auffassung ergibt.

---

zeigt, dass das *Phänomen religiöser Indifferenz* zunimmt und dieses auf den Inhalt des Glaubens bezogene faktische Nicht-Verhältnis eine völlig neue Grundsituation für die Kommunikation des Evangeliums eröffnet. Religiöse Indifferenz meint kein zwiespältiges (ambivalentes) oder mehrdeutiges (ambiguitäres) Verhältnis, sondern kennt vielmehr überhaupt keine Beziehung zu Religion und Kirche.« (A. a. O., 132).

[43] Man kann sich also von Kirche und Religion abwenden, weil man diese schlicht für unvernünftig hält oder weil man an Grundvertrauen in diese Welt genug hat oder weil man meint, Religion und Kirche stünden irgendwie dem Fortschritt im Wege.

Aus Putnams Analyse folgt nämlich, dass, was wir Bedeutung nennen, eine wesentlich gemeinschaftliche und *soziale* Dimension besitzt.[44] Bedeutung wird nach Putnam nicht einfach lexikalisch festgelegt. Ihr »Ort« ist vielmehr primär die sich permanent wandelnde Gemeinschaft von Menschen, die sich auf spezifisch stereotype Bedeutungen festgelegt hat. Bedeutung ereignet sich nicht nur im Kopf des Sprechers oder der Hörerin, sondern *ändert sich* und *fließt*, indem sie etwa in Gesprächen geäußert oder in Publikationen veröffentlicht wird. Bedeutung hat eine *Geschichte*. Begriffe bilden sich und werden sozial arbeitsteilig weitergebildet.

So vertiefen Naturwissenschaftler durch ihre Forschungen unser Verstehen von »Wasser« – und die linguistische Arbeitsteilung, die dadurch entsteht, dass der dem Begriff zugrunde liegende Sachverhalt immer besser verstanden und unter verschiedensten Gesichtspunkten analysiert wird, führt schließlich zu einer *gesellschaftlichen* Differenzierung – zur linguistischen Arbeitsteilung. Mit der Bedeutung von Wasser (im doppelten Sinn des Wortes von inhaltlicher Füllung und von Bedeutsamkeit für Menschen und Organisationen) befassen sich heute viele Berufsgruppen.

Die Bedeutung der linguistischen Arbeitsteilung kann nicht hoch genug eingeschätzt werden. Sie entscheidet nicht nur darüber, welche Stereotype den Begriffen mit welcher Konnotation zugeordnet werden, sondern hat auch Folgen für die Organisation, die Rechtsstruktur und die Kommunikationswege einer Gesellschaft.

Dies gilt besonders für die Bereiche von Weltanschauung und Werten. Erinnern wir uns an das, was über den neokonfessionellen, multikonfessionellen und multistereotypen Raum geschrieben wurde, bedenken wir darüber hinaus den komplexen Zusammenhang von weltanschaulicher mit lebenspraktischer und/oder ästhetischer Orientierung, der durch »Lebensformen« und weltanschauliche Gruppierungen repräsentiert ist, die gemeinschaftlich getragen und gepflegt werden, dann zeigt sich: Die Herausforderungen, vor denen kirchliches Handeln steht, sind höchst differenziert und lassen sich auch nur über eine »linguistische Arbeitsteilung« angehen, die mit einer strukturellen Differenzierung einhergeht.

---

44 Zur Frage der Stereotype vgl. Hilary Putnam, a. a. O., 64–72; zur Frage der linguistischen Arbeitsteilung a. a. O., 37–40.

Dabei wären verschiedene Rollenverteilungen möglich.

- Was die Entwicklung und Pflege von »*Lebensformen*« betrifft, kommt in den evangelischen Kirchen Deutschlands sicherlich den Pfarrerinnen und Pfarrern *vor Ort* die zentrale Aufgabe zu. Ihr Ziel wird es sein, die gemeindlichen und gemeinschaftlichen Lebensformen so attraktiv wie möglich zu gestalten. Bindungen, die dort entstehen, strahlen auch in den »konfessionslosen« Raum aus. Den Theologinnen und Theologen könnte dabei auch die Aufgabe zufallen, sich mit stereotypen (Vor-)Urteilen gegenüber Religion und Kirche, beispielsweise auf Vereinsebene, auseinanderzusetzen.
- Für die evangelischen theologischen Fakultäten könnte »linguistische Arbeitsteilung« bedeuten, dass sie sich im wissenschaftlichen Kontext eigenständig mit der Reichweite und den Grenzen jener Weltanschauungen und jener gesellschaftlichen Gruppierungen auseinandersetzen, die den multikonfessionellen Raum der Gegenwart prägen.
- Kirchenleitende Organe könnten ihre Aufgabe darin finden, sich mit gesamtgesellschaftlichen Stereotypen kritisch auseinanderzusetzen, das Bild von Kirche im öffentlichen Raum positiv zu prägen, *theologisch* profilierte Positionen einzubringen und zugleich die Identität von Kirche auf allen gesellschaftlichen Feldern und kirchenintern zu stärken.
- Mit der kritischen Auseinandersetzung allein ist es aber nicht getan. Um in einer »linguistisch arbeitsteiligen« Gesellschaft überhaupt gehört zu werden, braucht es Autorität. Autorität, die sowohl durch ihr Ethos als auch durch ihre Kompetenz überzeugt und die auf einem geklärten Selbstverständnis beruht. Entscheidend wird immer sein, wieweit es den Volkskirchen gelingt, gesellschaftlich überhaupt Teil der »linguistischen Arbeitsteilung« zu bleiben. An dieser Aufgabe sind immer alle Ebenen kirchlichen Handelns wie beispielsweise die Gemeinden, die wissenschaftliche Theologie oder die Kirchenleitungen beteiligt.
- Zur linguistischen Arbeitsteilung könnte schließlich, wieder auf allen Ebenen, auch die Entwicklung von weiteren Strukturen gehören, die beispielsweise der Pflege der Beziehungen zur Kultur und zu Medien im weitesten Sinne dient.

Die Effizienz der linguistischen Arbeitsteilung hängt davon ab, dass im kirchlichen Bereich ein klares Verständnis der Aufgaben des jeweiligen »Amtes« und geklärte Rollenzuweisungen entwickelt sind.

Die aktuell gängige Interpretation der Lehre vom Priestertum aller Gläubigen im Protestantismus hat sich in dieser Hinsicht nicht als hilfreich erwiesen.

Unter dem Gesichtspunkt der linguistischen Arbeitsteilung ist der konfessionslose Raum nichts anderes als ein öffentlicher Diskursraum, in dem die großen Volkskirchen mangels Autorität und struktureller Repräsentation merklich an Präsenz verloren haben.

4. LOCALITY UND GOTTESDIENST

Der letzte Schritt im Gang der Gedanken gilt dem Gottesdienst, seiner Liturgie und seiner Verkündigung.

Denn wenn der Gottesdienst der Volkskirchen im Raum einer Gesellschaft gefeiert wird, den ich mit wenigen Strichen durch die Stichworte Neokonfessionalismus, positiver Konfessionalismus, Gegenaufklärung, Rationalismus, Multistereotypie und linguistische Arbeitsteilung zu charakterisieren versucht habe - was will der Gottesdienst und an wen richtet er sich dann? Ist er vielleicht am ehesten eine themenorientierte Veranstaltung zur Kommentierung aktueller Probleme? Dient er der Verteidigung des Evangeliums und der Humanität in einer immer gleichgültiger und egozentrischer werdenden kapitalistischen Gesellschaft? Oder sollte er mehr das fromme Gemüt in seiner religiösen Grundstimmung ansprechen und die Gläubigen der Liebe Gottes vergewissern? Zielt er in apologetischer Absicht auf die Verteidigung des Evangeliums gegen seine konfessionell antikirchlichen Kritiker? Ist er ein milieuspezifischer Kulturevent für Ästheten und Erlebnishungrige?

Allein schon diese wenigen Fragen zeigen: Angesichts der pluralisierten Gesellschaft, in der wir zweifelsohne leben, ist eine *Außenorientierung* des Gottesdienstes an einzelnen Gruppen oder Strömungen im gesellschaftlichen Binnenraum allein schon wegen der weltanschaulichen Gemengelage auf jeden Fall einseitig und schwierig. Die ästhetische Pluralisierung unserer Gesellschaft und die Pluralisierung ihrer Lebensformen tragen dazu noch ihr Übriges bei.

Zudem verschärft sich die Herausforderung an das gottesdienstliche Handeln in den Volkskirchen dadurch, dass sich bei näherer Betrachtung all jene Abgrenzungen, die in solchen Begriffen wie Neokonfessionalismus, positiver Konfessionalismus, Gegenaufklärung und Rationalizismus notwendig enthalten sind, als teilweise künstlich erweisen. Selbstverständlich gibt es Parteiungen, weltanschauliche Vereinigungen oder Gruppen, die sich solchen Profilen relativ eindeutig zuordnen lassen. Zu einem guten Teil wird aber die Bevölkerung in Stereotypen denken und leben, die sich in den Räumen des öffentlichen Diskurses zumindest als erfolgreich bewährt, wenn nicht gar durchgesetzt haben, allerdings eben in jeder denkbaren Mischung auftreten. Der soziologischen Analyse, der Identifizierbarkeit gesellschaftlicher Prozesse sind hier Grenzen gesetzt, die manchmal unterschätzt werden.[45]

Was also will der Gottesdienst? An wen richtet er sich? Nach *außen* ist die Wirkung des Gottesdienstes jedenfalls auch von der »linguistischen Arbeitsteilung« innerhalb unserer Gesellschaft abhängig. Und die Verkündigung, die Proklamation des Evangeliums im öffentlichen Raum leidet auch am *Vertrauens- und Autoritätsverlust* der Volkskirchen. Sowie an einer strukturellen Unterdifferenzierung, zumindest im Protestantismus.

Wer deswegen dem Gottesdienst im konfessionslosen, multikonfessionellen, multiästhetischen und multistereotypen Raum eine Ausrichtung an den »Unerreichten« geben will, bewältigt keine der beschriebenen Herausforderungen. Das einzige, was auf diesem Weg bewirkt werden kann, ist eine *funktionale Überfrachtung* des Gottesdienstes. Weil Gottesdienst, wie auch beispielsweise Weltanschauung, politische Programme oder andere öffentliche Rituale, lebensform*bezogen* und lebensform*abhängig* ist, fehlen ihm ohne eine Gemeinschaft, die solche Formen pflegt, die Voraussetzungen für das, was er leisten soll. Er soll dann erzeugen, was er eigentlich voraussetzt: Bindung, weltanschauliche Orientierung und Freude an jenen Ausdrucksformen des Glaubens, in denen eine eigene Glaubenswelt zum Ausdruck kommt. »Unerreichte« erreicht der Gottesdienst jedenfalls im Normalfall *nicht*.

4.1 Locality

Ein interessanter Ansatz für ein konstruktives Verständnis der Funktion des Gottesdienstes ergibt sich, wenn man in die Globalisierungsdiskussion blickt.

Dort hat sich schon in den 1990er-Jahren eine neue Diskussion um die Frage der Locality entwickelt.[46] Dabei geht es unter anderem dar-

---

45 Dies betrifft auch die Reichweite der Milieutheorien.

46 Vgl. Arjun Appadurai, The production of Locality, in: Peter Bayer (Hrsg.), Religion im Prozeß der Globalisierung, Würzburg 2001, 99–123. Appadurai beginnt seinen Artikel mit drei Fragen: »What is the place of locality in schemes about global cultu-

um zu verstehen, wie Anforderungen an die Gesellschaften und ihre wichtigsten Player sich durch zunehmende Mobilität, durch Migration und durch die Globalisierung der Kommunikation via neue Medien und Internet verändern. *Ausgangspunkt ist die Beobachtung, dass Menschen grundsätzlich ein Bedürfnis nach Heimat, nach Verbundenheit, nach »Orten persönlicher Identifikation«*[47] *haben.*

Diese Orte persönlicher Identifikation sind sowohl »real« als auch »virtuell«. Solche »realen« Orte oder Räume sind beispielsweise die nähere Heimat, das Dorf, der Stadtteil, das Elternhaus oder die Kirche, in der die Familie seit den Zeiten, auf die man zurückblicken kann, ihre Taufen, Trauungen und Beerdigungen gefeiert hat. Zu den »realen« Orten persönlicher Identifikation gehört auch der Freundeskreis.

Daneben hat dieses so »handfeste« Bedürfnis nach Locality auch eine virtuelle Komponente. Menschen leben in »imaginierten Welten«. Zur Locality »eigene Familie« gehören auch die verstorbenen Angehörigen, mit denen ich mich identifizieren kann. Für gläubige, konfessionell oder neokonfessionell gläubige Menschen ist »Gott« Teil ihrer »virtuellen« Locality. Aber auch Rituale wie öffentliche Umzüge, das Weihnachtsfest oder eben der Gottesdienst können zu »Orten persönlicher Identifikation« werden.[48]

Aufschlussreich ist der Begriff »Locality« deswegen, weil er zum einen all jene Aspekte in sich vereint, die wir bisher unter dem Stichwort »Lebensform« zusammengefasst haben. Zum anderen aber ergänzt er dazu zwei weitere wesentliche Gesichtspunkte: Localities als zwischenmenschliche Gesellungsformen unterscheiden sich voneinander durch

---

ral flow? Does anthropology retain any special rhetorical privilege in a world where locality seems to have lost its ontological moorings? Can the mutually constitutive relationship between anthropology and locality survive in a dramatically delocalized world?« (A. a. O., 99) Die Rede von einer dramatisch Locality-verarmten, zu oft Beheimatung verweigernden Welt könnte man so interpretieren, dass die westliche Gesellschaft mit Blick auf die Bedürfnisse der Menschen inzwischen als »überpluralisiert« bezeichnet werden muss.

47 Vgl. Jeannett Martin, a. a. O. (Anm. 41), 54; Martin bezieht sich dabei auf die Ausführungen von Arjun Appadurai.

48 Andere »virtuelle« Anknüpfungspunkte für das Bedürfnis nach Locality wären Ideen wie die eigene Nation, mit der man sich identifiziert, und ihre Symbole (wie im Falle der USA die dortige Verfassung oder Flagge). Auch erlebnisstarke Kommunikationsformen wie ein Computerspiel können Teil einer individuellen, »virtuellen« Locality sein.

eine spezifische »Identität«. Und: Das wesentliche Merkmal dieser Identität muss *räumlich* und *phänomenal* gefasst werden. Es geht um *Orte persönlicher Identifikation* – um eine gemeinsam geteilte und doch je individuelle *Eigenweltlichkeit*, die von außen, aus der Sicht der je anderen Menschen und Gruppen, immer als *Anderweltlichkeit*[49] und von daher als identitätsstiftend wahrgenommen wird. Vor diesem Hintergrund erweist sich Luthers Erfahrungsbegriff als tragfähig, sofern er in der Glaubenserfahrung immer ein erfahrungsdistantes, erfahrungskritisches Moment mitdenkt, das in einer *biblisch imaginierten Gottes- und Weltvorstellung* gründet.

Wie stark das in makrosoziologischen Analysen erhobene Bedürfnis nach Locality die Menschen beeinflusst, hat eine Studie, die das Gottesdienst-Institut der Evangelisch-Lutherischen Kirche in Bayern in Auftrag gegeben hat, auf regional-lokaler Ebene herausarbeiten können. Dort ist in einer Vielzahl von Interviews deutlich zum Ausdruck gekommen, dass Gottesdienste nur besucht werden und nur dann positiv erlebt werden, wenn sie auch das Bedürfnis nach Locality ansprechen.[50]

Menschen haben in der Tat ein großes Bedürfnis nach Locality und sind in allem, was sie tun, wesentlich durch deren spezifische Orte gemeinsam geteilter Identifikation bestimmt. *Der Mensch ist nicht allein vernunft-, er ist vor allem localitygeleitet.* Er hat einen existentiellen Hunger nach einer verlässlichen und überschaubaren Gemeinschaft in einer verstehbaren und seiner Liebe werten Welt. Der *Gottesdienst* – auch das war ein Ergebnis dieser Untersuchung – ist abhängig davon, dass seine Besucherinnen und Besucher etwas erleben, das sie mit ihren Orten persönlicher Identifikation, seien es reale Personen oder imaginierte Welten und Werte, verbinden können und in Kontakt bringt.

4.2 Gottesdienst

Für unser Verständnis von Gottesdienst sollte deswegen eine *Innenperspektive* maßgeblich sein. Gottesdienst hat, wenn wir einmal die Kasualien

[49] Vgl. Konrad Müller, Gottesdienst und Locality, in: Klaus Raschzok/Konrad Müller (Hrsg.), Grundfragen des evangelischen Gottesdienstes, Leipzig 2010, 79–113: 112f.

[50] Entscheidende Faktoren waren im Kontext des Bedürfnisses nach Locality die anderen Gottesdienstbesucherinnen und -besucher, zu denen eine wie auch immer geartete, reale oder »imaginierte« Beziehung existieren muss, die Erwartbarkeit und die Vertrautheit der imaginierten Welt, die in diesem Gottesdienst gelebt wird, wiederkehrende, vertraute Formen, die ins Erleben führen, sowie eine auf keinen Fall negative Beziehung zu denen, die die Gottesdienste leiten oder gestalten.

im weitesten Sinne ausklammern, in den Volkskirchen mit Menschen und Gruppen zu tun, in denen kirchliche Verbundenheit noch gelebt und erlebt wird. Dies geschieht durchaus in unterschiedlicher Weise. Volkskirchen sind eine »Locality«, die in sich eine Vielzahl kleinerer Localities birgt. Aber gerade deswegen gilt: *Gottesdienst ist immer Gottesdienst im kirchlichen, nicht im »konfessionslosen« Raum* – und immer auf eine Locality bezogen, die sich im Gottesdienst einer gemeinsam geteilten, eigenen imaginierten Welt versichert.[51]

Gottesdienst wäre funktional überfordert, wenn er vorwiegend der Erzeugung von Bindung oder der kritischen Auseinandersetzung mit anderen Localities und deren Konfessionalismen dienen sollte. Diese Aufgaben sind im Rahmen einer »linguistischen Arbeitsteilung« anderorts besser aufgehoben.

Gottesdienst ist eine »Veranstaltung« für diejenigen, die kommen. *In dieser Hinsicht* ist Gottesdienst dann aber immer notwendig *konfessionell:* Seine Konfessionalität besteht jedoch nicht vorrangig im »reinen« Ausdruck von gemeinsam geteilten Überzeugungen, sondern darin, dass Menschen sich über imaginierte Welten verständigen und sie auch leben. Der Gottesdienst beansprucht insofern, ein »konfessionelles Ereignis« zu sein.

In ihm treten die identitätsstiftenden Elemente einer gemeinsam geteilten imaginierten Welt nach außen.

- Der Gottesdienst sammelt und enthält als erstes die *grundlegenden Erzählungen und Ausdrucksformen* (Lieder, Gebete, Symbole, Bekenntnisse, Alltagsrituale, Formeln etc.) einer Glaubensgemeinschaft.
- Er überführt diese Erzählungen und Ausdrucksformen in eine *Erlebensform.* Indem er Bewährtes bewahrt und immer wieder Neues bildet.
- Als *Gedächtnisort* der grundlegenden Erzählungen und Gestaltungen einer Glaubensgemeinschaft wird der Gottesdienst zum Symbol und in all seinen Ausdrucksformen potentiell zum »Ort persönlicher Identifikation« für diejenigen, die der Glaubensgemeinschaft angehören und sich ihr verbunden fühlen.
- In seiner *Verkündigung* ist solcher Gottesdienst immer »eigenweltlich«, lebensweltkritisch und »konfessionell«.

---

[51] *»Insofern ist die Krise des Gottesdienstes weniger eine Krise seiner Form(en), sondern primär eine Krise der ihn tragenden Gemeinschaften.«* (Konrad Müller, a. a. O., 106).

Wo es dem Gottesdienst gelingt, eine in diesem Sinne identitätsstarke Gottesdienstordnung mit der Wahrnehmung von Gemeinschaft und mit dem Erleben von Bedeutung zu verbinden, wird er also zum sichtbaren Symbol von Locality. Und gewinnt an Ausstrahlung.

Eine »konfessionslose« Gesellschaft sucht, fürchtet, erhofft und – braucht einen konfessionellen, einen identitätsstarken, einen »kirchlichen« Gottesdienst.

Gottesdienst feiern im konfessionslosen Raum

Ein Nachwort

Alexander Deeg

1. Feiern im konfessionslosen Raum – oder: Herausforderung Wittenberg 2017

Am 28. Mai 2017 wurde im konfessionslosen Raum ein Gottesdienst gefeiert. Der Abschlussgottesdienst des Berliner Kirchentages und der so genannten »Kirchentage auf dem Weg« fand auf den Elbwiesen mit Blick auf die Silhouette der Stadt Wittenberg statt. Etwa 120.000 Mitfeiernde zählten die Veranstalter, andere hielten diese Zahl für deutlich zu hoch gegriffen. Wie viele Konfessionslose dabei waren (und ob überhaupt), konnte niemand zählen.

Ein weißes Kreuz war auf der Wiese aufgerichtet. Es ragte einige Tage lang in den Himmel über Wittenberg – und verschwand kurz danach wieder, wie die gesamte Einrichtung der Festwiese, die für mehrere Millionen Euro dort kurzzeitig eingerichtet worden war. Die Lutherstadt Wittenberg hat deutlich weniger als 15% Christenmenschen, die große Mehrheit ist konfessionslos. Für den Kirchentag war der konfessionslose Raum die Kulisse für eine Inszenierung, die mit diesem Raum nur historisch etwas zu tun hatte.

Genau dies beklagt Marie-Kristin Landes, Journalistin beim Mitteldeutschen Rundfunk, in ihrer Wahrnehmung des Kirchentags und vor allem des Schlussgottesdienstes, die unter der Überschrift »Anmerkungen zum Kirchentag: Eine Nummer kleiner, bitte!« zu lesen war.[1] Der Artikel sagt viel über die Wahrnehmung (oder eben: die fehlende Wahrnehmung) des konfessionslosen Raumes durch diese Inszenierung der evangelischen Kirche. Landes beschreibt in diesem Artikel auch ihre ei-

---

1 Vgl. http://www.mdr.de/sachsen-anhalt/refjahr-anmerkungen-zu-den-reformationsfeierlichkeiten-in-wittenberg-100.html [Zugriff vom 5.6.2017].

gene religiöse Biographie als evangelisch Getaufte, die zudem in einen evangelischen Kindergarten ging – weil es der nächste zu ihrem Elternhaus war –, die aber nun der Kirche eher distanziert gegenübersteht. Zum Festgottesdienst stellt sie fest: »Hier feiert die evangelische Kirche nicht wirklich mit den Menschen, sondern sich selbst. Anstatt sich der Stadt und der Region zu öffnen, nimmt sie diese am Wochenende ein – koste es was es wolle.« Schon die Inszenierung der Größe befremdet sie:

> »›Hat nicht Martin Luther die 95 Thesen an die Tür der Schlosskirche geschlagen, um die Prunk- und Protzsucht der katholischen Kirche seiner Zeit anzuprangern‹, schoss es mir durch den Kopf. Auf der Festwiese hatte ich plötzlich das Gefühl, 500 Jahre nach der Reformation haben sich die Verhältnisse umgekehrt. Rund acht Millionen Euro soll allein das Spektakel kosten, das hier aufgebaut wurde. Ein Aufwand, den sich viele Menschen aus der Region wahrscheinlich nur im Fernsehen kurz ansehen werden.«

Genau dieses Desinteresse an den Menschen, in deren Mitte man da eine Festwiese installiert, verwundert Landes. »Ich dachte, an einem Kirchentag geht es vor allem darum, mit den Menschen in einen Dialog zu treten.« Dies aber könne nicht durch eine Inszenierung fernab der Menschen geschehen, sondern finde weitaus intensiver »auf den unzähligen kleinen Veranstaltungen in den Tagen zuvor [...]« statt. Daher wäre eine Veranstaltung ein paar Nummern kleiner aus der Sicht der Journalistin sinnvoll.[2]

Der Gottesdienst auf der Festwiese in Wittenberg ist nur ein Beispiel für einen Gottesdienst, der zwar geographisch im konfessionslosen Raum stattfindet, der diesen Raum aber nicht wahrnimmt, geschweige denn als liturgische, homiletische und theologische Herausforderung ernst nimmt. Wie könnte es anders sein, so fragte das Fachgespräch des Liturgiewissenschaftlichen Instituts im Februar 2016, und die Beiträge dieses Bandes widmen sich dieser Herausforderung.

---

[2] Selbst manche der mitfeiernden Christenmenschen aus ganz Deutschland, so erzählten mir etwa Studierende, die an dem Festgottesdienst teilgenommen hatten, hätten das Gefühl gehabt, dass es bei diesem Festgottesdienst eigentlich nicht um sie gegangen wäre, sondern dass sie nur (in möglichst großer Anzahl!) gebraucht worden wären, damit die Bedeutung des Protestantismus für alle sichtbar würde (ganz anders übrigens, so erzählten mir Mitfeiernde, in der vorangegangenen Taizé-Nacht, die ein überaus eindrucksvolles Erlebnis gewesen zu sein scheint).

2. KONFESSIONSLOS? – ZUR FRAGE DER BEGRIFFE

Aber ist es überhaupt richtig, vom *konfessionslosen Raum* zu sprechen? Steht nicht bereits dieser Begriff für eine problematische Wahrnehmung? Es gibt eine Art Normativität des »Konfessionellen« – und eine Abweichung, die sich dann als »Konfessionslosigkeit« bezeichnen und aus der Sicht der Konfessionsgebundenen leicht als defizitärer oder zu überwindender Zustand beschreiben lässt.

Es ist interessant, dass der für seine christologische Exklusivität bekannte Karl Barth bereits im ersten Band seiner Kirchlichen Dogmatik 1932 schrieb:

> »Gott kann durch einen Heiden oder Atheisten zu uns reden und uns damit zu verstehen geben, daß die Grenze zwischen Kirche und Profanität immer noch und immer wieder ganz anders läuft, als wir bisher zu sehen meinten.«[3]

Viel später, 1959, schreibt er dann im Kontext der Versöhnungslehre: »Es gibt in der von Gott in Jesus Christus versöhnten Welt keine von ihm sich selbst überlassene, keine seiner Verfügung entzogene Profanität.«[4] In *theo*-logischer Perspektive ist die Unterscheidung in *Räume* des Konfessionellen oder Konfessionslosen oder Säkularen undenkbar. Damit aber ist notwendig eine *Haltung* verbunden, die den konfessionslosen Raum nicht zunächst als Raum von Menschen mit einer Defiziterfahrung klassifiziert. Der Dialog aus einer konfessionellen Perspektive mit nicht Konfessionsgebundenen geschieht nicht in der Erwartung, dass die einen etwas »haben«, was den anderen fehlt, sondern in der Erwartung, dass auch »durch einen Heiden oder Atheisten« Gott sprechen kann – und die Wirklichkeit Gottes jede kirchlich-institutionelle Wirklichkeit übersteigt.

Gleichzeitig aber gilt es, bewusste Entscheidungen von Menschen auch als solche zu akzeptieren. Theologische Lehren wie die vom »anonymen Christentum«[5] oder bestimmte Spielarten liberaler Religionstheorien, die *allen* Menschen unterstellen, *religiös* oder gar *christlich* zu sein,

---

3 Karl Barth, KD I/1 (1932), 56.

4 Karl Barth, KD IV/3 (1959), 133.

5 Vgl. Karl Rahner, Die anonymen Christen, in: ders., Schriften zur Theologie, Bd. 6, Einsiedeln 1965, 545–554.

auch wenn diese sich selbst nicht so verstehen würden, sind durch die empirischen Realitäten immer neu zu hinterfragen.

> In der jüngsten EKD-Kirchenmitgliedschaftsuntersuchung, deren Daten 2012 erhoben wurden, stimmten lediglich 3,8% der Konfessionslosen dem Satz »Ich bin religiös auf der Suche« zu;[6] 86,7% der Konfessionslosen sagten, sie würden sich »nie« über religiöse Themen austauschen.[7] Und auf die Nachfrage, ob sie manchmal das »Bedürfnis« nach diesem Austausch hätten, sagte eine überwältigende Mehrheit von 98,1% »Nein«.[8] Es gibt also bei den Konfessionslosen *kein* irgendwie vorhandenes religiöses Bedürfnis, das als solches artikuliert würde – und übrigens erst recht keinen signifikanten Unterschied in der Lebenszufriedenheit zwischen Evangelischen und Konfessionslosen.[9] Man kann problemlos auch »konfessionslos glücklich« sein.[10]

Damit gilt: So sehr es aus Gottes Perspektive keinen konfessionslosen bzw. säkularen Raum gibt, existiert dieser in anthropologischer und soziologischer Perspektive durchaus. Dabei ist es soziologisch entscheidend, die Konfessionslosen differenziert zu betrachten. Das tut etwa Gert Pickel, der Typen unterscheidet: die »volldistanzierten«, die »nichtgläubigen«, die »herkunftschristlichen«, die »individualistischen«, die »traditionalistischen« und die »gläubigen« Konfessionslosen.[11] Solche Typisierungen zeigen, dass Konfessionslosigkeit keineswegs eo ipso mit

---

6 Vgl. Heinrich Bedford-Strohm/Volker Jung (Hrsg.), Vernetzte Vielfalt. Kirche angesichts von Individualisierung und Säkularisierung. Die fünfte EKD-Erhebung über Kirchenmitgliedschaft, Gütersloh 2015, 501.

7 Vgl. a. a. O., 502.

8 Vgl. a. a. O., 503.

9 12,4% der Evangelischen sagen, sie seien »ganz und gar« mit ihrem Leben zufrieden, bei den Konfessionslosen sind es 11,0%. Auf einer Skala von 1 bis 10 zur Lebenszufriedenheit (wobei 10 die höchste Zufriedenheit markiert) landen die Evangelischen im Schnitt bei 7,8%, die Konfessionslosen bei 7,5%. Wer daraus den Schluss ziehen will, Evangelisch-Sein bedeute eine deutlich erhöhte Zufriedenheit, muss die Zahlen schon sehr eigenwillig interpretieren (vgl. zu den Zahlen a. a. O., 506f.).

10 Vgl. den Titel der Studie von Hans-Martin Barth, Konfessionslos glücklich. Auf dem Weg zu einem religionstranszendenten Christsein, Gütersloh 2013.

11 Vgl. Michael Domsgen, Konfessionslosigkeit. Annäherungen über einen Leitbegriff in Ermangelung eines besseren, in: ders./Dirk Evers (Hrsg.), Herausforderung Konfessionslosigkeit. Theologie im säkularen Kontext, Leipzig 2014, 11–27, 15; vgl. dazu auch den Beitrag von Michael Meyer-Blanck in diesem Band.

Gegnerschaft zum Christentum, Agnostizismus oder Atheismus einhergeht. So verschieden, wie die Kirchenmitglieder untereinander sind, sind es auch und erst recht die Konfessionslosen. Wieder einmal erweist sich die Welt als komplexer, als es dualisierende Begrifflichkeiten glauben machen.

Der Begriff *konfessionslos* hat zweifellos einen weiteren Nachteil, indem er suggeriert, dass sich die religiöse Lage durch den Bezug zu einer *Konfession* entscheide. Die konfessionelle Logik, wie sie sich in Differenzierungen wie *evangelisch* oder *katholisch* oder *orthodox* bzw. in Binnendifferenzierungen zwischen *evangelisch-lutherisch*, *evangelisch-reformiert* oder *evangelisch-uniert* zeigt, wird in der Wahrnehmung der meisten Menschen in den Kirchen und erst recht jenseits der Kirchen nicht als Leitdifferenz gedacht und erlebt. Die Frage im Osten Deutschlands lautet ja nicht: »Bist du lutherisch?«, sondern eher: »Bist du Christ?« Oder: »Glaubst du etwa an Gott?«

Charles Taylors große Erzählung »Ein säkulares Zeitalter« versucht auf die schlichte Frage eine Antwort zu geben: »Wieso fällt es zumindest in vielen Milieus des modernen Westens so schwer, an Gott zu glauben, während es um 1500 praktisch unmöglich war, nicht an ihn zu glauben?«[12] Seine Antwort: Menschen leben neuzeitlich im »immanente[n] Rahmen«[13] und verabschieden so die Transzendenz aus immer weiteren Bereichen ihres Lebens. Gott oder ein transzendentes Wesen werden immer weniger benötigt, um die Welt zu erklären und zu verstehen – das unternehmen vor allem die Naturwissenschaften. Gott hört auch auf, der Garant staatlicher Ordnung zu sein: »Von Gottes Gnaden« kann sich niemand mehr auf seine Herrschaft berufen (obgleich dies selbstverständlich immer wieder geschieht – bis zu den Auswüchsen der von *Adolf Hitler* und den Seinen reklamierten »göttlichen Vorsehung« für ihren Bau des »Dritten Reiches«). Gott wird auch nicht als Basis eines Rechtssystems angerufen. Es gibt im juristischen Bereich Gesetze, die in argumentativ-hermeneutischen Verfahren durch unabhängige Richter auf konkrete Situationen angewendet werden. Damit verbinden sich – trotz aller Dialektik der Aufklärung – im gesellschaftlichen Diskurs Rationalität und Pluralität, die derzeit (noch!) die westlichen Gesellschaften bestimmen, aber zweifellos verteidigt werden müssen. Zugleich wird damit aber der

12 Charles Taylor, Ein säkulares Zeitalter, aus dem Englischen von Joachim Schulte, Berlin 2012 (Frankfurt/M. 2009), 899.

13 Vgl. a. a. O., 899–989.

Raum beschränkt, der der Transzendenz noch bleibt. Für die Gläubigen erhält sie ihren primären Spielraum in Erfahrungen der menschlichen Innerlichkeit: im Gefühl oder Gewissen.

Vor *dieser* neuzeitlichen Herausforderung steht jeder *Gottesdienst* grundlegend. Wenn Menschen darin zusammenkommen, um in einen Wort-Wechsel mit Gott zu treten, dann erscheint genau dies neuzeitlich grundlegend fraglich und für die meisten Konfessionslosen als merkwürdiges Verhalten. In der bereits erwähnten neuesten EKD-Mitgliedschaftsstudie sagten 91,2% der Konfessionslosen, sie würden »nie« beten, 5,8% meinten, sie täten dies seltener als mehrmals im Jahr.[14] Die grundlegende Praxis der zum Gottesdienst versammelten Gemeinde muss daher als merkwürdig erscheinen.

Vielleicht wäre es klug, davon zu sprechen, dass wir Gottesdienste im Kontext des *immanenten Rahmens* feiern – und damit eine Problemlage beschrieben ist, die Konfessionelle wie Konfessionslose teilen. Damit würde das Problem des Gefälles, das durch den Begriff *konfessionslos* entsteht, und der möglicherweise problematischen Haltung den *Konfessionslosen* gegenüber beseitigt. Und die etwa von Michael Domsgen, aber auch vielen anderen Theologinnen und Theologen gepflegte Neugier auf die Wahrnehmung, auf die Entdeckung von Lebenslogiken und auf den diesbezüglichen Austausch, wäre leichter möglich – wobei freilich, worauf auch Domsgen verweist, die *soziologische* Berechtigung des Begriffs bleibt.[15]

3. Ein Rückblick auf das Fachgespräch 2016 und auf die Beiträge dieses Buches

Im Leipziger Fachgespräch vom Februar 2016 spielten die theoretischen Hintergrunddiskurse vor allem im einleitenden Beitrag des Berliner Kul-

---

14 Vgl. Vernetzte Vielfalt, a. a. O. (Anm. 6), 496.

15 Ob es dem – nach dem Fachgespräch erschienenen – Buch von Hartmut Rosa gelingen kann, die Diskussion um Religion und ihre Bedeutung auf eine Ebene zu führen, die quer zu den bisherigen Diskursen verläuft? Interessanter als der Versuch, über die Kategorie des »Sinns« eine anthropologische Fundamentalbestimmung mit religiöser Anschlussfähigkeit zu finden, erscheint es mir, die Kategorie der »Resonanz« probeweise einzuspielen, die Hartmut Rosa in die Diskussion gebracht hat; vgl. ders. Resonanz. Eine Soziologie der Weltbeziehung, Berlin 2016.

turwissenschaftlers *Daniel Weidner* eine Rolle. Weidner geht der Frage nach, ob und inwiefern unsere Gesellschaft als *säkular* zu beschreiben ist und wie wir es geworden sind. Dazu blickt er auf grundlegende soziologische, philosophische und kulturwissenschaftliche Werke der vergangenen Jahre – von Detlev Pollack bis Charles Taylor –, stellt diese vor und zeigt deren (jeweils begrenzte) Leistungsfähigkeit zur Beschreibung des »Religiösen« in der (westlichen/europäischen) Gesellschaft der Gegenwart. Weidner warnt davor, Begriff und Idee der Säkularisierung zu verabschieden. Gerade die relative Unschärfe des Begriffs mache ihn zugleich problematisch und unentbehrlich. Der Begriff eröffne individuelle, gesellschaftliche und politische Dimensionen und ermögliche einen Zugang, um das »lange Ungedachte der Religion« gegenwärtig neu zu denken.

Der Bonner Praktische Theologe und Vorsitzende der Liturgischen Konferenz *Michael Meyer-Blanck* bestimmt die Liturgie grundlegend als »Raum des Unbekannten« – und versteht dies keineswegs nur in einem engen pädagogischen Sinn, wonach für viele Menschen gottesdienstliche Praxis unbekannt sei, aber bekannt gemacht werden könne. Im Gegenteil sei der Gottesdienst – quasi als fundamentalliturgische Grundregel – für Konfessionelle und Konfessionslose gleichsam (!) als Raum des Unbekannten und Unbestimmten zu verstehen. Meyer-Blanck begründet dies mit dem biblischen Verständnis von Offenbarung einerseits, der ästhetischen Dimension des Glaubens andererseits. Gott zeige sich im Zeigen als Entzogener – und gleichzeitig führe Glauben nicht primär in ein Wissen, sondern in ein Empfinden und persönliches Erleben, das über eine *securitas* des »Habens« immer hinausweise. In dieser Hinsicht verschwindet der Unterschied zwischen Konfessionslosen und Konfessionsgebundenen und der Gottesdienst dient dazu, das Unbestimmte expressiv zum Ausdruck und transformierend zur Wirkung zu bringen. Gleichzeitig kann es ihm gelingen, »die notwendige Bestimmtheit von Religion [...] erneut in eine produktive Form von Unbestimmtheit zu überführen«. Die Dialektik von Bestimmtheit und Unbestimmtheit wird so auch zur liturgiepraktischen Grundregel jeder Liturgiegestaltung – und bedeutet etwa für die Feier von Kasualien Anderes als für die Gestaltung von Andachten in einer Citykirche.

Die kultur- und liturgiewissenschaftlich grundlegenden Diskurse über den konfessionslosen Raum und die Säkularisierung waren in dem Leipziger Fachgespräch eingebunden in konkrete Wahrnehmungen. In der Leipziger Innenstadt wurden in den vergangenen Jahren zwei

Kirchenneubauten errichtet: die am 9. Mai 2015 geweihte katholische Propsteikirche St. Trinitatis und die evangelische Universitätskirche St. Pauli.

Der Leipziger katholische Propst *Gregor Giele* stellt die Propsteikirche in architektonischer und liturgischer Dimension vor. Mit dieser Kirche wurde inmitten einer mehrheitlich konfessionslosen Stadt in Ostdeutschland ein Bau geschaffen, der katholische Identität *und* Offenheit zu der Stadt hin zum Ausdruck bringen und neu schaffen soll. So bietet der Bau einen offenen Eingang hin zur Stadt ohne Zäune und Begrenzungen; andererseits aber bietet das Kirchengebäude selbst die Möglichkeit, Geborgenheit und Stille inmitten einer turbulenten Stadt zu finden.

Am 30. Mai 1968 wurde die evangelische Leipziger Universitätskirche St. Pauli auf Anordnung der SED gesprengt. Mit der friedlichen Revolution begann auch eine Diskussion um die Frage, ob und wie diese Kirche nun nach dem Ende der SED-Diktatur wieder aufgebaut werden soll. Der Leipziger Universitätsprediger und Praktische Theologe *Peter Zimmerling* blickt auf diese Diskussion, vor allem aber auf den 2017 fertig gestellten Neubau der Leipziger Universitätskirche, die als Raum per definitionem ein Hybrid sein soll und wird: »Kirche als Aula – Aula als Kirche«. Der neue Bau bietet so die Möglichkeit, Bestehendes fortzuführen – und vor allem an die mehr als 300-jährige ununterbrochene Tradition des Leipziger Universitätsgottesdienstes anzuknüpfen. Gleichzeitig ist der Bau (wie jeder andere auch) »Produkt unserer gegenwärtigen Gesellschaft und Kirche«. Er spiegelt die Auseinandersetzungen zwischen Universität und Kirche und die komplexe Herausforderung, als Simultaneum aus Aula und Kirche in einer mehrheitlich agnostischen bzw. atheistischen Landschaft zu existieren. Peter Zimmerling umschreibt diese Herausforderungen und charakterisiert den neu entstandenen Raum u. a. als »Angebot öffentlicher Seelsorge«.

Der Bochumer Liturgiewissenschaftler *Stefan Böntert* charakterisiert Kirchenräume in der Gegenwart und insbesondere im Kontext säkularer Öffentlichkeit als »Orte der Zeitgenossenschaft des Glaubens« und zeigt in dem Artikel am Beispiel der Leipziger Propsteikirche, was das bedeutet. Kirchenneubauten ziehen die besondere Aufmerksamkeit auf sich – in Zeiten, in denen eher Fragen der Umnutzung oder Neunutzung nicht mehr benötigter Kirchenräume auf der Agenda stehen. »In einer pluralen Gesellschaft stellt ein neuer Kirchenbau immer mehr als nur eine Immobilie dar, in der eine in sich geschlossene Gemeinschaft von Gläubigen, getragen von ihren religiösen Überzeugungen, ihre Gottesdienste feiert.« Böntert beobachtet exemplarisch die Reaktionen, die der Bau der Propsteikirche hervorgebracht hat, und zeigt, dass die Kategorie der Sakralität auch in einer vermeintlich säkularen Umgebung keineswegs aufgehört hat zu existieren. Sie wird im Kontext des Kirchenneubaus in neuartigen Konstellationen sichtbar. In einem säkularen Kontext gilt: »Die stillschweigend vorausgesetzte Normalität vom Verschwinden des Religiösen gerät ins Wanken, deshalb wirkt der Bau irritierend [...].«

Der Zürcher Theologe und Leiter des Theologischen Sekretariats der Zürcher Reformierten Kirche *Matthias Krieg* zeigt – mit Argumenten und Poesie, mit Bildern und Thesen –, dass »blue religion« der Signatur des Religiösen in der Gegenwart entspricht. Negativ bedeutet dies: Nicht die festen Lehren sind es, die Religion ausmachen, nicht die Institution, nicht die Tradition. Positiv heißt das, dass alles dies nicht einfach verschwindet, sondern sich vielfältig vermischt und verflüssigt, sich hineinbegibt in individuelle Biographien (wie die des Autors), in unterschiedliche Milieus und ihre ästhetischen Paradigmen. Den Raum der Gegenwart beschreibt Krieg so als nach-konfessionell, nicht als konfessionslos. Das Christliche als spezifisches Nach-Phänomen finde in diesem nach-konfessionellen Raum Nischen und könne mit individueller Expressivität und individueller Sehnsucht plural interagieren. Liturgiepraktisch sei es dazu nötig, die gottesdienstlichen Genotypen in vielfältigen Phänotypen darzustellen, damit Wort und Leben aufeinandertreffen, und dabei die Frage nicht aus dem Blick zu verlieren: »Käme Jesus heute als Performer, Postmaterieller, Eskapist, wo könnte er *sein Haupt hinlegen*?«

Die derzeit in Marburg wirkende Praktische Theologin *Emilia Handke* steuert zu dem Band einen Beitrag bei, der nicht auf dem Fachgespräch vorgetragen wurde, sondern auf die 2016 veröffentlichte Dissertationsschrift der Autorin zurückgeht. Handke hat sich darin mit *religiösen Jugendfeiern* beschäftigt – Feiern, die eine Alternative zu Konfirmation einerseits, Jugendweihe andererseits für konfessionslose Jugendliche bieten wollen und in Kooperation von Kirchen und z. B. (kirchlichen) Schulen seit einigen Jahren im Osten Deutschlands angeboten werden. Handke zeigt die Notwendigkeit solcher Feiern auf, die vor allem darin begründet ist, dass Jugendliche aus konfessionslosen Kontexten keinen Zugang zur Konfirmation finden (in der sich eine fremde Gruppe in einer spezifisch codierten, fremden Semantik darstellt), aber auch keineswegs alle vom Angebot der Jugendweihe begeistert sind. Zentrales Element der Jugendfeiern ist der Segen. Die Gestalt dieses Segens wie auch der übrigen Feier wird im Dialog mit den Jugendlichen erarbeitet. Handke zeigt die Chance, die u.a. darin liegt, religiöse Lernprozesse zu initiieren, – und fordert, den Liturgiebegriff so zu weiten, dass er solche Veranstaltungen mit einschließt und als »gesellschaftliche *Dienstleistung*« begriffen wird. Gleichzeitig brauche es über diese Feiern hinaus »Mut und Kreativität zu [weiteren] intermediären Ausdrucksformen«.

Konrad Müller, Leiter des Gottesdienstinstituts der Evangelisch-Lutherischen Kirche in Bayern, hatte am Ende des Fachgesprächs die Aufgabe, die Beiträge und Diskussionen aus seiner Sicht zu resümieren. Im Nachklang hat er daraus einen größeren Artikel gemacht, der sich grundsätzlich mit der Frage nach Konfessionslosigkeit auseinandersetzt. Die leitende These, auf die Müllers Argumentation zuläuft, lautet: »Eine ›konfessionslose‹ Gesellschaft sucht, fürchtet, erhofft und – braucht einen konfessionellen, einen identitätsstarken, einen ›kirchlichen‹ Gottesdienst.« Hintergrund für Müllers Überlegungen ist dabei u.a. die Einsicht, dass wir nicht etwa in einer konfessionslosen, sondern weit eher in einer *multi-konfessionellen* Gesellschaft leben, deren philosophische Genealogien er in zahlreichen Spuren andeutet. In dieser Gesellschaft stehe mit dem Konzept der Locality eine Denkfigur bereit, die es ermögliche, überzeugende Lebensformen inmitten der Pluralität und Globalität zu beschreiben. In diese Richtung imaginiert Müller dann auch die Zukunft des (evangelischen) Gottesdienstes.

4. Thesen und offene Fragen oder: Missio Dei und Gottesdienst im konfessionslosen Raum

Das Leipziger Fachgespräch war für das Liturgiewissenschaftliche Institut ein Auftakt, um die Frage nach dem Gottesdienst in den gegenwärtigen gesellschaftlichen und kulturellen Kontexten intensiver zu bedenken. Dabei zeigte sich grundlegend, dass die Bestimmung der gesellschaftlichen und kulturellen Situation auch die Wahrnehmung und künftige Ausrichtung der gottesdienstlichen Feier mitbestimmt. Es macht einen Unterschied, ob die Gesellschaft als *konfessionslos* oder als *nach-konfessionell* (Krieg) oder als *multi-konfessionell* (Müller) oder als *säkular* bestimmt wird. M.E. gewinnt der Diskurs, wenn nicht *ein* Modell bzw. *ein* Leitbegriff die Diskussion bestimmt, sondern das Feld des Umgangs mit Religion in der Gesellschaft durch verschiedene, nicht aufeinander reduzierbare Begriffe aufgespannt wird, die die Möglichkeit wechselseitiger Korrektur und immer neuer Verfremdung vorliegender

Stereotype bieten. Auf diesem Hintergrund stelle ich abschließend nur einige Thesen, Überlegungen und Fragen zum Gottesdienst im (auch!) *konfessionslosen* Raum vor.

4.1 Mission statt Werbung

Ich wage einen Satz, der gefährlich und missverständlich klingt: Im konfessionslosen Raum geht es um Mission, nicht um Werbung! Möglich wird dieser Satz nur, wenn er auf dem Hintergrund der missionstheologischen Neuakzentuierung der vergangenen Jahrzehnte gehört wird. Mission ist dann nicht die überlegene Geste, all jenen, die noch ahnungslos sind, eine entscheidende »gute Nachricht« zu bringen, die andere »haben« und »besitzen« und »austeilen« können, sondern bedeutet *Partizipation an der Missio Dei.* Kirchen tragen nicht Gott in eine Gott-lose Welt, sondern entdecken, wo und wie Gott auch im konfessionslosen Raum (und gerade dort!) längst anwesend ist. Sie sind so suchend, fragend, entdeckend mit ihm unterwegs dorthin, wo er schon längst ist.[16]

Diese Haltung hat die eingangs zitierte Journalistin im Gottesdienst zum Wittenberger Kirchentag vermisst. Es ist eine Haltung, die grundlegend von »Werbung« unterschieden ist. Werbung überlegt sich Strategien, um Menschen als Kunden zu gewinnen und möglichst an das beworbene Produkt zu binden. Dies setzt aber voraus, dass das Produkt in den Händen der Verkäufer ist und von dort auch weitergegeben werden kann. Dem entzieht sich das Evangelium!

Menschen haben ein feines Gespür dafür, wenn sie nicht als Menschen, sondern nur als Konsumenten im Blick sind – und dürfen von Kirche zu Recht etwas anderes erwarten! Es war m.E. ein vernichtendes Urteil, als Christina Rietz in DIE ZEIT schrieb, man habe angesichts des Reformationsjubiläums das Gefühl, in einer protestantischen Dauerwerbesendung gelandet zu sein.[17] Ständig preise sich die Kirche an, finde sich toll, stelle sich dar. Mission als Nachfolge auf dem Weg der *Missio Dei* wurde in der Wahrnehmung nicht nur dieser Journalistin abgelöst von Werbung.

Liturgisch bedeutet das m.E. zunächst, dass Gottesdienste nicht in der Logik des Um-zu gefeiert werden – als »Angebote«, um Menschen

---

16 Vgl. zur praktisch-theologischen Rezeption neuerer missionstheologischer Ansätze u.a. das Themenheft der »Pastoraltheologie«, 95 (2006), H. 3.

17 Vgl. Christina Rietz, Da müssen wir durch, 14.10.2016, greifbar unter: http://www.zeit.de/2016/43/luther-dekade-festjahr-katholiken.

zu interessieren, um potenziell neue Mitglieder zu gewinnen, um im Benchmarking mit den anderen Gemeinden doch die höheren Besucherzahlen auf der eigenen Seite zu wissen. Sie sehen Gott hinterher, folgen seinen Spuren (vgl. Ex 33,20–23) in den konfessionslosen Raum, loben ihn, klagen ihre Not – und gewinnen so in der Liturgie einen Freiraum in der Welt, der bemerkt werden wird, wann immer jemand den Weg in einen der Gottesdienste findet.

Die Architektur der Leipziger Propsteikirche zeigt diese Bewegung in ihrem Miteinander von Offenheit zur Stadt und Bewusstsein der eigenen Feierlogik deutlich. Das zur Innenstadt Leipzigs hin gelegene Nordfenster der Propsteikirche ist dabei insofern bemerkenswert, weil auf ihm die *ganze Bibel* eingraviert wurde. Zwischen dem »Innenraum« der gottesdienstlichen Gemeinde und dem »Außenraum« der Stadt steht das biblische Wort und öffnet den einen Raum für den anderen. Mit den Worten, Bildern und Geschichten der Bibel, so deute ich diese Besonderheit der Propsteikirche, wird die Wirklichkeit dieser Welt als eine von Gott bestimmte Wirklichkeit sichtbar.

4.2 Eine Typologie des Gottesdienstes: Gottesdienst im Alltag der Welt – Gottesdienst als intermediäre Ausdrucksform – Gottesdienst als Feier des Gottesgeheimnisses

Die Erkundungen des Liturgiewissenschaftlichen Fachgesprächs legen es nahe, den Begriff »Gottesdienst« in der Weite aufzuspannen, die ihm spätestens seit Martin Luther innewohnt. Es gibt den Gottesdienst im Alltag der Welt, den auch Ernst Lange als die eigentliche Herausforderung und Bewährungsprobe des christlichen Gottesdienstes beschrieb.

Auf der anderen Seite des Spektrums gibt es den Gottesdienst als Feier des Gottesgeheimnisses, als sonntäglichen Gottesdienst, als *ekklesia*-Phase der Gemeinde. Beide haben miteinander zu tun und fordern sich wechselseitig heraus. Etwa in den Fürbitten ist es entscheidend, dass die *ekklesia* durchsichtig wird für den Gottesdienst im Alltag der Welt, ohne als bloße Tankstelle zur Befüllung leergelaufener spiritueller Batterien funktionalisiert und instrumentalisiert zu werden. Liturgiewissenschaftlich gesprochen geht es m. E. darum, Gottesdienst in der durch die beiden Brennpunkte *Peter Brunner* und *Ernst Lange* aufgespannten Ellipse[18] zu feiern, die viel Raum für unterschiedliche Gestaltungen, vor

---

18 Vgl. die beiden grundlegenden Texte: Peter Brunner, Zur Lehre vom Gottesdienst der im Namen Jesu versammelten Gemeinde, Kassel 1954; Neudruck: Hannover 1993;

allem aber für die – von Emilia Handke ins Spiel gebrachten – *intermediären Ausdrucksformen* bietet. Sie bietet die Chance, jenseits der *Werbung* zu zeigen, wie viel Platz im Raum von Gottes Weltwirklichkeit für die verschiedenen Menschen unserer Gesellschaft ist.[19] Emilia Handke zeigt eindrucksvoll, wie verheißungsvoll, aber auch schwierig es ist, diese Feiern *im Dialog* mit nicht konfessionell gebundenen Menschen vorzubereiten und zu gestalten. Genau dieser Dialog erscheint mir aber, wie eingangs bereits gesagt, als entscheidende Bedingung für ein kirchliches Agieren im konfessionslosen Raum.

4.3 Der eine Gottesdienst in der Vielfalt seiner Klanggestalten

Was bedeuten die Wahrnehmungen dieses Fachgesprächs für die Feier von Gottesdiensten an Sonn- oder Feiertagen? Ich bin noch deutlicher überzeugt, dass es gut und hilfreich wäre, wenn es gelänge, das Entweder-Oder zwischen traditionellem bzw. traditionskontinuierlichem Gottesdienst einerseits und den so genannten alternativen Gottesdiensten bzw. den Gottesdiensten eines zweiten Programms andererseits hinter uns zu lassen. Diese Unterscheidung geht teilweise mit problematischen und falschen Einschätzungen der Wirkung dieser Gottesdienste einher: Der Vorwurf an alle, die traditionskontinuierlich feiern, kann dann lauten: Ihr nehmt die gesellschaftlichen Transformationen nicht wahr! Ihr exkludiert die, die nicht intensiv sozialisiert sind! Ihr schottet euch in eurer Feiergestalt ab! Und die alternativen Gottesdienste, die sich in ihrer Logik als ein Gegenprogramm verstehen, sehen sich dann als einladend, niederschwellig, offen für die anderen, als Inkulturationen des Überkommenen in eine neue kulturelle Welt – obgleich sich empirisch immer wieder zeigt, dass sie das Ziel, säkulare oder konfessionslose Menschen zu gewinnen, nur in sehr bescheidenem Umfang erreichen.

Es gilt neu zu erkennen, dass der *eine* Gottesdienst als rituelle Feierform der Begegnung von Gott und Mensch schon immer in verschiedenen Klangfarben stattfand und sich unterschiedlicher Ästhetiken bedien-

---

Ernst Lange, Chancen des Alltags. Überlegungen zur Funktion des christlichen Gottesdienstes in der Gegenwart, Gelnhausen/Stuttgart 1965.

[19] Ein eindrucksvolles Beispiel für eine solche Form liegt in den Friedensgebeten vor, die Ende der 1980er Jahre eine entscheidende Rolle bei der Friedlichen Revolution etwa in Plauen oder Leipzig spielten. Eine ausführliche Dokumentation und liturgiewissenschaftliche Auswertung der Plauener Friedensgebete erstellt derzeit Thomas Roscher in einer Leipziger Dissertation.

te. Gottesdienste sind in all ihren Gestalten ein Teil der Kultur, so dass ein zu enges Paradigma von Inkulturation zu hinterfragen ist. Zahlreiche Energien, die teilweise auch in die Abgrenzung von zwei Feierparadigmen flossen, könnten *gemeinsam* in die Entwicklung verschiedener Feierformen gehen – etwa in den Linien, die Matthias Krieg andeutet.

4.4 Die Feier des Eigenen und die Aushandlung des Religiösen

Es dürfte klar geworden sein, dass dies nicht bedeuten kann, *die Feier des Eigenen* aufzulösen. Religiös diffusere Zeiten sind immer auch solche, die mit Ängsten verbunden sind. Religiöse Identität wird neu zu einer Aufgabe und zu einem Problem: sowohl dort, wo sie verloren geht, als auch dort, wo sie auf fundamentalistische Weise oder in explizitem Gegensatz zu den anderen (gegenwärtig vor allem: dem Islam) behauptet wird.

Was dagegen hilft? M.E. die selbstverständliche Feier des Eigenen – ganz so, wie Konrad Müller sie beschreibt. Und die Schaffung von Orten im öffentlichen Raum, an denen es zur Aushandlung gesellschaftlich-kulturell-religiöser Ideen kommen kann. Für beides müssen Kirchen stehen – und für beide Funktionen Formen finden. Aber die Gottesdienste können dies nicht beides leisten, sondern stehen für das erste, wobei ihre Türen selbstverständlich weit geöffnet sind und bleiben für alle Menschen im konfessionslosen Raum.

5. Wittenberg, Sommer 2017 – Bescheidene Feier und vorsichtige Neugier

Ich komme zum Schluss nochmals zurück auf Wittenberg im Jahr 2017. Von Mai bis September fand dort die »Weltausstellung Reformation« statt. Das ist ein großer Begriff und klingt schon wieder nach jenem Jubelprotestantismus, den ich als eigentliches Problem mancher Inszenierungen im Jahr 2017 wahrnehme. Aber wer nach Wittenberg zur Weltausstellung kommt, erkennt, dass sich diese sehr viel bescheidener darstellt. In der Innenstadt und um die Innenstadt Wittenbergs herum finden sich Zelte und Container, gestaltete Terrassen und offene Läden. Es kommen insgesamt wohl weit weniger Besucher als gedacht und einmal euphorisch angenommen. Aber es sind Gäste aus aller Welt da, die die Weltausstellung besuchen wollen, und solche, die von Organisatoren der Weltausstellung eingeladen wurden. Was sich in Wittenberg ereignet, sind *Begegnungen,* die die Dessauer Journalistin Landes bei dem Gottesdienst zum Abschluss des Kirchentages so deutlich vermisste. Das Besondere: In Wittenberg werden auch die Wittenbergerinnen und Wittenberger hier und da neugierig, bleiben beim Ausführen der Hunde in den Wallanlagen der Stadt gerne stehen, beobachten argentinische Pfingstler bei einer Liedperformance oder sehen ein Video über koreanische Kinder, die die ganze (!) Bibel auswendig vortragen. Es zeigt sich vorsichtige Neugier. Wenn jetzt genau das maßgeschneiderte »Angebot« einer kirchlichen Werbefachabteilung für diese Menschen käme, wären sie wohl schneller wieder weg, als sie vorsichtig ihre Schritte in die Richtung der Zelte und Bühnen gesetzt haben. So aber trinken manche einen Kaffee, unterhalten sich andere kürzer oder länger mit den Gästen aus aller Welt, schreiben ihren Namen auf Koreanisch, singen sogar einmal probeweise mit – und erhalten einen Eindruck von Kirche, der sich manchen Klischees widersetzt.

Vielleicht ist ein Zelt des Lutherischen Weltbundes, ein offenes »House of One«, ein »Gasthaus Ökumene« (und diese drei stehen jetzt nur exemplarisch für vieles andere, was in Wittenberg aufgebaut wurde) ein gutes Beispiel für einen intermediären Raum – und vor allem dafür, wie spannend es ist, als Kirche aus den bekannten Kontexten hinauszugehen, Liturgie im öffentlichen/im anderen/im fremden Raum zu riskieren, kritische Fragen zu hören und neue Perspektiven zu erkunden.

Verzeichnis der Autorinnen und Autoren

Böntert, Stefan, Prof. Dr., Jahrgang 1969, lehrt Liturgiewissenschaft an der Katholisch-Theologischen Fakultät der Ruhr-Universität Bochum.

Deeg, Alexander, Prof. Dr., Jahrgang 1972, lehrt Praktische Theologie in Leipzig und leitet das Liturgiewissenschaftliche Institut der VELKD.

Giele, Gregor, Jahrgang 1966, ist Propst an der katholischen Propsteigemeinde St. Trinitatis, Leipzig.

Handke, Emilia, Dr. theol., Jahrgang 1986, ist wissenschaftliche Mitarbeiterin im Fach Praktische Theologie an der Evangelisch-Theologischen Fakultät der Universität Marburg.

Krieg, Matthias, Dr. Dr., Jahrgang 1955, ist Germanist, habilitierter Theologe und Pfarrer. Als Theologischer Sekretär hat er die Stabsstelle Theologie im Kanton Zürich/CH inne.

Lehnert, Christian, Dr. theol. h.c., Jahrgang 1969, ist Pfarrer, Schriftsteller und Wissenschaftlicher Geschäftsführer des Liturgiewissenschaftlichen Instituts der VELKD bei der Theologischen Fakultät der Universität Leipzig.

Meyer-Blanck, Michael, Prof. Dr., Jahrgang 1954, lehrt Praktische Theologie an der Evangelisch-Theologischen Fakultät der Universität Bonn und ist Vorsitzender der Liturgischen Konferenz der Evangelischen Kirche in Deutschland.

Müller, Konrad, Dr. theol., Jahrgang 1957, leitet das Gottesdienstinstitut der Evangelisch-Lutherischen Kirche in Bayern.

Weidner, Daniel, Prof. Dr., Jahrgang 1969, ist stellvertretender Direktor des Zentrums für Literatur- und Kulturforschung der Humboldt-Universität zu Berlin.

Zimmerling, Peter, Prof. Dr., Jahrgang 1958, lehrt Praktische Theologie an der Theologischen Fakultät der Universität Leipzig und ist Universitätsprediger.